Johannes Mumbauer

Wilhelm Emmanuel von Kettelers Schriften

Band II: Staatspolitische und vaterländische Schriften

Verlag
der
Wissenschaften

Johannes Mumbauer

Wilhelm Emmanuel von Kettelers Schriften

Band II: Staatspolitische und vaterländische Schriften

ISBN/EAN: 9783957004154

Auflage: 1

Erscheinungsjahr: 2015

Erscheinungsort: Norderstedt, Deutschland

Hergestellt in Europa, USA, Kanada, Australien, Japan
Verlag der Wissenschaften in Hansebooks GmbH, Norderstedt

Cover: Sandro Botticelli "Die Verleumdung des Apelles" (1495)

TU ADESTO

Wilhelm Emmanuel von Kettelers Schriften.

Band II:

Staatspolitische und vaterländische Schriften.

Ausgewählt und herausgegeben von

Johannes Mumbauer.

Verlag der Jos. Kösel'schen Buchhandlung
Kempten und München
1911.

Inhalt.

Staatspolitisches.

Grundsätze der christlichen Staatsauffassung.

Freiheit im allgemeinen.

Kein Wort wird mehr gebraucht, keines aber auch mehr mißbraucht, als das Wort „Freiheit". Es liegt in ihm ein wunderbarer Zauber, der immer und überall imstande ist, die Menschenherzen zu entzünden. Mag die Bildung der Menschen hoch oder niedrig stehen, — wo ein Menschenherz schlägt, empfindet es diesen Zauber. Die Macht dieses Wortes kommt aber nicht von außen, sondern von dem tiefsten, innersten Bedürfnisse der menschlichen Seele her. Mit dem wahren Sinne dieses Wortes hängt die höchste Würde des Menschen, der gnadenreichste Plan der göttlichen Vorsehung innig zusammen. Der Lügengeist dagegen hat aus diesem Worte ein häßliches Zerrbild gemacht, und selbst dieses Zerrbild vermag die Welt in Gärung zu versetzen. Hier insbesondere kann aber die Lüge nur durch die Wahrheit überwunden werden. Nichts ist gefährlicher, als den wahren, göttlichen Sinn dieses Wortes seines Mißbrauches wegen zu verkennen. Je mehr daher die Lügenpresse den Sinn desselben entstellt, um so mehr sollte die Presse, die der Wahrheit dient, seine wahre Bedeutung sich klar machen und sie jenem Trugbilde entgegen stellen. Auch hier genügt es, die christlichen Gedanken, wie sie in der Kirche so vielfach ausgesprochen sind, zu entwickeln, um den vollen, wahren Sinn der Freiheit zu erkennen. Die Freiheit im christlichen Sinne verglichen mit jener, die auf allen Plätzen zur Verführung des Volkes gepredigt wird, ist wie klares Sonnenlicht neben einer trüben qualmenden Fackel.

Nur beim Menschen kann auf Erden von Freiheit die Rede sein, alles andere in der Natur ist unfrei. Das Christentum erklärt uns diese Erscheinung. Die Freiheit des Menschen ist ein Ausfluß seiner Gottähnlichkeit, ein Abglanz des göttlichen Wesens in der Menschenseele. Daraus ergibt sich, daß die Freiheit des Menschen Ähnlichkeit mit der Freiheit hat, die in Gott ist, aber auch von ihr wesentlich verschieden sein muß.

Die Freiheit Gottes ist, wie das Wesen Gottes, unbedingt und unbeschränkt: Er allein hat die höchste, wahre Souveränität. Sein Leben, sein Wollen, sein Tun ist nur durch ihn selbst bestimmt. Seine Freiheit nach außen ist eine unendliche Wahlfreiheit. An dieser Freiheit nimmt nun der Mensch in einer gewissen Ähnlichkeit Anteil, aber nur insoweit es seine geschöpfliche Natur zuläßt.

Die Freiheit des Menschen kann folglich nie eine unbeschränkte sein; sie ist vielmehr notwendig mit der Pflicht verbunden, sich dem göttlichen Willen frei zu unterwerfen. Gott steckt ihr gewisse Grenzen, die sie nicht überschreiten darf, damit seine heiligen Pläne nicht von dem empörten Menschenwillen vereitelt werden.

Die Freiheit des Menschen bezieht sich auch nicht auf alle Bestimmungen seines Daseins; vieles ist ihr teilweise, vieles ganz entzogen. Seine Geburt, sein Tod, seine wichtigsten Lebensverhältnisse sind von seinem Willen unabhängig. Auch die Hauptbestimmung seines

Daseins ist seiner freien Wahl entzogen; mit derselben Notwendigkeit, mit der er das Dasein hat, muß er nach Glückseligkeit streben. Die Freiheit des Menschen bezieht sich vielmehr hauptsächlich auf die freie Wahl der Mittel, durch die er die Glückseligkeit zu erlangen sucht.

* * *

Die zwei Grundrichtungen im Staate.

Wir können überall, wo Menschen im Vereine leben, zwei Grundrichtungen unterscheiden: die eine, welche die Glieder zusammenhalten will, die andere, wodurch die Glieder selbst sich in ihrer Individualität, in ihrem Unterschiede von einander, in ihrer Mannigfaltigkeit geltend machen.

Beide Richtungen sind an sich durchaus berechtigt und entspringen unmittelbar aus der Natur eines Vereines, der weder ohne Einigung, noch ohne Glieder, die zu einigen sind, gedacht werden kann. Wo das eine oder andere fehlt, wo das eine das andere vernichtet, ist der Begriff des Vereins aufgehoben.

Das richtige Verhältnis, die wahre Harmonie unter diesen beiden Grundrichtungen ist nun für alle Verbindungen unter den Menschen in Kirche und Staat und in den zahllosen Einzelvereinen, die sich aus der sozialen Natur des Menschen überall von selbst gestalten, das wahre Problem, die Grundbedingung ihres Gedeihens und der Erreichung ihrer Aufgabe. Je höher die Glieder stehen, je inniger das Band, das sie umschlingt, desto vollkommener ist der Verein selbst, und umgekehrt.

Das höchste vollendetste Bild einer solchen Vereinigung ist die katholische Kirche nach der Idee, die

Gott in ihr niedergelegt hat. Dort sind beide Elemente in ihrer Vollendung vorhanden: auf der einen Seite der Mensch mit allen seinen eigentümlichen Gaben, in seiner vollen Individualität und Eigentümlichkeit bis zur höchsten Vollkommenheit herangebildet; auf der andern Seite ein alle menschlichen Begriffe weit überschreitendes heiliges Band, welches sie alle mit Gott in ewiger Gemeinschaft verbindet und so innig ist, daß die Heilige Schrift, um es auszusprechen, kein anderes Bild dafür findet als in der Verbindung der Glieder in dem einen menschlichen Leibe.

Wenn aber auch andere Vereine weder eine so hohe Aufgabe, noch so bestimmte Mittel haben, sie zu erreichen, wie die Kirche, so müssen doch auch sie jenen Grundbedingungen des Vereines entsprechen; und insbesondere wird jener Verein, den wir den Staat nennen, um so vollkommener sein, je höher die Individualität und Persönlichkeit der Glieder steht, und je fester das Band ist, das sie umschlingt.

Der Todfeind beider Richtungen im Staatsleben ist aber die Selbstsucht. Je nachdem dieselbe sich der einen oder der andern bemächtigt, wird der Staat entweder in seinen Gliedern entwürdigt oder in seiner Verbindung auseinandergerissen. Wir wollen deshalb nunmehr beide Richtungen im Staate nach ihrem innern Rechte betrachten und zugleich ihre Ausartung ins Auge fassen, wenn sich ihrer der Egoismus bemächtigt. Wir werden dadurch den wahren Sinn für die Worte: Freiheit und Revolution auf der einen Seite, wahre Autorität und Absolutismus auf der andern Seite finden.

Bürgerliche, soziale Freiheit.

Die bürgerliche, soziale Freiheit ist das Recht der ersten Grundrichtung, die von den Gliedern des Staates ausgeht, — ihr egoistischer Mißbrauch in seinem Gipfel macht einen Teil dessen aus, was wir Revolution nennen.

Die Würde des Staates hängt zuerst und vor allem von der persönlichen Würde seiner Glieder ab. Ein Körper, an dem die Glieder krank sind, kann auch in seiner Gesamtheit kein gesunder Körper sein; ein Haus aus schlechten Steinen aufgeführt, kann auch im ganzen kein festes Gebäude sein; so kann auch die aus Menschen gebildete Gemeinschaft keine hohe Stufe sittlicher Würde einnehmen, wenn in den einzelnen Individuen die Menschenwürde unterdrückt ist. Die hohe Würde, die das Christentum den Menschen mitteilt, gibt insbesondere dem christlichen Staatswesen jenes unvergleichliche Übergewicht über jedes nicht christliche Volk. Die Weihe, die das Christentum der Staatsgewalt verleiht, nimmt in dieser Stellung nur den zweiten Platz ein. Diese erhabene Macht äußert das Christentum selbst da noch, wo nur noch schwache Teile seines Lebens sich erhalten haben. Wenn auch nur noch ein schwacher Strahl jenes himmlischen Lichtes in die Seelen des Volkes hineindringt, so gibt es ihm einen mächtigen Impuls und bewahrt es vor der Versinkung in altheidnische Entwürdigung. Darin besteht auch insbesondere das Wesen des christlichen Staates, daß die Menschen, die ihn bilden, Christen sind und zur Höhe der christlichen Würde gelangen; nicht aber darin, daß die Staatsgewalt sich christlich nennt, oder einige äußerliche christliche Gebräuche beibehält.

Die persönliche Würde des Menschen hängt aber, wie wir bereits gesehen haben, insbesondere von der

Freiheit ab; und wenn auch diese Freiheit ihrem wahren und eigentlichen Wesen nach in der sittlichen Freiheit besteht, so ist doch auch die politische und soziale Freiheit von gar hohem Werte.

Revolution.

Wenn an einem Körper sich ein Glied auf Kosten der anderen bereichern wollte, so würde die Ordnung zerstört und der Körper selbst der Auflösung entgegengehen. Dieser Egoismus der Glieder im staatlichen Leben ist der Geist der Revolution. Der Egoismus, die Selbstsucht besteht nach dem Begriffe, den uns die christliche Sittenlehre von ihnen gibt, hauptsächlich darin, daß der Mensch seine Ehre und seinen Willen der Ehre und dem Willen Gottes vorzieht und sein vermeintliches Wohl durch Kränkung der Rechte seiner Mitmenschen zu befriedigen sucht.

Wir brauchen diesen Begriff nur auf staatliche Verhältnisse anzuwenden, um das Wesen der Revolution in seinem Grunde zu erkennen. Die Freiheit, wenn sie vom Gesetze Gottes, vom Geiste der Gerechtigkeit gegen alle gelenkt und geleitet ist, der Menschenwille, der sich selbst beschränkt und mit freiwilligem Gehorsam die Stelle einnimmt, die Gott ihm angewiesen, ist etwas wunderbar Erhabenes. Solche Menschen bildet das Christentum. Die Freiheit aber, von der Selbstsucht geleitet, die recht eigentlich eine Sucht des Herzens, eine alles niedertretende Leidenschaft wird; der selbstsüchtige Wille, vom Stolz, von der Sinnlichkeit, von der Habsucht besessen und fortgerissen, ist ein verheerendes, alles zerstörendes Feuer. Dieser Egoismus im Kampfe mit der staatlichen Ordnung, die er niederreißen und dann an sich reißen will, um sich zu befriedigen auf Kosten aller, ist die Revolution, ist der Geist, den wir insbesondere jetzt überall hervorbrechen sehen.

Hieraus erhellt auch, wie die politische Freiheit überall so innig zusammenhängt mit der sittlichen Freiheit. Je sittlicher der Mensch, je freier von der Selbstsucht und der Herrschaft schlechter Leidenschaften, — desto freier kann er sein. Wer sich innerlich selbst beherrscht, braucht nicht äußerlich gebunden zu werden. Ein wahrhaft christliches Volk würde mit der freiesten Selbstregierung bestehen können; die Revolution dagegen und ihr Geist ist die Feindin jeder Freiheit. Der tierische Mensch, von dem die Heilige Schrift spricht, mißbraucht jede Freiheit und führt notwendig zum Absolutismus.

Der Staat von Gottes Gnaden.

„Von Gottes Gnaden" — ein vielfach von Freunden und Feinden mißhandeltes Wort. Wie viele geben sich auf beiden Seiten nicht einmal die Mühe, über dessen wahren Sinn nachzudenken und ihn sich klar zu machen! Dann wird hüben und drüben über die Berechtigung desselben mit erbitterter Leidenschaft gekämpft, während die erste Bedingung eines Verständnisses — Übereinstimmung im Wortsinne fehlt, vielmehr die willkürlichsten Voraussetzungen über den Sinn vorhanden sind, den der andere Teil mit jenem Worte verbindet. Ich gestehe, daß ich das Königtum von Gottes Gnaden, wie es seit der Reformation von vielen katholischen und nichtkatholischen Fürsten und ihren Dienern verstanden wurde, für einen verwerflichen Götzendienst halte; während ich es in seinem wahren Sinne als eine siegreiche

Wahrheit, in Vernunft und Christentum tief begründet, als die allein ausreichende Grundlage jeder weltlichen Herrschaft ehre. Die katholische Presse sollte auch hier den wahren Sinn stets vor Augen haben, und ohne Unterlaß bekämpfen auf der einen Seite die Gegner des wahren Königtums von Gottes Gnaden, auf der andern Seite die Mißdeutung desselben von seinen falschen Anhängern.

„Von Gottes Gnaden" heißt erstens nicht, daß die Staatsgewalt von Gott einer bestimmten Person unmittelbar übertragen worden sei. Es hat viele Fürsten gegeben, die durch ungerechte Gewalttaten zur Herrschaft gelangt sind, während ihre Nachkommen unbestritten sich „von Gottes Gnaden" nennen durften. Ähnlich wie das Eigentum von Gott ist, obwohl nicht immer die Erwerbung desselben seinem Willen entspricht, so ist auch das Bestehen einer Gewalt im Staate von Gott, wenn sie auch vielfach ursprünglich unrechtmäßig erworben ist.

„Von Gottes Gnaden" heißt zweitens nicht, daß alle Handlungen der obrigkeitlichen Gewalt gleichsam von Gott kommen und als solche angesehen und geehrt werden müssen. Die Apostel forderten die Christen auf, wegen Gott den heidnischen Kaisern zu gehorchen, obwohl sie ihnen selbst Widerstand leisteten, wo sie ihre rechtmäßige Autorität überschritten. Die Gewalt ist von Gott, aber nicht die Übung der Gewalt. Diese ist vielmehr, wie alle Fähigkeiten und Kräfte, die von Gott dem Menschen gegeben sind, seiner Freiheit überlassen. In demselben Sinne ist die elterliche Gewalt von Gott, obwohl sie vielfach mißbraucht werden kann.

„Von Gottes Gnaden" heißt endlich nicht unbeschränkt, nicht allgewaltig. Gerade aus dieser Mißdeutung ist der Absolutismus so mancher Könige hervorgegangen. In Wahrheit bedeutet vielmehr das Wort

„von Gottes Gnaden“ die größte Beschränkung: denn wer seine Gewalt von Gott ableitet, bekennt damit, daß er sie nur im Gehorsam gegen Gott üben darf und also die Grenzen anerkennen muß, die ihm der Wille Gottes in seinen Geboten, in seinem Sittengesetze, in der allgemeinen Weltordnung, in den Rechten, die er den übrigen Menschen erteilt, gesetzt hat.

„Von Gottes Gnaden“ heißt vielmehr: Die staatliche Ordnung ist nicht bloßes Menschenwerk, sondern vor allem Gottes Werk, und die in ihr bestehende Gewalt ist nicht eine menschliche Erfindung, sondern eine in ihrem Wesen von dem menschlichen Willen vollständig unabhängige, göttliche Einrichtung. Wie Gott die Grundgesetze der gesamten Weltordnung ohne Mitwirkung eines menschlichen Willens festgestellt hat, so hat er auch ohne den Menschen mit göttlicher Machtvollkommenheit angeordnet, daß wo immer Menschen in geordneten Verhältnissen miteinander leben, eine obrigkeitliche Gewalt unter ihnen bestehen muß und durch die Leitung der in der Geschichte waltenden göttlichen Vorsehung auch wirklich besteht. Die Menschen haben ihr gegenüber nur die Wahl, sie anzuerkennen, oder aber sie unter der Bedingung zu zerstören, daß sie zugleich aller Bildung und Entwickelung des Menschengeschlechtes entsagen und in Barbarei versinken. Das ist der wahre Sinn des Wortes: „Von Gottes Gnaden,“ wie ihn die Vernunft und die Offenbarung gleichmäßig bestätigen.

In diesem Sinne schreibt der Apostel **Paulus**: „Jedermann unterwerfe sich der obrigkeitlichen Gewalt: **es gibt keine Gewalt außer von Gott, und die, welche besteht, ist von Gott angeordnet.** Wer demnach sich der (obrigkeitlichen) Gewalt widersetzt, der **widersetzt sich der Anordnung**

Gottes, und die sich (dieser) widersetzen, ziehen sich Verdammnis zu; denn die Obrigkeiten sind nicht den guten Werken, sondern den bösen furchtbar. Willst du aber die (obrigkeitliche) Gewalt nicht fürchten, so tue Gutes, und du wirst von ihr Lob erhalten, denn sie ist Gottes Dienerin dir zum Besten. Wenn du aber Böses tust, so fürchte dich, denn nicht umsonst trägt sie das Schwert; denn sie ist Gottes Dienerin, eine Rächerin zur Bestrafung für den, der das Böse tuet. Darum ist es eure Pflicht, untertan zu sein, nicht nur um der Strafe willen, sondern auch um des Gewissens willen. Darum zahlet ihr auch Steuern, denn sie sind Diener Gottes, die eben hiefür dienen. Gebet also jedem, was ihr schuldig seid: Steuer, wem Steuer, Zoll, wem Zoll, Ehrfurcht, wem Ehrfurcht, Ehre, wem Ehre gebührt. Bleibet niemanden etwas schuldig, als daß ihr euch einander liebet; denn wer den Nächsten liebet, hat das Gesetz erfüllt[1])."

Wie erhaben ist hier jener Gedanke ausgesprochen: die Obrigkeiten selbst sind Diener Gottes; darum sollen wir ihnen gehorchen und sie ehren um des Gewissens willen.

In demselben Sinne schreibt der Apostel Petrus: „Seid daher untertan jeder menschlichen Kreatur wegen Gott, sei es dem Könige, welcher der Höchste ist, oder den Statthaltern, als solchen, welche von ihm abgeordnet sind zur Bestrafung der Übeltäter und zur Belobung der Rechtschaffenen: denn so ist es der Wille Gottes, daß ihr durch Rechttun die Unwissenheit törichter Menschen zum Schweigen bringet, als solche, die frei sind, aber nicht als solche, die zum Deckmantel der Bosheit die Freiheit mißbrauchen, sondern als

1) Röm. 13, 1—8.

Knechte Gottes. Ehret alle, liebet die Brüderschaft, fürchtet Gott, ehret den König! Ihr Knechte seid untertan mit aller Ehrfurcht den Herren, nicht allein den gütigen und gelinden, sondern auch den schlimmen; denn das ist Gnade, wenn jemand aus Gewissenhaftigkeit gegen Gott Widerwärtigkeiten erträgt und Unrecht leidet[1])."

Auch hier sind wieder dieselben herrlichen Gedanken: Der Christ soll in dem Bestehen der Obrigkeit eine göttliche Anordnung erkennen; er soll ihr gehorchen, sie ehren wegen Gott, aus Gewissenhaftigkeit, weil es so Gottes Wille ist; er soll sich hüten vor jenen, die ihn unter dem Deckmantel der christlichen Freiheit daran hindern wollen, und bedenken, daß dieser Gehorsam uns jene Freiheit, die wir als Christen besitzen, nicht raubt, weil wir den Menschen nicht der Menschen wegen gehorchen, sondern als Gottes Knechte.

Wir müssen aber hier noch hervorheben, daß in diesem Sinne nicht nur die weltlichen Könige und Fürsten „Von Gottes Gnaden" sind, sondern alles, was in der Weltordnung von Gott selbst angeordnet ist. Alle rechtmäßige Gewalt und jedes wahre Recht ist eben so von Gottes Gnaden wie das Recht der Fürsten und der Könige.

Der Staat von Menschen Gnaden. Zwei Grundlagen des Staates: Gottes Wille, des Menschen Wille.

Dieser Welt- und Staatsordnung, die sich auf Gott und Gottes Wille gründet, die überall nur Gottes Dienst ist und zu Gottes Ehre gereichen soll, steht jene

1) Petr. 2, 13—19.

Welt- und Staatsordnung entgegen, die sich nur auf Menschen und Menschenwillen auferbauen will, die nur Menschendienst anerkennt und nur zu Verherrlichung des sogenannten Menschentums dienen soll. Dem Staate von Gottes Gnaden wird der Staat von Menschen Gnaden entgegengestellt. Das ist recht eigentlich die Signatur und das Wesen des sogenannten modernen Staates, der nur Menschenwerk ist und nur Menschenwerk sein will, obgleich auch er an gewissen deutschen Hochschulen seine Hoftheologen hat, die ihm einen gewissen evangelischen Schein geben sollen.

Wir müssen diese Richtung näher ins Auge fassen. Sie hat zwar, Gott sei Dank, im deutschen Volke noch keine weite Verbreitung erhalten; unter den Ständen aber, die ihre Bildung aus der Tagespresse entnehmen, hat sie bereits die Oberhand erreicht und droht sich von da aus immer weiter zu verbreiten. Diese Ansicht vom Staate und von der Staatsgewalt ist die notwendige Konsequenz der Gottlosigkeit und Gottesleugnung und jener unseligen Denkweise, die alle übernatürliche Ordnung verwirft. Dem Worte der Heiligen Schrift entgegen ist das Dogma dieser Partei: Es gibt keine Gewalt von Gott; jede, die da besteht, ist vom Volke angeordnet; wer sich ihr widersetzt, der widersetzt sich der Anordnung des Volkes und ladet die Ungunst des Volkes auf sich. Es ist wichtig, die ganz notwendigen und furchtbaren Konsequenzen dieses Systems ins Auge zu fassen, und oft und vielfach zu besprechen.

Alle Menschen stehen sich ihrer Natur nach wesentlich gleich. Wenn auch der eine Mensch den andern an natürlichen Fähigkeiten übertrifft, so begründet das doch keine wesentliche Unterscheidung, sondern vielfach nur eine schnell vorübereilende, da die Fähigkeiten entwickelt, die Kenntnisse erworben werden können. Der

Mensch lediglich als solcher dem Menschen gegenüber ist vollkommen unabhängig, wahrhaft souverän. Dieses Bewußtsein kann durch äußere Verhältnisse schlummern, im Grunde der Seele ruhen; es tritt aber unter günstigen Verhältnissen als eine mit dem Selbstbewußtsein innig verbundene Wahrheit unfehlbar wieder hervor.

Wenn nun der Mensch an Gott glaubt, von dem er und alle seine Mitmenschen das Leben empfangen haben, wenn er Gott als die ewige Wahrheit, als den wahren und höchsten Herrn aller Dinge anerkennt, so hat er auch in diesem Glauben den Grund einer Autorität, und er erkennt es als seine Pflicht, sich dieser Autorität in allen seinen Verhältnissen, gegen Gott selbst und seine Mitmenschen zu unterwerfen. Da versteht er das Gebot: Du sollst Gott deinen Herrn lieben aus deinem ganzen Herzen, aus deinem ganzen Gemüte und aus allen deinen Kräften! und aus diesem höchsten Gesetze entwickelt sich dann die höchste Ordnung und Unterordnung.

Wenn dagegen der Mensch kein anderes Dasein anerkennt als die Natur, wenn er in der Natur keinen höhern Willen, keine höhere Intelligenz findet, als den menschlichen Willen und die menschliche Vernunft, so muß er naturnotwendig in seiner Verblendung endlich dahin kommen, seinen Willen und seine Vernunft für sich als das Höchste und in allen Dingen Entscheidende zu betrachten. Der ganzen Vergangenheit, der ganzen Gegenwart, dem ganzen Menschengeschlecht steht er dann mit seinem Denken und Wollen nicht nur ebenbürtig, sondern vollkommen unabhängig gegenüber. Alles, was Menschen gedacht haben, sind ihm bloße Menschengedanken, alles, was sie im Staate, in der bürgerlichen Gesellschaft, in religiösen Vereinen festgestellt haben, bloße Menschenwerke, die für ihn keine Autorität, kein

Gesetz, kein Maßstab sein können. Dem ungebundensten Subjektivismus ist dann nicht nur Tür und Tor geöffnet, sondern er ist dann vollkommen in seinem Rechte. Alle anderen Menschen haben dann kein Recht, ihn zu belehren, ihm zu befehlen, ihn zu richten, ihn zu bestrafen. Ihr Geist und sein Geist, ihr Wille und sein Wille steht ja ganz auf einer Linie, und über ihnen ist nichts. Das einzige rechtmäßige Bindemittel der menschlichen Gesellschaft ist dann der Vertrag. Aber auch dieser reicht in diesem Systeme nicht aus, um den Menschen zu binden und ihn einer Ordnung zu unterwerfen. Alles ist ja im Fortschritt begriffen nach einem unbekannten Ziele. Ob es etwas an sich Wahres, an sich Gutes, an sich Gerechtes gibt, ist dann eine offene Frage. Der Fortschritt zeigt ihm vielleicht, daß das, wozu er sich heute verbunden, morgen ihm nicht mehr als gut, wahr und recht erscheint. Wie kann er dann noch dadurch sich gebunden erachten? Es muß darum fortwährend alles in Frage gestellt bleiben, und es bleibt durchaus kein Mittel der Verbindung als die Gewalt. Der Kampf aller dieser absolut souveränen Individualitäten gegen alle ist die notwendige Konsequenz dieses Systems, und die letzte Frage, die sich jeder dann stellen wird, ist nicht mehr: Was soll ich? Was darf ich? sondern: Was kann ich?

Das ist der Geist, der jetzt im Schoße der Menschheit kocht und wühlt; der in einzelnen Ereignissen bald hier, bald da, wie ein verheerender Feuerstrom hervorbricht; der an den Fundamenten der menschlichen Gesellschaft im verborgenen frißt und nagt wie ein Wurm an den Wurzeln eines mächtigen Baumes. Man kann eben mit der Lüge nicht spielen. Wer sich ihr hingibt, wird von ihr verschlungen werden. Man hat wahrhaft mit der Gottlosigkeit und Gottesleugnung gespielt und tut es vielfach noch. Könige, die sich „von Gottes Gnaden" nannten, waren große Spötter über alle Religion und Gottesfurcht und verbreiteten diese Gesinnung. Nichts wird heute leichter verziehen als Gottlosigkeit. Für die Beleidigungen Gottes hat man keinen Sinn mehr. Das Recht der Gottesleugnung wird bereits als ein Postulat der Wissenschaft angesehen. Man hat keine Empfindung mehr für das Verbrechen, daß man Menschen, die das Dasein Gottes leugnen, zu Lehrern der Jugend bestellt. Im Interesse der Gottesleugnung duldet man sogar die offenbarste Verdrehung des natürlichsten Wortsinnes und scheut sich nicht, Gesellschaften, welche die Gottesleugnung Gottesdienst nennen, als religiöse Sekten anzuerkennen. Ein solches Spiel mit seinem heiligen Namen wird Gott nicht dulden. Man kann nicht das Fundament eines Hauses ausgraben und zerstören, das Haus selbst aber in der Luft schwebend erhalten, um darin bequem fortzuwohnen. So kann man auch die Fundamente der Weltordnung nicht zerstören lassen, ohne unter den Trümmern endlich begraben zu werden. Wenn es keine übernatürliche Ordnung gibt, dann ist Wahrheit ein Rätsel, Recht und Gerechtigkeit ein Rätsel, Sittlichkeit und Tugend ein Rätsel, und jeder Mensch für sich der vollkommen unabhängige Rätseldeuter.

Die beiden obersten Gegensätze in der Politik, die zwei politischen Heerlager der Gegenwart.

Wir können nun auch mit Sicherheit die obersten Gegensätze bezeichnen, welche die politischen Parteien der Gegenwart bilden und zwei politische Heerlager ausmachen.

Bei Unterscheidung der politischen Parteien kommt es natürlich auf Grundsätze und nicht auf äußere Formen an. Das wird leider vielfach übersehen, und eine große Anzahl oberflächlicher Menschen fassen ihre politische Stellung lediglich nach Äußerlichkeiten und Namen ohne klaren Sinn auf, nach Formen, deren Bedeutung sie nicht einmal kennen. Dagegen ist es gewiß Pflicht eines jeden Mannes, der zu einer öffentlichen Tätigkeit berufen ist, und vor allem Pflicht jedes katholischen Blattes, sich vollkommen klar zu sein über die Grundsätze, die jetzt im politischen Leben der Völker miteinander ringen. Die so viel gebrauchten Worte „Konservativ", „Liberal" scheinen uns insbesondere so vieldeutig zu sein, daß nur jene dadurch befriedigt werden können zur Bezeichnung ihrer politischen Stellung, denen überhaupt zweideutige Worte lieb sind, um ihre Armseligkeit zuzudecken; nicht aber jene, die es für ihre Gewissenspflicht halten, in allen Dingen, wo sie zu handeln berufen sind, nach wahren Grundsätzen zu verfahren.

Der tiefste Grund aller Dinge ist zuletzt immer Gott, und alle Grundsätze hängen daher insbesondere von dem Verhältnis zu ihm ab. So haben auch die politischen Parteien ihren letzten Unterscheidungsgrund in der Auffassung von dem Verhältnisse zu Gott. Hier könnten wir nun als die allgemeinste Unterscheidung der Parteien die beiden Ansichten aufstellen, von denen die eine an das Dasein einer übernatürlichen Ordnung glaubt, die andere sie leugnet. Wir haben aber an dieser Stelle nicht diese mehr religiöse Unterscheidung im Auge, von der wir auch schon früher gesprochen haben, sondern wir wollen die eigentlich politischen Grundsätze hier aussprechen, welche die Parteien bilden.

Diese ergeben sich nun aus der bisherigen Entwicklung mit voller Klarheit. Auf der einen Seite stehen die Anhänger der zentralisierten Staatsgewalt, auf der andern die Anhänger der Selbstregierung. Jene wollen möglichst alles durch die Staatsgewalt vollbringen; diese wollen den Individuen, den Gemeinden, den Familien, den Korporationen einen möglichst freien Spielraum zur Besorgung ihrer eigenen Angelegenheiten überlassen. Jene verfechten den Absolutismus, diese die wahre und echte Freiheit.

Das sind im tiefsten Grunde die politischen Prinzipien, die miteinander kämpfen; beide treten aber äußerlich in ganz ähnlicher Weise auf. Sowohl die Grundsätze des alles beherrschenden Absolutismus, wie die des nach Selbstregierung strebenden Freiheitsstaates können sich in der monarchistischen, in der konstitutionellen wie in der demokratischen Verfassung geltend machen. Wer daher nur nach diesen Namen die Parteien unterscheidet, hat von der grundsätzlichen Stellung derselben keinen Begriff und läßt sich durch äußern Schein täuschen. Die nach dem Prinzipe absoluter Zentralisation eingerichteten monarchischen, bureaukratischen, konstitutionellen und demokratischen Staaten gehören vielmehr mit allen ihren Anhängern innig und grundsätzlich zusammen. Es ist ein und derselbe Geist, der in allen diesen Formen herrscht, und der in der einen Form gerade so schlecht ist wie in der andern. Ebenso gehören aber auch alle Staaten, in denen die Selbstverwaltung durchgeführt ist, grundsätzlich zusammen, ob sie Monarchien oder Republiken heißen. Das sind die obersten politischen Grundsätze, welche die Parteien bilden.

Der moderne Liberalismus. Absolutismus unter dem Scheine der Freiheit.

Der moderne Liberalismus steht seiner innerlichsten Natur nach ganz auf der Seite der Allregiererei und ist durchaus Geisteskind und Erbe der absolutistischen Monarchie und Bureaukratie der verflossenen Jahrhunderte. Er unterscheidet sich von diesen nur durch die äußere Gestalt, nur durch Worte, die das Gegenteil anzudeuten scheinen, nur durch die Organe, die die Gewalt handhaben, während sein eigentliches Wesen, das immer wieder durch diesen Schein durchbricht, intolerante, rücksichtslose Zentralisation, Allgewalt des Staates auf Kosten der individuellen und korporativen Freiheit ist. Die Hand, welche die Zügel führt, soll nur gewechselt, der Zügel aber nur um so fester angezogen werden. Während früher die Fürsten den absolutistischen Hammer führten, mit dem seit dreihundert Jahren jede wahre deutsche Freiheit zertrümmert ist, und sich dabei „Von Gottes Gnaden" nannten, wollen jetzt andere, die sich „Von Volkes Gnaden" nennen, denselben Hammer schwingen und das Werk, namentlich an der Kirche, fortsetzen und vollenden. Die Peitsche, die der absolute Monarch gebraucht, will jetzt der absolute angebliche Volksrepräsentant führen, nur noch schärfer.

Das ist die Zeitströmung, die uns umgibt, die aus tausend Stimmen täglich zum deutschen Volke redet und es durch falschen Schein verführt. Sie bedroht jede Selbständigkeit, jede freie Selbstbestimmung, sie bedroht Haus und Kirche, sie bedroht wahrhaft alle hohen Güter der Menschheit. Es ist daher so dringend notwendig, diesem lügenhaften Liberalismus zu Leibe zu gehen, ihm seine falschen Federn von Freiheit, Volkswille usw., mit denen er sich schmückt, durch die er das Werk der Verführung vollbringt, auszureißen und ihn als das, was er ist, als das Werk der Selbstsucht, dem deutschen Volke vor Augen zu stellen. Wir wollen den lügenhaften Charakter dieses modernen Liberalismus in seinen Hauptzügen darstellen.

Sein erster Charakterzug ist: der falsche, moderne Liberalismus redet viel von Freiheit; er gibt sich das Ansehen, ausschließlich Träger der Freiheit zu sein und die Mission zu haben, wahre Freiheit auf Erden zu verbreiten. Mit diesem Scheine berauscht und verführt er die Völker. Wer zu ihm hält, wird als Held der Freiheit und Freund des Volkes dargestellt; wer ihm widerspricht, als Reaktionär, als eigennütziger, charakterloser Knecht der Gewalt, als Feind des Volkes. Das alles aber ist leerer Schein und Unwahrheit. Der moderne Liberalismus kennt nicht einmal den wahren Sinn der Freiheit, ist im Grunde ihr volles Gegenteil und führt notwendig zur Erniedrigung und zur Knechtschaft des Volkes.

Diese Täuschung bewirkt er aber durch die Verwechslung der Worte „Freiheit" und „Gleichheit". Der falsche Liberalismus kennt eigentlich nur Gleichheit und nennt die Gleichheit — Freiheit. Das ist aber ein arger Trug! Zwischen Freiheit und Gleichheit ist ein gar wesentlicher Unterschied. Es gibt eine Gleichheit der Sklaven, eine Gleichheit der Züchtlinge, eine Gleichheit der Rechtslosigkeit. Das Volk ist nicht dann frei, wenn alle gleich unfrei sind. Darin steckt die große Lüge des liberalen Glaubenssatzes: „Die Freiheit ist Despotismus des Gesetzes." Wenn das Gesetz despotisch ist, dann ist die Despotie des despotischen Gesetzes eine allgemeine, elende Knechtschaft. Das wäre so recht eigentlich das Ideal des modernen Liberalismus, in alles durch Gesetze einzugreifen, für alles durch Gesetze zu sorgen, jeden

Menschen durch eine möglichst enge Zwangsjacke einzuspinnen und dann durch ein Strafgesetz zu befehlen, daß das ganze Volk diesen Zustand für glückselige Freiheit halten müsse! Der moderne Liberalismus kann zwar bei seinem vielen Reden über Freiheit nicht umhin, hie und da auch über einzelne Rechte schöne Reden zu halten, insbesondere über solche, die ihm zu seinem Zwecke dienen, z. B. Preßfreiheit und Vereinsfreiheit; er fällt aber unfehlbar immer wieder in seine eigentliche Natur zurück und macht sich dann nichts daraus, selbst die Gewissensfreiheit aufs tiefste zu verletzen. In neuester Zeit ist er ja so weit gekommen, sogar durch Gesetze in das innerste Leben der Kirche einzugreifen! . . .

Der zweite Charakter des modernen Liberalismus ist: Er redet ohne Unterlaß vom Volke und behauptet alles in seinem Namen zu tuen. Der Staat soll nach seiner Lehre Darstellung der Majestät des Volkes, das Staatsgesetz Ausdruck des Volkswillens, die Staatsgewalt Vollziehung dieses Willens sein. Nach seinem Benehmen müßte man glauben, daß er allein auf Erden das Volk liebe, für dasselbe sorge und kämpfe. Aber auch das ist wieder eitel Lug und Trug. In der Wirklichkeit benutzt er nur die schlechtesten Leidenschaften im Volke, um dann das Volk selbst mit Füßen zu treten. Unter dem Scheine der Volkssouveränität macht er es zu einer willenlosen, von ihm geleiteten und mißbrauchten Masse. Das Mittel aber, um dieses Trugsystem durchzuführen, sind d i e W a h l e n. Man läßt das Volk hie und da an einem Wahlakt sich beteiligen, und dann bringt man ihm die Meinung bei, daß deshalb nun alles nach seinem Willen geschehe. Wir müssen aber dieses System eingehender betrachten.

Wenn der moderne Liberalismus ehrlich und konsequent wäre, so müßte er, trotz seiner irrigen Grundsätze, doch das Prinzip der Selbstverwaltung und Selbstbestimmung anerkennen, und dann ließe sich wenigstens mit ihm noch friedlich in einem Staate nebeneinander leben. Wenn nämlich jede Gewalt im Staate vom Volke herkommt, so sind folglich alle die einzelnen Individuen, aus denen das Volk besteht, die eigentlichen persönlichen Träger und Inhaber der Gewalt im Staate. Die Staatsgewalt, sowohl die gesetzgebende als die vollziehende, käme dann durch eine Vollmachtsgebung vonseiten des Volkes zustande. In diesem Falle fordert aber Vernunft und Wahrheit, daß dem Volke das Recht zustehen muß, auch eine beschränkte Vollmacht auszustellen, und daß es ihm überlassen bleiben muß, das was es selbst tuen kann, in seinem Hause, in seiner Gemeinde, in seiner Heimat, auch selbst zu besorgen und zu vollbringen. Das verträgt sich dann freilich in keiner Weise mit dem Prinzip der zentralisierenden Staatsgewalt, und es bliebe dieser nur ein beschränkter, enger, natürlicher Kreis. So versteht aber der moderne Liberalismus die Sache nicht. Dann hätte ja das Vielregieren und die Fabrikation der Gesetze bald ein Ende. Das Volk ist ihm zwar angeblich die Quelle aller Rechte, aber nur in dem Sinne, daß es selbst möglichst wenige Rechte üben darf. Sein Recht ist vor allem Wahlrecht, d. h. alle paar Jahre in einigen Minuten einen Namen auf den Wahlzettel zu schreiben und sich seine Zuchtmeister selbst zu wählen. Von da an sorgen diese im Namen des Volkes für alles, und was sie in Übung ihrer Allmacht bestimmen, ist dann Volkswille, Volkssouveränität und Volksfreiheit. Welch ein Hohn auf alle Wahrheit und Wirklichkeit!

Daher kommt es denn auch, daß dieser moderne Liberalismus auch gar nicht einmal daran denkt, das wirkliche Volk zu vertreten. Er vertritt nur seine Partei im Volke und läßt alles, was im Volke nicht mit der Gesinnung seiner Partei übereinstimmt, vollkommen außer acht. Das sehen wir alle Tage in jenen Kammern, wo dieser falsche Liberalismus herrscht. Deshalb ist es eine sehr große Aufgabe der katholischen Presse, ihn fortwährend an seinen Ursprung und an seine Grundsätze zu erinnern und ihn zu zwingen, nicht bloß Zeitungsmeinungen, Parteiinteressen, Kollegienhefte zu vertreten, sondern das wirkliche Volk, wie es da im Lande herum leibt und lebt, und seinen Ansichten, seinen Wünschen, seinen Bedürfnissen, seinem Glauben und Gewissen Rechnung zu tragen.

Der dritte Charakter des modernen falschen Liberalismus ist seine Gottlosigkeit, sein Haß insbesondere gegen das positive Christentum, namentlich gegen die katholische Kirche und alle, die ihr treu anhängen. Er ist von namenlosem Respekt erfüllt vor jeder ungläubigen Zeitrichtung, von namenlosem Abscheu vor allem, was echt und wahrhaft christlich ist. In den Versammlungen, wo der moderne Liberalismus herrscht, darf ein positiv christliches Wort gar nicht mehr ausgesprochen werden. Mir ist ein Land bekannt, wo ein gutes, treues, christliches Volk in allen Tälern und in allen Gauen wohnt, wo, wenn man die Herzen des ganzen Volkes prüfen könnte, auf zehn Ungläubige immer neunzig treue, wahre Christen treffen würden, und wo dennoch in den Kammern das, was in allen diesen christlichen Herzen lebt und webt, nicht ausgesprochen werden darf, ohne allgemeinen Hohn hervorzurufen. Das nennt der moderne Liberalismus Volksvertretung!

Gegen diesen Absolutismus unter dem Scheine der Freiheit, gegen diesen Lügenliberalismus sollten nun katholische Männer auf allen Gebieten ohne Unterlaß kämpfen. Er ist rücksichtsloser und schlimmer, als irgend ein anderer Absolutismus es je gewesen ist.

Einheit Deutschlands.

Da die deutsche Frage jetzt überall auf der Tagesordnung ist und alle Herzen in Deutschland bewegt, so können wir sie nicht ganz mit Stillschweigen übergehen, obwohl wir uns über dieselbe schon bei einer anderen Gelegenheit eingehender ausgesprochen haben.

Wir betrachten die mehr und mehr allgemein werdenden Bestrebungen nach einer größeren Einheit des deutschen Volkes, mit germanischer Selbständigkeit der einzelnen Staaten, nicht mit französischer Zentralisation, als einen durchaus legitimen, wohlbegründeten Anspruch des ganzen deutschen Volkes und jedes einzelnen Deutschen, so legitim und wohlbegründet, wie es überhaupt politische Ansprüche geben kann.

Die Auflösung des deutschen Reiches und des einheitlichen Reichsverbandes darf gewiß ohne Ungerechtigkeit weder einem einzelnen Fürsten, noch einem einzelnen Lande zugemessen werden. Die Gesamtheit aller Ursachen, welche seit Jahrhunderten zu dieser Auflösung mitgewirkt haben, hatten aber nicht ihren Grund in einem höheren Interesse der Menschheit überhaupt, oder in einem wahren tieferen Bedürfnisse des deutschen Volkes, sondern vorzugsweise in egoistischen und selbstsüchtigen Interessen oder unberechtigten Zeitrichtungen, die von einer ebenso egoistischen und schlechten Politik fremder Mächte gepflegt und unterstützt wurden. Kein wahres, höheres, allgemeineres Bedürfnis des deutschen Vaterlandes hat dieses unselige Resultat herbeigeführt. Auch die Verzichtleistung auf die deutsche Kaiserkrone durch Kaiser Franz konnte das Recht aller auf die deutsche Einheit nicht berühren, da diese kein Privatrecht des deutschen Kaisers, sondern ein Gesamtrecht des ganzen deutschen Volkes war. Wie schwierig auch die Lösung des Problems ist, und wie verwerflich auch so manche die Geschichte und die reale Natur der Dinge verleugnende und spezifisch revolutionäre Bestrebungen sein mögen, welche unter dem Scheine der Einheit die deutsche Einigkeit und Größe aufs unheilvollste bedrohen, so wird dennoch immer die deutsche Einheit ein überaus heiliges und berechtigtes Bestreben der deutschen Völkerstämme bleiben.

Man hat die Bestrebungen nach deutscher Einheit von einer Seite als eine Unmöglichkeit aus dem Grunde auffassen wollen, weil die Glaubensspaltung bestehe und diese jede tiefere Einigung verhindere. Diese Ansicht ist ohne Zweifel insofern wahr, als das höchste Ideal einer nationalen Einigung nur unter der Voraussetzung der Glaubenseinigung erreicht werden könnte, und als ganz gewiß die Glaubenstrennung und der in ihrem Gefolge erst recht eingedrungene Partikularismus und Absolutismus der tiefste Riß in die deutsche Einheit gewesen ist. Aber wir sind auf Erden so oft in der Lage, nicht unmittelbar die höchsten Ideale verwirklichen zu können, und in solchen Fällen ist es dann gänzlich unberechtigt unter diesem Vorwande das minder Vollkommene zu bekämpfen. Es gibt ja überhaupt in der Welt fast keine nationale Einheit mehr, die wahrhaft auf diesen letzten und höchsten Grund aller Einheit, auf die Glaubenseinheit gegründet wäre. Dagegen scheint es uns von der höchsten Bedeutung für die Einigung der deutschen Volksstämme, — und dieses möchten wir vor allem aussprechen, daß die Politik aufhöre, die Religion als Mittel für ihre Zwecke zu betrachten. Nicht die Spaltungen in der Religion an sich gefährden so sehr die deutsche Einheit, als vielmehr die Bestrebungen der Parteien, die Religionsgesellschaften durch Staatsgesetze zu leiten und sie dann als Mittel zur Erreichung ihrer Absichten zu gebrauchen. Nichts würde die Einheit des deutschen Volkes mehr fördern, als die ehrliche Anerkennung des Prinzips der Selbstverwaltung für die Kirche. Man redet immer von den Übergriffen der kirchlichen Behörden auf das weltliche Gebiet und übersieht dabei, wie seit Jahrhunderten die Staatsgewalt in das geistliche Gebiet eingegriffen hat, und kirchliche Interessen als Vorwand gebrauchte zu rein egoistischen und selbstsüchtigen Absichten. Auch der moderne absolutistische Liberalismus schlägt diesen selben verderblichen Weg ein, und während er auf der einen Seite von der deutschen Einheit redet, bringt er uns auf der anderen Seite die Gefahr der größten inneren Kämpfe und der tiefsten religiösen Spaltungen. Daher sollten alle, die wahrhaft nach der Einheit Deutschlands streben, und mit ihren deutschen Mitbrüdern im Geiste wahrer Toleranz im Frieden leben wollen, gemeinsam dahin wirken, daß die Selbständigkeit der christlichen Konfessionen anerkannt würde, und daß namentlich dieser Terrorismus nicht weiter um sich greife, mit dem die katholische Kirche in einzelnen Kammern und in der Presse bedroht wird.

Übrigens können wir es nur beklagen, wenn Katholiken deshalb den Bestrebungen nach deutscher Einheit gegenüber sich feindlich oder gleichgültig verhalten, weil in denselben sich zugleich ein Geist geltend macht, der nicht die Einheit will, sondern nur die katholische Kirche haßt. Wir glauben vielmehr, daß wir Katholiken trotz dieser vielfach der katholischen Kirche feindlichen Richtungen uns wohl vor dem Scheine hüten müssen, als ob die deutsche Sache uns fremd wäre. Wir müssen vielmehr auch hier das Falsche vom Wahren wohl unterscheiden und uns in der Liebe zum deutschen Vaterlande, zu seiner Einheit und Größe von niemanden übertreffen lassen.

(Aus der Schrift „Freiheit, Autorität und Kirche".)

Christliches Gewissen und Staatsgewalt.

Wir wollen in dieser Abhandlung einen Beitrag zur Naturgeschichte dieses modernen Staates liefern. Das Großherzogtum Baden, das vor allem nach der Ehre strebt, ein Ideal des modernen Staates zu sein, wird uns dazu die Veranlassung bieten. Dort wurde uns vor kurzem versichert, daß das Gesetz das öffentliche Gewissen sei, und daß die Berufung auf das eigene Gewissen und auf Gewissensfreiheit im Widerspruch mit dem Gesetze ein strafbares Vergehen sei. In diesem Satze, wie er dort ausgesprochen und geltend gemacht worden ist, erkennen wir nun einen wesentlichen Grundsatz des modernen Staates. Wir wollen ihn deshalb näher betrachten. Mögen unsere christlichen Leser uns bei dieser Betrachtung folgen, die dazu dienen wird, ihnen die Gefahren, denen wir mit solchen modernen Doktrinen entgegengehen, immer klarer zu machen und sie zum Kampfe gegen diese Zeitrichtung anzuregen.

Das Gewissen ist unser höchstes Gut; wer es mißachtet und kränkt, der mißachtet und kränkt uns in unserem tiefsten Sein. Wir werden sehen, daß die Konsequenzen des modernen Liberalismus notwendig zu dieser Mißachtung führen, daß ihm gegenüber selbst christliche Eltern in ihren heiligsten Rechten und Pflichten sich nicht mehr auf ihr Gewissen berufen dürfen. Nur Menschen, Eltern ohne Gewissen können mit diesem Geiste des modernen Staates in Frieden leben.

Eine merkwürdige Illustration zur päpstlichen Enzyklika vom 8. Dezember 1864 hat uns kürzlich der Staatsrat Lamey in der ersten Kammer der Stände in Karlsruhe mit der dankenswertesten Offenheit geboten. Der Papst hat in jener Enzyklika die Behauptung ausgesprochen, daß ohne Religion nichts mehr feststehe, selbst nicht Recht und Gerechtigkeit; Herr Staatsrat Lamey, als Vorsprecher des religionslosen Staates, ist wo möglich noch weiter gegangen, indem er uns versichert, daß dem modernen Staate gegenüber auch das Gewissen des einzelnen rechtlos sei.

Herr Staatsrat Lamey hat bei dieser Gelegenheit zugleich den Grundsatz ausgesprochen, der ihn bei diesem Verfahren der Gewissensbedrückung rechtfertigen soll, indem er keinen Anstand nahm, zu sagen: das Gesetz sei das öffentliche Gewissen, und eine Staatsverwaltung könne daher nur nach dem Gesetze handeln und sich nicht um jene kümmern, die, im Widerspruch mit dem Gesetze, sich auf ihr Gewissen beriefen.

Diese Äußerung des Herrn Staatsrates ist ein Herzensgeständnis moderner ungläubiger Denkweise und ganz geeignet, uns einen klaren Einblick zu gewähren in den tiefen Abgrund, dem uns diese moderne ungläubige Aufklärerei entgegenführt. Wenn wir aber diesen Satz in seinen notwendigen Folgerungen betrachten, so wollen wir den Staatsrat Lamey für dieselben nicht überall verantwortlich machen. Er ist eben ein Kind seiner Zeit und seiner Partei und spricht in ihren Redensarten. Vielleicht hat er diese Phrase irgend einem Kollegienhefte entnommen. Wir können unmöglich annehmen, daß er sich über ihre praktische Bedeutung vollkommen klar ist. Wir glauben sogar, daß Herr Staatsrat Lamey trotz seines ungerechten Verfahrens gegen die Katholiken und ihr Gewissen, trotz seiner beleidigenden Äußerungen gegen dieselben, immer noch eine Ader in sich hat, die besser ist als das Blut seiner Parteigenossen, und besser als das System, dem er gegenwärtig dient. Wir lassen daher die Person des Herrn von Lamey aus dem Auge, indem wir bei dem verwerflichen System moderner Aufklärerei etwas verweilen, dem jener Grundsatz entnommen ist.

Hamlet redet von einem Gedanken, „der, zerlegt man ihn, ein Viertel Weisheit nur und stets drei Viertel Feigheit hat". Ähnlich ist es auch mit jener Sentenz: „das Gesetz ist das öffentliche Gewissen, und das Privatgewissen darf deshalb dem Gesetze nicht widersprechen"; sie enthält, wie so viele andere Redensarten des Liberalismus, ein Vierteil Wahrheit und drei Vierteil Unwahrheit. Wir müssen deshalb sorgfältig diese Ingredienzien unterscheiden und voneinander trennen; denn das Vierteilchen Wahrheit wird hier, wie immer, die drei Vierteile Unwahrheit allen denen verdecken, die eben nicht gewohnt sind, durch den äußeren Schein in den Grund der Sache hineinzudringen.

Das Vierteilchen Wahrheit besteht nämlich darin, daß allerdings in einem geordneten Staatswesen nicht beliebige Berufung auf das Gewissen immer und in allen Fällen zugelassen werden kann. Zum Wesen des Staates gehört das Recht der letzten Entscheidung, soweit sie von Menschen abhängt, in allen den Angelegenheiten, die zur eigentlichen Aufgabe des Staates gehören. Die Staatsgewalt müßte daher auf die Souveränität und somit auf Einheit und Ordnung verzichten, wollte sie jedem eine absolute Berechtigung der Berufung auf das Gewissen einräumen. Der Staat wird vielmehr in gewissen Fällen genötigt sein, zum Schutze jener hohen Güter, deren Wahrung seine Bestimmung ist, einer solchen Berufung mit Gewalt entgegenzutreten, nicht weil er das Recht des Gewissens des einzelnen leugnet, sondern weil er, wenn er nicht auf seine Bestimmung verzichten will, im äußersten Falle annehmen muß, einem irrigen Gewissen entgegenzustehen. Soweit geht unbestritten das Recht eines geordneten Staatswesens, und soweit geht auch die Wahrheit in den Worten des Herrn Staatsrats.

Neben dieser Wahrheit enthält aber jene Sentenz drei Viertel Unwahrheit. Schon die Wortbedeutung ist in dem Satze „das Gesetz ist das öffentliche Gewissen" verfälscht. Das Gewissen ist seiner Wesenheit nach mit der Persönlichkeit verbunden; es gehört ausschließlich zum Ich, ist Sache des einzelnen Menschen. Von einem allgemeinen Gewissen kann daher nur in einem so ganz übertragenen und bildlichen Sinne geredet werden, daß ein solcher Gebrauch des Wortes eigentlich unstatthaft und ganz geeignet ist, eine Begriffsverwirrung herbeizuführen. Doch sehen wir hiervon ab und treten wir der Sache selbst näher.

Die Unwahrheit in jener Phrase besteht in der gänzlichen, wahrhaft unerhörten Verkennung, ja Mißachtung der Rechte und der Würde des Gewissens im Menschen.

Wenn wir die Autorität der Staatsgewalt in ihrem Gebiete anerkennen müssen, um nicht Gefahr zu laufen, alle jene Güter zu gefährden, die nach dem göttlichen Willen durch die Verwirklichung der Staatsidee den Menschen geboten werden sollen, so müssen wir noch mehr die Autorität des menschlichen Geistes auf seinem Gebiete anerkennen, um nicht die noch größere Gefahr zu laufen, der Menschenwürde selbst zu nahe zu treten. Der Staat ist auf seinem Gebiete souverän und muß es sein, seinem Wesen und seiner Bestimmung nach; aber auch der Menschengeist ist auf seinem Gebiete souverän und muß es sein, seiner Würde und seiner ihm gebührenden Ehre nach. Es versteht sich dabei von selbst, daß jede menschliche Souveränität nur in den Schranken besteht, die ihr die göttliche Souveränität angewiesen hat; daß mit ihr die Pflicht verbunden ist, sich dieser göttlichen Souveränität vollkommen und unbedingt zu unterwerfen, und daß sie von dem Augenblicke an Empörung wird, wo sie sich dem göttlichen Willen entgegenstellt. Das gilt aber allgemein von jedem dem Menschen anvertrauten Rechte, von jeder Gewalt, die Gott ihm auf irgend welchem Gebiete gegeben hat; das gilt ebenso von dem Rechte des Fürsten, von der Gewalt des Staates, von den Befugnissen des Vaters, wie endlich von dem Rechte des einzelnen Menschen.

Mit dieser Beschränkung, die also allen von Gott stammenden Ordnungen, wie allen einzelnen Menschen gleichmäßig gesetzt ist und ihnen ihr rechtes Maß gibt, besteht aber für den Geist des Menschen in seinem Gebiete eine wahre und wirkliche Souveränität. Der Gedanke des Menschen kann sich nur der Wahrheit unterwerfen; er hat aber zugleich auch das Gesetz in sich, das ihm diese Unterwerfung befiehlt und ihn mahnt, daß die Wahrheit ihm mit göttlicher Autorität gegenübersteht. Das Gewissen des Menschen darf sich nur dem unterwerfen, was es selbst als gut und recht anerkennt; es hat aber zugleich auch ein unerbittliches Gesetz in sich, das ihm befiehlt, das Gute zu erwählen; das ihn verurteilt, wenn er von demselben abweicht; das ihn mit göttlicher Autorität nötigt, jeder menschlichen Autorität zu widersprechen und sich ihr zu widersetzen, die dieser innersten Stimme des eigenen Gewissens widerspricht. Hier ist die Phrase von dem allgemeinen Gewissen, welches das Gesetz sein soll, eine durchaus leere und inhaltslose. Es ist dem Menschen, seiner unabänderlichen, ihm von Gott gegebenen Natur nach, vollständig unmöglich, durch Berufung auf dieses sogenannte allgemeine Gewissen die Stimme des eigenen Gewissens, soweit jenes diesem widerspricht, zu beruhigen. In dieser Beschaffenheit des menschlichen Geistes, des Gewissens, besteht die Größe, die Würde, die Gottähnlichkeit des Menschen. Bis nahe an Gott selbst hat Gott den Menschen dadurch erhoben. Wer den Menschen nicht entwürdigen will, muß ihn mit dieser seiner erhabenen Natur anerkennen.

Die Idee des souveränen Staates hat ihre Berechtigung; die Idee des souveränen Menschengeistes steht aber noch höher; denn der Staat vergeht, während der Menschengeist ewig lebt. Beide haben ihren Grund in Gott, und damit auch ihr gegenseitiges rechtmäßiges Verhältnis, ihre Harmonie und Ordnung. Sie sollen sich nicht widersprechen und leugnen, sondern sich gegenseitig achten und sich in jener Ordnung einträchtig bewegen, die ihnen Gott angewiesen hat. Wenn sie aber in der Tat unvereinbar wären, so würden wir lieber dem Staate entsagen, als der Menschenwürde; lieber gewissenhafte Menschen ohne Staat, als einen Staat mit gewissenlosen Menschen.

Zu dieser letzten Konsequenz, zu einem Staatswesen mit gewissenlosen Menschen, führt aber notwendig die obige Phrase von dem allgemeinen Gewissen, dem das einzelne Gewissen nicht widerstreben darf; zu ihr führt überhaupt der moderne, der von Gott und einer göttlichen Ordnung getrennte Staat. Jener Satz ist ein Dogma der modernen Staatsrechtslehre. Diese leugnet die Rechte des inneren Gewissens und setzt an die Stelle der Gewissenhaftigkeit die Gesetzmäßigkeit. Hier stehen wir vor der tiefen Kluft zwischen dieser modernen Anschauung und der ganzen christlichen Denkweise. Im Grunde ist es der Konflikt zwischen Christentum und Heidentum in seiner äußersten Entartung; der Versuch, den christlichen Völkern die christlichen Institutionen mit allen ihren Segnungen zu nehmen und sie durch die Institutionen des Heidentums mit allen seinen Erniedrigungen zu ersetzen.

Das Christentum setzt den Wert des Menschen in seine innere Gewissenhaftigkeit, das Heidentum in seine äußere Legalität und Gesetzmäßigkeit. Die Humanität des Christentums besteht in der innern Anerkennung der ewigen göttlichen Ordnung, des ewigen göttlichen Gesetzes und in der Unterwerfung unter dasselbe; die Humanität des entarteten Heidentums besteht lediglich in der Anerkennung und Unterwerfung unter das bürgerliche Gesetz. Im Christentum ist jener der vollkommene Mensch, der das göttliche Gesetz am vollkommensten verfolgt und, wenn es nötig ist, soweit die Staatsgesetze mit dem göttlichen Gesetze im Widerspruch stehen, der Staatsgewalt das non possumus, wir können es nicht, entgegenstellt; jenem Heidentum dagegen ist das der vollkommenste Mensch, der alle bürgerlichen Gesetze gut beobachtet, mag auch sein Leben mit allen göttlichen Gesetzen im Widerspruch stehen, und mag er im übrigen ein Ausbund aller Gewissenlosigkeit sein.

Der Satz des Herrn Staatsrats hängt daher innig zusammen mit jener Zeitrichtung, die den christlichen Völkern die christliche Weltordnung rauben und den modernen Staat auf den Grundlagen auferbauen will, auf denen der heidnische beruhte. Von der Stellung, die wir in unserem Geiste Gott zur Welt geben, hängt auch die Stellung ab, die wir dem Menschen zur bürgerlichen Gesellschaft geben. Alle Fragen sind im Grunde religiöse Fragen. Aus dem wahren Gottesglauben, wie ihn uns das Christentum lehrt, kommt man zu einem ganz anderen Resultate über die Würde des Menschen und seine Stellung zum Staate und zur bürgerlichen Gesellschaft, als aus den religiösen Irrtümern und Zweifeln heraus, die das alte und neue Heidentum hegt.

Das Christentum zeigt uns die volle Harmonie einer ewigen göttlichen Ordnung, in der alles Gute, Wahre und Gerechte auf Erden seinen Grund und seine Grenzen hat; in welcher alle Verhältnisse der Menschen unter sich und gegenüber der bürgerlichen Gesellschaft usw., geregelt sind. Wenn daher auch das Christentum dem einzelnen Menschen mit Autorität entgegentritt, so geschieht dies doch nur mit voller Anerkennung der rechtmäßigen Autorität des Menschengeistes und in der Überzeugung, daß der Geist des Menschen auf seiner höchsten geistigen und sittlichen Stufe nur in der Unterwerfung unter diese Autorität seine vollkommene Befriedigung, seine wahre Vollendung findet.

Eine von Gott und der wahren Gotteserkenntnis absehende Staatslehre kennt dagegen keine höhere göttliche Ordnung, kein über dem Staate stehendes Gesetz, keinen höheren Willen, in welchem der Staat wie die Stellung der einzelnen Menschen und ihr gegenseitiges Verhältnis begründet ist; sie kann als Höchstes nur den Staat selbst und seinen Willen anerkennen. Was uns Christen Gott in seinem ewigen unendlichen Wesen ist, das ist einem echten Kinde der Neuzeit, einem Vollblutrepräsentanten der neuen Ära, der Staat, beziehungsweise die Partei, die augenblicklich den Staat regiert, also im letzten Grunde die schwankende Kammermajorität. Dieses Votum einiger Menschen, deren Ansicht man im Privatleben vielleicht sehr gering schätzen würde, ist, wenn es sich als Majorität in der Kammersitzung irgend eines kleinen Staates geltend gemacht hat, das Gesetz; und dieses Gesetz ist dann der eigentliche Götze, den unsere fortgeschrittensten Zeitgenossen selbst anbeten und uns zur Anbetung vorhalten, auf so lang, bis er durch einen anderen Majoritätsbeschluß abgesetzt und ersetzt worden ist. Dieser Götze ist dann auch das allgemeine Gewissen, und diesem allgemeinen Gewissen gegenüber darf man kein Privatgewissen mehr haben. Wahr, gut, gerecht, schön ist, was das Gesetz, d. h. die Majorität, entscheidet.

Auf dieser Stufe moderner Fortgeschrittenheit gibt es überhaupt kein inneres Gewissen mehr, keine sich im Innern vollziehende Zustimmung zu einer erkannten Wahrheit, zu einem als gut erkannten Gesetze, denn die Anerkennung der Berechtigung eines solchen inneren Gesetzes schlösse ja notwendig zugleich die Anerkennung eines außer und über dem Staate vorhandenen Gesetzes, also Gottes ein, den ja eben der moderne Staat leugnet oder ignoriert; es gibt nur mehr, wie oben gesagt, Legalität, äußere Gesetzmäßigkeit. Dahin geht die ganze Zeitrichtung, soweit sie von dem lebendigen Gott abgefallen ist.

Das Christentum legt dem Menschen die Pflicht auf, auf Grund einer inneren, sittlichen Erkenntnis in gegebenen Fällen jeder menschlichen Autorität, sowohl einzelnen Menschen, als auch der Staatsgewalt zu widerstehen und lieber das Leben hinzugeben, als Gehorsam zu leisten. Durch diesen Grundsatz hat der göttliche Meister des Christentums selbst seine Religion verbreitet und der römischen Staatsgewalt, wie dem jüdischen Hohen Rate Widerstand geleistet; durch diesen Grundsatz hat das Christentum seinen Siegeslauf durch die Welt gehalten, und Millionen Märthyrer, die wir als Freunde Gottes verehren, haben für ihn ihr Blut dahingegeben.

Der moderne Zeitgeist versichert uns dagegen, daß das alles nur eine strafbare Auflehnung gegen das sogenannte öffentliche Gewissen, gegen das Gesetz war. Das ist der Standpunkt, auf den der Unglaube und der Abfall vom Christentum uns hindrängt; das ist aber auch der Standpunkt, von dem aus man mit einem Schritt in den Abgrund jeder menschlichen Entwürdigung und Entsittlichung gerät. Bloße Legalität oder innere Gewissenhaftigkeit ist die große Frage zwischen der modernen Aufklärerei und dem Christentum! Die Lehre von dem „öffentlichen Gewissen, dem das Privatgewissen nicht widersprechen darf", ist die Schule der bloßen Legalität und damit die Schule der Gewissenlosigkeit; Gewissenlosigkeit aber ist auf allen Stufen des menschlichen Daseins, vom Throne bis zum Bettler herab, die Quelle des tiefsten menschlichen Verderbens. Die Legalität ohne Gewissen nimmt in erschreckendem Maße zu, und wir sehen überall diese legalen Männer ohne Gewissen, die uns nur um so mehr mit Abscheu erfüllen, je höher ihre Stellung ist und je mehr sie den Anspruch auf den Besitz wahrer Humanität erheben. Diese legalen Männer ohne Gewissen sind als Staatsmänner, wie als Geldmänner die größten Feinde der Menschheit.

Wir können daher solche Phrasen, die man unserem deutschen christlichen Volk ins Gesicht schleudert, nur mit Schmerz und mit Abscheu zurückweisen; wir achten als Christen die Rechte des Staates; aber wir achten und ehren als Christen noch mehr die Rechte des Gewissens und glauben dadurch die Menschheit zu ehren. Fern sei von uns die empörende Ansicht, daß eine beliebige Kammermajorität ein Recht über unser Gewissen hätte. Wenn es darauf ankommt, uns bei den ernsten Fragen unseres Gewissens Rat zu erholen, so werden wir uns lieber dem Gewissen in tausend armen Bauernhütten des Badischen Landes anvertrauen, als dem öffentlichen Gewissen der Karlsruher Kammermajorität. Niemals werden wir in dem modernen Kammergötzen unser Gewissen selbst verehren.

Der Papst hat daher in seiner Enzyklika mit Recht gesagt, daß es ohne Religion, d. h. ohne lebendigen Glauben an Gott kein Gesetz und keine Gerechtigkeit mehr gebe. Wir sehen hier, man geht noch weiter, es soll fortan auch kein Gewissen mehr geben. Wenn eine ungläubige Kammermajorität dekretiert, daß die christlichen Eltern ihre Kinder Schulen übergeben sollen, die von der kirchlichen Aufsicht gänzlich getrennt sind; wenn man später noch weiter gehen würde und ihnen ungläubige Spötter, vielleicht sittenlose Menschen zu Lehrern geben wollte, so darf fortan kein Vater, keine Mutter mehr sagen: das ist gegen mein Gewissen; eine solche Rede ist Empörung gegen das allgemeine Gewissen. Ihr verblendeten Eltern, die ihr so redet, ihr seid strafwürdig; strafwürdig, weil ihr noch glaubt, das Recht auf ein Gewissen zu haben, dessen Spruch ihr selbst in eurer eigenen Seele wahrnehmet; strafwürdig, weil ihr glaubt, eigene Kinder zu besitzen, die euch gehören. Das sind Ammenmärchen, die euch das Christentum vorgesungen hat; euer Gewissen ist in Karlsruhe bei der Majorität; eure Kinder gehören nicht euch, sie gehören der Majorität in Karlsruhe; ihr habt vergessen, daß ihr unter dem Fortschritt und der Aufklärung lebt. In der alten Zeit waren die gewissenlosen Menschen die Verbrecher; in unserer Zeit sind es die, welche noch ein Gewissen haben. Ihr dürft nichts mehr haben als das Gesetz; ihr dürft keinen Gott mehr haben; ihr dürft keinen Christus mehr haben; ihr dürft keine katholische Kirche mehr haben; ihr dürft auch die zehn Gebote nicht mehr haben; statt dessen habt ihr das Gesetz, das euch die Kammermajorität gibt — das ist der Fortschritt, das ist die Bedeutung des Ausspruches: das Gesetz ist das öffentliche Gewissen....

Wir gehen nun zu einigen praktischen Schlußbemerkungen über. Wir heben zunächst die auch hier wieder hervortretende Identität zwischen dem Absolutismus und dem modernen Liberalismus hervor. Es kann darauf nicht oft genug aufmerksam gemacht werden: der moderne Liberalismus ist Absolutismus, der diametrale

Gegensatz zu jeder wahren Freiheit, Absolutismus der schlechtesten und entwürdigendsten Art. Wir erinnern uns noch sehr wohl, welchen Lärm die Alt-Liberalen vor einigen Jahrzehnten erhoben über den beschränkten Untertanenverstand. Sie warfen — ob mit Recht oder mit Unrecht, wissen wir nicht — diese Lehre den Vertretern des alten monarchischen Absolutismus vor, und der Spott, der deshalb mit diesen getrieben wurde, wegen solcher angeblichen Behauptungen, nahm in der Presse kein Ende. Der moderne Liberalismus geht aber noch viel weiter, als es, nach dieser Behauptung, der monarchische Absolutismus je getan hat. Er will sich nicht nur an die Stelle des Verstandes der Untertanen setzen, sondern an die Stelle des Gewissens; er spottet über den angeblich beschränkten Untertanenverstand, und er selbst macht die Lehre von dem beschränkten Untertanen-Gewissen geltend.

Es ist dasselbe System; der monarchische, der büreaukratische, der liberale Absolutismus, alle führen zu derselben Leugnung der Menschenwürde, alle widersprechen gleichmäßig der Vernunft und dem Christentum. Ob der Minister eines absoluten Königs uns versichert, daß der Untertan keinen oder nur einen beschränkten Verstand dem Gesetze des Monarchen gegenüber haben dürfe, oder ob der Minister des modernen liberalen Staates uns versichert, daß der angeblich freie Bürger dem Gesetze der Kammer gegenüber kein Gewissen mehr haben dürfe: es ist derselbe Geist desselben entwürdigenden Absolutismus. Der Unterschied liegt nur darin, daß es zweifelhaft ist, ob je monarchischer Absolutismus es gewagt hat, einen solchen Satz auszusprechen, während der liberale Absolutismus mit der unbefangensten Miene dem gesamten Volke das Recht des Gewissens abspricht und noch obendrein die „Gimpel" nennt, die sich die Beschränkung des Gewissens nicht gefallen lassen wollen.

Wir machen ferner auf die Inkonsequenz dieses Liberalismus der neuen Ära aufmerksam, welcher seinem Wesen nach der rücksichtsloseste Absolutismus ist; zugleich aber vor der Welt Liberalismus sein will. Hierin liegt der Kern eines in allen Verhältnissen unserer Zeit wiederkehrenden und sich kundgebenden Widerspruchs.

Der moderne Liberalismus hat immer zwei Seiten und benutzt bald die eine, bald die andere; er hat immer zwei Gesichter und wendet uns bald das eine, bald das andere zu, je nachdem es das Interesse der Partei mit sich bringt. Er sagt uns: er sei liberal, er begünstige die Freiheit. Wenn wir ihn nun beim Worte halten und auch für Religion und Christentum Freiheit fordern, so macht er plötzlich durch einige geschickte Wendungen alle Konsequenzen des äußersten Absolutismus gegen uns geltend. Wenn wir dann aber die Staatsgewalt und ihren Schutz für irgend ein Interesse der Religion und der Sittlichkeit in Anspruch nehmen, so sagt er uns wieder, er sei liberal und müsse die persönliche Freiheit achten.

Wenn wir uns beklagen, daß die offene Gottesleugnung geduldet wird, daß man ungestraft den Herrn des Himmels und der Erde ins Angesicht schlagen darf, daß unserem Volke Gottesleugner zu Lehrern gegeben werden, daß das Christentum, die Kirche, die Religion des ganzen Volkes von jedem Buben verhöhnt und verspottet werden darf, daß das Gift roher Unsittlichkeit überall verbreitet wird, so stellt uns der Liberalismus das Prinzip der individuellen Freiheit entgegen; er versichert uns, das sei die Konsequenz der Freiheit, das sei das Recht des einzelnen Menschen, das sei ein notwendiges Ergebnis der freien Wissenschaft, der Freiheit des menschlichen Geistes. Wenn dann aber ein katholisches

Volk sich auf sein Gewissen beruft, nicht zum Schutze irgend einer beliebigen neuen Doktrin, sondern einer Ansicht, die die gesamte katholische Kirche, ja alle gläubigen Christen vertreten, so leugnet man die Berechtigung des persönlichen Gewissens, das Recht der Freiheit des eigenen Gewissens und fordert eine blinde Unterwerfung unter das angebliche Gewissen der Staatsgewalt.

Dem Gottesleugner, dem Anhänger des rohesten Materialismus erkennt der Liberalismus das Recht der freiesten Betätigung seiner individuellen Ansicht zu; ob alle Interessen der Menschheit dadurch gefährdet werden, bleibt ohne Berücksichtigung. Der Liberalismus hält in diesem Falle das Recht des persönlichen Geistes so hoch, daß es in seinen Augen allen Schaden aufwiegt, der durch den Mißbrauch dieses Rechtes angerichtet wird; dem gläubigen Christen dagegen, dem christlichen Vater, gestattet derselbe moderne Liberalismus nicht die Berufung auf sein Gewissen, und wenn auch Tausende, wenn ein großer Teil des ganzen Volkes ihm zur Seite steht; er darf dem Staate gegenüber kein individuelles Gewissen haben. Was im allerreichsten Maße der Gottlosigkeit zugestanden wird und jedem einzelnen Gottlosen, das wird dem Christen, dem ganzen christlichen Volke verneint und nicht zugestanden. Unser armes Volk wird bestraft, wenn es sich auf das Recht seines Gewissens beruft; unsere sogenannten Gebildeten aber werden für alles, was sie gegen die Religion unternehmen, in Schutz genommen, wenn sie sich auf das Recht ihres Geistes berufen. Das ist die Inkonsequenz, das ist die bodenlose Unredlichkeit des modernen Liberalismus.

Endlich noch eine allgemeine Bemerkung: die Konflikte in der Gegenwart zwischen den angeblichen Forderungen des modernen Staates und der christlichen Anschauung liegen nicht eigentlich in dem Wesen der Sache, sondern vielmehr in den Parteizwecken, in den Parteiinteressen, in dem schnöden Mißbrauch, den eine Partei mit dem Staate und der Staatsgewalt für ihre Absichten treiben will. Nicht das wahre Interesse des Staates ist in Konflikt mit der christlichen Denkweise oder mit den Forderungen der christlichen Kirche, sondern das Interesse dieser Partei, die den Staat zu ihren gottlosen Bestrebungen mißbrauchen will. Der Staat mit allen seinen Einrichtungen, bis zur Schule herab, soll dem Systeme der Gottlosigkeit als Mittel dienen, um seine Herrschaft zu begründen.

Das ist die Staatslehre der Fortschrittspartei. Wenn sie vom Volk spricht, von dem Willen des Volkes, von der Achtung, die dem Volkswillen gebührt, so versteht sie unter dem Volke nicht die Masse des christlichen Volkes; dieses wird vielmehr mit der vollkommensten Verachtung behandelt, sondern sie versteht darunter nur das Häufchen ihrer Gesinnungsgenossen. Volk ist ihr nur das gottlose Volk, das in rohen Materialismus versunkene Volk, das über Christentum und Religion spottende und höhnende Volk. Wenn sie von Bildung und Aufklärung spricht, so denkt sie nicht an eine christliche Bildung, an eine Bildung in wahrer Gottesfurcht und Gottesliebe, an eine Bildung, die zu allen christlichen Tugenden führt und dem Volke Frieden, Glück und Eintracht bringt; sondern an eine Bildung und Erziehung, an eine Abrichtung der Jugend für die Parteiansichten und für die Gottlosigkeit, der die Partei huldigt. Gebildet und aufgeklärt in diesem Systeme ist der Religionsspötter, ein Gimpel dagegen, wer noch an Gott und Christus glaubt. Diese Partei, obwohl sie an Zahl verschwindend klein ist im Vergleich zu der Masse des christlichen Volkes, hat doch auf das öffentliche Leben, auf die Tagespresse und auf die Staatsleitung einen unermeßlichen Einfluß gewonnen. Das ist unsere Lage, das die Quelle unserer Kämpfe. Die Frage für die Zukunft ist, ob es dieser Partei gelingen wird, den Staat, die Staatsgewalt, die Staatsregierung mehr und mehr an sich zu reißen und sie ihren Zwecken, ihren Doktrinen, ihren Schulmeinungen, ihrer Gottlosigkeit, ihren Privatinteressen dienstbar zu machen.

Jenachdem dies eintreten wird oder nicht, werden wir einer Zeit des Friedens oder der schwersten, inneren und öffentlichen Kämpfe entgegengehen. Man erfülle drei Forderungen, Forderungen der Gerechtigkeit und Billigkeit, Forderungen, die jeder anerkennen muß, der nicht ein Parteimann ist, und wir werden mit dem modernen Staat nicht in Konflikt kommen; wir werden ihn selbst da gewähren lassen, wo wir seine Sentenzen nicht teilen, und wir werden ihn gerne dort unterstützen, wo wir ihm unsere Hilfe bieten können.

Die erste Forderung ist: man gebe uns Christen, man gebe dem christlichen Volke, das doch die Majorität aller Staatsangehörigen bildet, Männer zu Ministern, die, sie mögen selbst denken, was sie wollen, sie mögen persönlich die Lehrsätze des Christentums anerkennen oder verwerfen, Achtung vor dem christlichen Gewissen haben und deshalb alle Fragen, die mit unserem Gewissen zusammenhängen, mit jener Rücksicht behandeln, die sie verdienen. Kein Gebiet verdient mehr zarte Rücksicht, als das des Gewissens, und der Minister eines Landes muß auch dem Gewissen Andersgläubiger mit höchster Achtung entgegentreten. Es ist überaus unbillig und unrecht, Männer an die Spitze der Staatsregierung zu stellen, die aller christlichen Bildung und allem christlichen Leben so fremd geworden sind, daß sie selbst die Achtung vor dem christlichen Gewissen verloren haben.

Die zweite Forderung lautet: der Staat beschränke

sich auf das ihm, seiner Natur und der Geschichte nach, gebührende Gebiet; er schütze das Recht anderer und greife nicht willkürlich ein in deren Rechtsgebiet. Über den Umfang der Staatsgewalt haben wir freilich kein bestimmtes Vernunftgesetz, so daß alle Menschen und alle Völker einverstanden sein müßten; es kann darüber Meinungsverschiedenheit bestehen. Um so unerträglicher ist es aber auch, den Umfang der Staatsgewalt nach jeder auftauchenden Schul- und Parteimeinung im ewigen Wechsel menschlicher Ansichten feststellen zu wollen. Jedes Volk lebt in seiner Geschichte, und die geschichtliche Entwicklung der Staatsgewalt und ihres Umfanges darf nicht unberücksichtigt bleiben, wenn nicht alle Rechtsverhältnisse erschüttert werden sollen. Es ist daher ein unseliges Unternehmen, lediglich infolge einiger Schul- und Parteimeinungen ein ganzes großes Gebiet, das so tief in das Leben des Volkes eingreift, wie z. B. das Schulwesen, plötzlich als eine reine Staatsdomäne in Anspruch zu nehmen und darnach zu behandeln, während nach deutschem Recht und deutscher Gewohnheit die Schule das gemeinschaftliche Gebiet der Kirche, des Staates und der Familie ist.

Die dritte Forderung endlich, die wir erheben müssen, ist, daß die Staatsregierung die Religion achte, mit Wohlwollen die Kirche behandle und sie in ihrem Leben und Wirken unterstütze, statt sie überall zu bekämpfen und zu befeinden und zu beschädigen. Die christliche Kirche hat jetzt eine feindselige Partei sich gegenüber, die in ihrer Verblendung das Wohl der Menschheit zu fördern glaubt, wenn sie alles mit Mißgunst betrachtet, was die Kirche tut, alles entstellt und verdreht, was von ihr ausgeht, sich über alles freut, was sie beschädigt, und überall selbst dazu die Hand bietet. Das ist der antichristliche Geist, der durch die Welt geht. Derselbe hat aber wahrlich mit dem wahren Staatswohl nichts zu tun, und es ist überaus beklagenswert, wenn dieser antireligiöse und antichristliche Geist auf die Staatsregierung und sogar auf die Staatsgesetzgebung mehr und mehr Einfluß gewinnt. Wir können einen Staat ertragen, der keiner Konfession als solcher dient; wir wollen aber keinen Staat, der der Gottlosigkeit als Werkzeug dient. Mögen die Diener des Staates persönlich einer religiösen Überzeugung huldigen, welcher sie wollen; wir haben das Recht zu fordern, daß sie die Religion des christlichen Volkes ehren und achten und das Gedeihen unseres religiösen Lebens mit Wohlgefallen betrachten. Wenn Minister und Beamte erst dann glauben, gute Staatsdiener zu sein, wenn sie, soviel an ihnen liegt, allen religiösen Interessen entgegentreten, dann wird von ihnen nicht mehr das wahre Interesse des Staates, sondern lediglich das Interesse der Partei der Gottlosen gepflegt.

Man erfülle diese drei Bedingungen; man achte das christliche Gewissen des Volkes; man beschränke die Staatsgewalt auf ihr eigentümliches Gebiet; man achte überhaupt die Religion; man verzichte darauf, durch den Staat und die Staatsgewalt Propaganda zu machen für die Gottlosigkeit: und alle diese inneren Kämpfe, die das Wohl des Staates wie das Wohl des Volkes so tief beschädigen, haben ihr Ende.

(Aus der Broschüre: „Ist das Gesetz das öffentliche Gewissen?“)

Neuorientierung der deutschen Politik.

Vergangenheit und Zukunft fordern uns auf, unsere Ansicht über die Ereignisse, die hinter uns liegen, festzustellen, unsere jetzige Lage, unsere Wünsche, Hoffnungen und Befürchtungen für die Zukunft auszusprechen.

Das ist eine Pflicht gegen uns selbst, gegen unsere deutschen Mitbrüder, die in ihren religiösen und politischen Überzeugungen von uns abweichen, gegen unser gemeinsames Vaterland. Eine Pflicht gegen uns selbst; denn es ist Pflicht eines Christen, über die jüngsten Zeitereignisse, welche auch für das ganze christliche Leben eine so große Bedeutung haben, ein Urteil und so viel möglich ein richtiges Urteil zu haben. Eine Pflicht gegen unsere in ihren religiösen und politischen Überzeugungen von uns abweichenden deutschen Mitbrüder, damit sie nicht falsch, nicht mit Vorurteilen von uns denken. Eine Pflicht gegen unser gemeinsames Vaterland, dessen Wohlfahrt davon abhängt, daß die rechten Wege bei der Neugestaltung so vieler Verhältnisse eingeschlagen werden. Wir sehen einen Weg voll innerer Kämpfe, voll der Schmach und des Verderbens für unser deutsches Vaterland vor uns; wir sehen aber auch noch Wege, die uns retten können. Wir müssen uns darüber klar werden.

Zu dieser Aufklärung und Verständigung und zur Warung vor den Gefahren soll diese Schrift einen Beitrag liefern. Ich kann bei derselben nur für zwei Dinge einstehen, daß ich sie ohne jeden Rückhalt und Hintergedanken geschrieben und mich deshalb mit der möglichsten Freimütigkeit über alles äußere, was ich berühre; zweitens, daß ich die feste Überzeugung habe, daß nur die Wahrheit, aber diese auch immer frei macht, d. h.

uns und unserm Vaterlande allein helfen kann. Die Liebe zur Wahrheit und die Liebe zu Deutschland sind ohne Ausnahme die leitenden Gedanken meiner Schrift.

Ich habe in dieser Schrift die Ansicht ausgesprochen, daß, wenn kein neuer verderblicher Bruderkrieg über uns kommen soll, was ich unmöglich herbeiwünschen und deshalb ebenso unmöglich als Mittel zur künftigen Gestaltung Deutschlands berücksichtigen kann, nur ein Anschluß der Südstaaten an den Nordbund unter gewissen Bedingungen fast als die einzig mögliche Lösung erscheint, wenn wir nicht Gefahr laufen wollen, bei der nächsten Katastrophe zugrunde zu gehen oder, was für uns dasselbe ist, mit dem linken Rheinufer französisch zu werden, — ich bitte hierbei nicht zu übersehen, daß die erste dieser Bedingungen ist: Zustimmung Österreichs und ein friedlicher, Österreich befriedigender Bruderbund zwischen den beiden dann entstehenden Teilen Deutschlands. Zu unserer überaus peinlichen Situation gehört vor allem das Schweigen Österreichs über seine Auffassung, über seine Anforderungen bezüglich der allgemeinen deutschen Fragen. Wir gestehen Österreich vollkommen, trotz Nikolsburg und Prag, das Recht zu, mitzusprechen und seine Ansprüche über alles zu erheben, was über die Maingrenze hinaus geschieht. Wir können aber nicht warten und vielleicht Deutschland dem Untergange preisgeben, bis Österreich gesprochen hat. Wenn Österreich seiner inneren, durch das Zusammenwirken der gesamten europäischen Revolution schlau bewirkter Verwicklungen wegen, sich vielleicht veranlaßt sieht, noch länger zu schweigen, so müssen wir in Gottes Namen, doch immer mit offenen Armen gegen Österreich, uns einrichten, so gut es geht. Wenn dann Österreich aus allen diesen inneren Kämpfen, wie wir zuversichtlich hoffen, wieder gestärkt hervorgeht, wenn ein starkes, gesundes Verfassungsleben hergestellt ist, so wird sicher der Tag kommen, wo das übrige Deutschland die Verbindung mit Österreich wieder fester knüpfen, vielleicht Österreich selbst um Hilfe und Schutz bitten wird. Wir dürfen bei allem, was wir erstreben, nur diese friedlichen Entwickelungen im Auge haben; wir können nur wünschen, daß Deutschland durch Gerechtigkeit und Wahrheit wieder gewinne, was es verloren hat; wir können nur in diesem friedlichen Geiste die Zukunft besprechen; wir können nur mit gleichem Wohlwollen gegen alle deutschen Volksstämme zu einem Kampfe gegen die inneren Feinde auffordern, gegen jene Bestrebungen von oben und unten, die alle Fundamente staatlicher Ordnung erschüttern. Der Mensch denkt, Gott lenkt — das wissen wir dabei wohl.

Ich habe in dieser Schrift teils politische Ansichten, teils Grundsätze des Christentums, welche die ewigen Grundlagen der Weltordnung sind, besprochen. Es versteht sich von selbst, daß ich für erstere keine höhere Geltung beanspruche, als die Gründe verdienen, die ich dafür angeführt habe.

Mainz im Januar 1867.

Idee und Form.

Zu einem richtigen Urteil über alle Gebiete des menschlichen Wirkens und menschlicher Einrichtungen gehört vor allem eine klare Einsicht in das Verhältnis zwischen den Ideen und den Formen ihrer Verwirklichung. Nur wo beide, und zwar in der rechten Weise verbunden sind, entwickelt sich alles nach seiner wahren Bestimmung.

Die Ideen sind das Höchste im Menschen. In ihrer Bildung und Erfassung offenbart sich jene höhere Seite der Seele, nach welcher sie Gott zugewendet ist und von ihm, der unerschaffenen Wahrheit, erleuchtet wird. Die Ideen sind die Kraft, die den Menschen emporheben und ihm das Streben nach einem Zustande hoher geistiger Vollkommenheit und Glückseligkeit einflößen. Alles Große und Erhabene geht im Menschen von seinen Ideen aus. Und mag er auch noch so tief ins Irdische, Materielle versinken, die ideale Kraft seiner Seele läßt ihn nicht ruhen in dieser Erniedrigung; sie erfaßt ihn immer wieder und treibt ihn nach oben. Ausgehend von dem dunkeln und allgemeinen Triebe nach Wahrheit, Tugend, Schönheit, Glückseligkeit, welcher der menschlichen Natur angeboren ist, gelangt der Geist durch richtige Betätigung seiner Erkenntnis- und Denkkraft zu immer klareren und höheren Ideen. Aber auch in seiner höchsten Entwicklung auf Erden erlangt er seine volle Befriedigung nicht und strebt nach einer höheren Erkenntnis, einer höheren sittlichen Vollkommenheit, einer höheren Glückseligkeit, als sie ihm hier geboten wird. Und je höhere Weisheit und Tugend in einem Menschen lebt, desto sehnsüchtiger blickt er nach einem anderen Lande, wo die Ideale seiner Seele besser als hier verwirklicht werden. Daher sind auch die Ideen der Wahrheit, Güte, Gerechtigkeit, Schönheit, Seligkeit ein Unterpfand eines anderen ewigen Lebens, eines Lebens, wo die Seele jenes Maß der Wahrheit, Tugend und Glückseligkeit findet, nach dem sie hier sich sehnt. Hier ist es auch, wo unserer Seele die übernatürliche Ordnung, das Christentum entgegenkommt, welches in seinen Lehren, Gnaden und Verheißungen die Ideale unseres Geistes über all sein Ahnen und Begreifen hinaus erfüllt. Das sagt jenes tiefe Wort des heiligen

Augustinus, daß unsere Seele keine volle Ruhe findet, bis sie in Gott ruhet. Nur in dem unerschaffenen Lichte des ewigen Geistes findet das erschaffene Licht unseres Geistes seinen Frieden.

Jedoch auch auf Erden schon sollen wir die hohen und ewigen Ideen unseres Geistes in dem irdischen Stoffe verwirklichen; hiebei sind wir aber gebunden an diesen Stoff und an die Gesetze, welche Gott in ihn gelegt hat. Daher fordert jede Idee eine äußere Form, sozusagen einen Körper. Ohne diesen Körper, diese Form ist sie gleichsam bestimmungslos, chaotisch und für uns nicht vorhanden. Aber die Formen der Ideen sind nicht etwas Willkürliches, sondern sie sind an gottgegebene Gesetze gebunden. Das gilt selbst für unsere Gedanken, welche nur dann wahr sind, wenn sie an die Gesetze der Logik sich binden, wie unser Wort, die Verkörperung des Gedankens, nur richtig ist, wenn es dem Gesetze der Sprache sich unterwirft. Das gilt aber auch gerade so für alle jene praktischen Ideen, die im politischen und sozialen Leben der Völker ihre Verwirklichung finden sollen. Überall muß beides vereint sein wie Leib und Seele: wahre Ideen in berechtigten und entsprechenden Formen.

Wo dieses Verhältnis nicht besteht, da ist Verderben. Ideen ohne die rechte Form und ohne sich an die gottgegebenen Gesetze zu binden, verwandeln sich in verderbliche Irrtümer; sie sind wie ein Strom ohne Bette, wie ein Feuer ohne Schranken. Anstatt aufzubauen, zerstören sie. Das ist die eine Nachtseite der Weltgeschichte, welche sie bis auf die Tage der französischen Revolution, bis auf unsere Tage uns vor Augen stellt.

Nicht minder verderblich, wenn auch zunächst weniger zerstörend, sind die Formen ohne Ideen: bloße Formen, denen die Ideen, durch die sie geschaffen wurden, entwichen sind; der Ausdruck, in welchem der schöpferische Gedanke nicht mehr vorhanden ist; der Körper, nachdem der Geist sich von ihm getrennt hat. Da ist der Tod mit seiner natürlichen Folge, der Verwesung. Diese fortbestehenden Formen ohne Ideen sind zugleich Lüge und Heuchelei. So war es auch immer auf Erden. Es ist das eine andere dunkele Seite der Menschengeschichte.

Alles wahre Gedeihen hängt also davon ab, daß wahre Ideen die Formen erfüllen, in denen das menschliche Leben sich bewegt, und daß diese Formen sich gestalten nach den wahren Gesetzen, die Gott in die Natur der Dinge gelegt hat.

In dieser Betrachtung haben wir nun auch das Gesetz für alle politischen und Rechtsverhältnisse ausgesprochen. Auch da liegt alles wahre Gedeihen in dem rechten Verhältnis zwischen der Idee und der Form ihrer Verwirklichung. Auch allen bürgerlichen und staatlichen Verhältnissen liegen Ideen zugrunde, die sich in ihnen verwirklichen sollen; Ideen, die von Gott stammen, Ideen, deren Bewußtsein wir in der höchsten Fähigkeit unserer Seele tragen. Wenn aber diese Ideen sich verwirklichen wollen ohne ihre rechtmäßige Form, ohne Rücksicht auf die Geschichte, auf die Rechtsentwicklung, auf die Leitung und Lenkung der Vorsehung, auf den Willen und das Gebot Gottes, so werden sie zerstörende Ströme. Ebenso unheilvoll ist es aber auch, wenn die Rechtsformen, wenn die bürgerlichen und staatlichen Institutionen ihren wahren idealen Inhalt verloren haben und nun mit dem Anspruche fortbestehen, den sie nur so lange mit vollem Rechte erheben konnten, als sie die Verwirklichung einer von Gott stammenden Idee waren. Dann fängt das ganze Staatswesen an abzusterben, in Verwesung überzugehen; dann wird es falsch, lügenhaft, unwahr. Solche Formen ohne die schöpferischen Ideen, die sie ins Leben gerufen, waren vielfach die Staaten am Ende des vorigen Jahrhunderts geworden. Eine Form ohne Inhalt waren jene Monarchien, die von den erhabenen Ideen des Christentums auferbaut waren, dann aber den Geist des Christentums verlassen hatten, und das, was zur Ehre Gottes und zum Heile der Menschen geschaffen war, lediglich ihrem Interesse dienstbar machen wollten. Sie glichen einem großen Gottestempel, wo früher Altäre standen und der Gottesdienst geübt wurde, wo jetzt aber ein Fabrikherr sich niedergelassen hat und für sich und seine Webstühle die Verehrung in Anspruch nimmt, die man früher hier dem lebendigen Gott erwiesen hatte. Eine Form ohne Idee war auch vielfach unser altes heiliges römisches Reich geworden. Die Idee, die es ins Leben gerufen, war noch da; aber viele Fürsten des Reichs hatten nicht minder als ihre Untertanen diese Idee ganz verloren. Was den höchsten Interessen der Menschheit gedient hatte, sollte vielfach nur dem Privatnutzen dienen. Eine Form ohne berechtigte Idee war mehr und weniger auch die Verfassung Deutschlands, wie man sie im Bundestage dem deutschen Volke gegeben hatte. Männer der bloßen Form sind jene sog. Konservativen, die lediglich bei der bloßen Form des Gesetzes stehen bleiben, ohne den Geist zu berücksichtigen, der sie ins Leben gerufen hat, und welche deshalb für diese Rechtsformen selbst dann, wenn der Geist aus ihnen lange entwichen ist, ja wenn sie dem geraden Gegenteile dienen, noch alle jene Ansprüche der Heiligkeit, der göttlichen Sanktion des Rechtes erheben, welche dem wahren Rechte in vollem Maße gebührt. Diese Anschauung führt zu jenem hohlen, lügenhaften Legitimismus, der so unendlich viel Verderben über uns gebracht und der dem wahren Legitimismus und der wahren Achtung vor dem Rechte vielleicht mehr geschadet hat als selbst der Geist der Revolution.

Es genügt also nicht, weder einseitige erhabene Ideen auszusprechen, noch ebenso einseitig mit irgend einer vorhandenen Rechtsform einen Kultus zu treiben unter dem Scheine, als ob vom Bestande dieser Rechtsform das ganze Heil abhängig wäre; es kommt vielmehr darauf an, die Ideen mit den Formen in ihrer rechten Verbindung zu erfassen, um so den rechten Standpunkt für die Beurteilung auch der bürgerlichen und staatlichen Institutionen zu gewinnen. Es erhellt aber aus dem Gesagten zugleich, wie gefährlich die Lage aller alten Staaten mit langer Geschichte werden muß, wenn die großen Prinzipien der Gerechtigkeit, welche ihr öffentliches und Privatrecht geschaffen, ihre Rechtsformen nicht mehr beleben, wenn ihr Recht vielfach ein bloß formelles, ja wenn das formelle Recht selbst ein Deckmantel materieller Ungerechtigkeit geworden ist. Wie oft ist dies im Laufe der Weltgeschichte geschehen; wie oft sind die Formen ein Mittel geworden, die Ideen, die ihnen ursprünglich zugrunde lagen, sogar zu bekämpfen! Wir wissen zwar wohl, daß auch das bloß formelle Recht für den einzelnen verpflichtend bleibt, wir wissen aber nicht minder, daß nichts die Staaten tiefer erschüttert, als wenn die ewigen Ideen der Gerechtigkeit mit den bestehenden Formen der Gerechtigkeit in Kampf geraten.

Die Taten der Menschen und die Vorsehung.

Bei allen menschlichen Handlungen wirken immer zwei Kräfte bewegend oder hemmend zusammen: der freie Wille des Menschen und die göttliche Vorsehung, welche die menschlichen Handlungen teils anregt und leitet, teils nur zuläßt, teils aufhält und hindert. Die menschlichen Handlungen, die mit dem göttlichen Willen übereinstimmen, regt Gott an und leitet sie; jene aber, die seinem göttlichen Willen widersprechen, läßt er entweder zu oder er verhindert sie. Er läßt sie zu, insoweit es nötig ist, damit die Freiheit des Menschen eine Wahrheit sei, oder insoweit das Böse zur Vollstreckung seiner Gerichte und zur Förderung seiner Menschen- und Weltleitung dienen kann; er verhindert sie, wenn sie seiner letzten und höchsten Absicht in der göttlichen Weltleitung im Wege stehen würden. So straft Gott oft das Böse durch das Böse, oder er läßt durch dasselbe Hindernisse entfernen, welche sich dem Guten entgegenstellen.

Daraus ergeben sich zwei überaus wichtige Grundsätze, die wir ohne Unterlaß vor Augen haben müssen, um sowohl unser eigenes Leben mit den täglichen Vorkommnissen desselben als auch die großen Weltereignisse richtig zu beurteilen.

1. Es gibt auf Erden keine menschliche Tat, die absolut und in jeder Beziehung verderblich wäre; denn mag sie auch an sich für den Menschen, der sie vollbringt, durchaus böse sein, sowohl ihrem Beweggrunde, als dem Ziele und den Mitteln nach, durch welche sie vollbracht wird, so hat sie doch ihrer göttlichen Zulassung nach und unter der Leitung der Vorsehung irgend etwas Gutes zur Folge. Im Privatleben wird so oft der Fehler des einen für den andern eine Übung der höchsten christlichen Tugenden, die in der Prüfung ihre Vollendung finden; im öffentlichen Leben wird ein großes Unglück oft die Quelle der größten Segnungen. Ein Nabuchodonosor wird in der Hand Gottes ein Werkzeug, um das Volk Israel vom Götzendienste zu befreien; und die wilden Häuptlinge der germanischen Völker werden wunderbare Werkzeuge der göttlichen Vorsehung.

Auf dem Boden, den sie zertreten, säet Gott den Samen, aus dem die Völker hervorsprossen, die später die Träger des Christentums werden. Hat ja doch Gott selbst das Verbrechen der Juden am Sohne Gottes der ganzen Welt zur Erlösung werden lassen. Das ist so die Weise der ewigen Liebe, die das, was sie nicht hindern kann, ohne im Menschen sein höchstes Gut, seine Gottebenbildlichkeit, seine Freiheit zu vernichten, zu Werkzeugen ihrer Erbarmung umgestaltet.

2. So wahr aber dieses ist, so berechtigt uns dennoch diese Wahrheit nicht, das Gute bös, das Böse gut zu nennen; die ungerechten Taten der Menschen deshalb für gerecht zu erklären, weil die göttliche Vorsehung sie zum Guten wendet. Das Böse nicht mehr bös nennen, weil es auch gute Folgen hat, ist eine Fälschung der Wahrheit, eine Beeinträchtigung der Sittlichkeit, ein Untergraben wahrer Grundsätze. Wer so urteilt, verfällt unaufhaltsam dem Nützlichkeitsprinzip, jener Maxime der Lüge, die zu den größten Selbsttäuschungen führt, dem Menschen jenes einfache Auge für die Wahrheit raubt und ihn zuletzt dahin bringt, auch das Allerschlechteste noch zu rechtfertigen. Es zerstört die persönliche Verantwortlichkeit, die Ehrlichkeit und Gerechtigkeit; es untergräbt das Gewissen des Menschen und macht ihn endlich vollkommen gewissenlos, da er sich immer mehr daran gewöhnt, alles nach jenem vermeintlichen Nutzen und nicht nach Wahrheit und Gerechtigkeit zu beurteilen.

Wir werden in den folgenden Erörterungen vielfach Gelegenheit haben, diese leitenden Grundsätze praktisch anzuwenden; sie werden uns vor den beiden Klippen bewahren, daß wir einesteils die ewig wahren Grundsätze nicht dem momentanen Erfolge, nicht dem Glanze vollbrachter Tatsachen, nicht schönen Redensarten opfern, und daß wir anderenteils die Keime des Guten, einer wohltätigen Gestaltung, den Finger Gottes auch in solchen Ereignissen nicht verkennen, die wir an sich tadeln müssen; daß wir nicht mürrisch, wehklagend und träge den Zeitereignissen gegenüberstehen. Mag eine Zulassung Gottes noch so schmerzlich sein; sie ist in seiner Absicht heilsam und sie wird für uns um so heilsamer werden, je mehr wir die Absicht Gottes in dieser Zulassung erkennen und benützen. Das gilt auch von den letzten Zeitereignissen, das wird gelten von den kommenden; sie werden uns vielleicht noch größere Schmerzen bringen, aber diese Schmerzen sollen zum Heile werden. Mit dieser freudigen Zuversicht sollen wir Christen allen Neugestaltungen in der Welt mutig entgegengehen; dadurch werden wir vor jenem Pessimismus bewahrt, vor jener traurigen und jede gute Tatkraft lähmenden Weltanschauung, die immer glaubt, es sei mit der Welt zu Ende, wenn Gott sie nicht nach unsern kurzsichtigen, menschlichen Ansichten leitet. Die größten Weltereignisse, welche für die Entwicklung des ganzen Menschengeschlechts die segensreichsten Folgen hatten, erschienen oft den Zeitgenossen, selbst den besten unter ihnen, als trostlos und verderbenbringend. Das müssen wir stets vor Augen haben, daß Gottes Vorsehung die Welt leitet, und daß seine Gedanken hoch über unseren Gedanken liegen. Wir wollen daher unser christliches Urteil nicht verfälschen lassen; wir wollen an jede Handlung, des Fürsten wie des Bettlers, als Maßstab das Gesetz Gottes anlegen; wir wollen das Böse bös nennen, wenn es auch die besten Erfolge hat; wir wollen aber mit grenzenloser Zuversicht auf die Vorsehung, auf die unendlich barmherzige Weltleitung Gottes hinblicken und, wenn vieles geschieht, was wir beklagen müssen, mit allem Vertrauen denken, daß es

Gott zum Besten und zum Heile der Menschen gestalten kann, und daß es unsere Pflicht ist, dazu mitzuwirken, soviel wir vermögen.

Nachdem wir diese allgemeinen Grundsätze ausgesprochen haben, gehen wir nun dazu über, die letzten Ereignisse und die Lage zu betrachten, in die wir durch dieselben versetzt sind. Fassen wir zuerst den unseligen Bruderkrieg selbst und seine Ursachen ins Auge. Der erste Grund oder richtiger die nächste Veranlassung des jüngsten Krieges war der Streit um die Elbherzogtümer.

Der innere Verfassungskonflikt in Preußen.

Der zweite Grund des Krieges, wohl der Hauptgrund desselben, war der innere Verfassungskonflikt. Der Besitz der Herzogtümer und der Sieg bei Königgrätz waren vielleicht die einzigen Mittel, um den Indemnitätsbeschluß der letzten Tage zu erwirken. Der innere Konflikt allein erklärt uns die sonst ganz unbegreifliche Tatsache, daß wir einen König, der seiner ganzen Lebensrichtung nach sich im tiefsten innern Gegensatz zur Revolution befindet, der in seiner Jugend ein inniger Freund des Kaisers Nikolaus gewesen ist, daß wir eine große, intelligente und wahrlich nicht gesinnungslose konservative Partei in Preußen in diesen Tagen in Alliance mit der Revolution auf den Schlachtfeldern und getragen von den Prinzipien der Revolution in den diplomatischen Verhandlungen gesehen haben.

Vor einigen Wochen berichteten uns die öffentlichen Blätter ein merkwürdiges Gespräch zwischen dem Grafen Bismarck und einem früheren hannöverschen Minister. Als dieser dem Grafen Bismarck jene Alliance vorwarf und ihn zugleich daran erinnerte, daß Preußen durch dieselbe alle rechtmäßigen Gewalten untergraben habe, suchte letzterer die preußische Regierung dadurch zu rechtfertigen, daß sie sich ihren Gegnern gegenüber in einer Notwehr befunden habe, und daß deshalb Preußen in der Lage gewesen wäre, im Kampfe um seine Existenz überall dort Hilfe zu nehmen, wo sie gefunden werden konnte. In der nächsten Beziehung sind diese Worte unrichtig. Kein deutscher oder außerdeutscher Staat, am wenigsten alle jene Staaten, die von den Kriegsereignissen betroffen wurden, dachten daran, Preußen in der Stellung zu beeinträchtigen, die es sowohl im deutschen Bunde, als auch nach außen hin als selbständige Macht eingenommen hatte. Keine Tatsache ist evidenter als diese. Preußens Machtstellung in Deutschland und nach außen hatte sich vielmehr in den letzten dreißig Jahren wesentlich vergrößert. Wohl konnten die andern Staaten an eine Bedrohung ihrer Existenz durch Preußen denken, aber umgekehrt von einer Bedrohung Preußens zu reden, war in dieser Hinsicht ein offenbarer Widerspruch gegen alle vorliegenden Tatsachen. Nur in einem, aber freilich sehr unberechtigten Sinne hat man diese Behauptung öfter geltend gemacht, indem man nämlich bei derselben nicht an die wirkliche Machtstellung Preußens dachte, sondern an irgend eine erträumte Weltstellung Preußens für die Zukunft und alles, was sich dieser Zukunftsstellung Preußens nicht fügen wollte, dann eine Bedrohung der Existenz Preußens nannte. Abgesehen aber von dieser Illusion hatte Preußen in Deutschland, vielleicht in der ganzen Welt keinen Gegner, der seine wirkliche Machtstellung bedrohte. Dagegen haben die Worte Bismarcks einen vollkommen wahren Sinn inbezug auf die inneren Konflikte Preußens. Preußen befand sich vor dem Kriege in einer innern Lage, die auf die Dauer gar nicht fortbestehen konnte, und bei welcher das preußische Königtum in Gefahr war. Hätte der Verfassungsstreit lediglich durch eine innere Entwickelung ausgetragen werden sollen, so mußte entweder der König zu der gefährlichen Operation übergehen, die Verfassung aufzuheben und auf ein rein monarchisches Regiment zurückzugreifen, oder er mußte sich der Kammermajorität unterwerfen, was einem Terrorismus der Kammermajorität und einem Untergang des monarchischen Prinzipes gleich geachtet wurde. In dieser Hinsicht konnte also Bismarck allerdings an einen Kampf um die Existenz denken, und vielleicht lag seiner Äußerung gegen den hannöverschen Minister auch dieser Sinn tief in seinem Herzen verborgen zugrunde. Nur eine glänzende äußere Politik konnte Preußen über seine innern Schwierigkeiten hinweghelfen, und der Versuch zu dieser glänzenden äußern Politik mußte also gewagt werden. Nicht Österreich, das schon an sich, seiner Natur nach weit von aller Aggressiv-Politik entfernt ist und überdies seiner ganzen inneren und äußeren Lage wegen über alles nach Frieden sich sehnte; nicht die schwachen Kleinstaaten Deutschlands bedrohten die Existenz Preußens, sondern der innere Kampf der Parteien bedrohte die preußische Monarchie, und deshalb griff man zur äußern Politik und zu allen Bundesgenossen, die in derselben Hilfe bringen konnten.

Hier müssen wir aber auf eine bedenkliche Erscheinung aufmerksam machen, die nicht nur in Preußen, sondern in allen Staaten mit ähnlichen Verfassungsverhältnissen in der Gegenwart auftritt und uns deshalb auf einen gemeinschaftlichen innern Grund in diesen Verfassungszuständen hinführt: daß nämlich die Regierungen nur durch eine glänzende äußere Politik, nur durch Siege und Ruhm die innern Schäden, an denen sie leiden, die Krankheiten ihrer innern Zustände zudecken können. Etwas ganz Ähnliches ist in Frankreich der Fall. Die Orleans wollten Frankreich beruhigen durch eine innere Politik, durch eine innere Entwicklung der Prinzipien, die in dem Mechanismus des Konstitutionalismus liegen. Statt Ruhe war aber der äußerste Gegensatz innerer Kämpfe daraus entstanden, der endlich wieder, wie schon so oft, zur Revolution führte. Napoleon hat diesen innern Kampf nicht innerlich geheilt. Es liegen zu demselben noch alle Elemente vor, und er kann unter veränderten Verhältnissen in jedem Augenblicke wieder ausbrechen. Er hat es nur verstanden, den innern Kampf mit starker Hand niederzuhalten, und ein Mittel dazu war ihm vor allem die äußere Politik, ein Ablenken der Augen Frankreichs von innen nach außen, ein Blenden dieser französischen Augen durch jenes Licht, das sie stets blendet, durch Frankreichs Ruhm. Deshalb kann aber auch Napoleon jeden Augenblick in die Lage kommen, zu handeln, wie Bismarck dem honnöverschen Minister gesagt hat, und wenn seine innere Existenz es erfordert, so werden auch ihm alle Alliierten in der Welt genehm sein, um durch äußere Erfolge den innern Brand zu löschen.

Wir dürfen daher bei Beurteilung des innern Verfassungskonfliktes in Preußen nicht bei der nächsten Veranlassung in der neuen Heeresorganisation stehen bleiben. Sie liegt viel tiefer. Wenn wir die Anstrengungen beider Parteien sahen, ihr Verfahren durch die Verfassungsbestimmungen zu rechtfertigen, so erweckte das in uns immer das Gefühl eines vergeblichen und unmöglichen Bemühens. Nicht dadurch ist dieser Konflikt entstanden, daß eine der beiden Parteien einen Paragraphen der Verfassung unrichtig deutete, sondern dadurch, daß im Wesen des modernen Konstitutionalismus[1]) Widersprüche liegen, die mit derselben Notwendigkeit immer wieder aufeinander platzen müssen wie zwei Dampfmaschinen, die auf demselben Geleise gegeneinander getrieben werden. In England zeigen sich diese Folgen des Konstitutionalismus noch nicht in dem Umfange, weil hier die große politische Irrlehre von der Allgewalt des Staates noch nicht so um sich gegriffen hat, weil man dort die Freiheit noch vor allem unter dem Gesichtspunkt der persönlichen Freiheit auffaßt. In den übrigen europäischen Staaten dagegen müssen diese inneren Konflikte um so mehr permanent werden, je reiner sich der Konstitutionalismus nach seinen Prinzipien entwickelt, und je allgemeiner die Richtung wird, den Staat zu einer Experimentieranstalt für neue Systeme zu machen. Nach der Fiktion des Konstitutionalismus ruht diese absolute Staatsgewalt in der Hand von drei Faktoren, die sich koordiniert sind. Schon diese Vorstellung ist lauter Maschine und lauter Mechanik, die der Wirklichkeit nicht entspricht. Es ist zwischen dem wirklichen, lebendigen und dem fiktiven gemachten Staate des modernen Doktrinarismus kein geringerer Unterschied, als zwischen einem lebendigen Menschen und einem Automaten, und zu wähnen, man könne den wirklichen Staat durch die künstlichen Mittel und Gesetze des modernen Konstitutionalismus gründen und erhalten, ist keine mindere Täuschung, als wenn man den lebendigen Organismus des Menschen nach

1) Man hat sich in der neueren Zeit gewöhnt, den Begriff einer „freien volkstümlichen Verfassung" mit dem modernen Konstitutionalismus zu identifizieren. Nichts kann unrichtiger sein. Wenn wir gegen diesen Konstitutionalismus uns aussprechen, so geschieht es fast noch mehr im Interesse der Freiheit als in dem der Autorität.

den Gesetzen und durch die Mittel der Mechanik behandeln wollte. Die Maschinerie des Konstitutionalismus bewegt sich solange ohne Störung, bis eine Meinungsverschiedenheit zwischen diesem Triumvirat ausbricht. In einem solchen Falle tritt die Bedeutung des einen Faktors mehr zurück, während die beiden andern, von denen der eine das monarchische Prinzip vertritt, der andere, freilich auch durch große Illusionen, das Volk vertreten soll, sich dann ohne Vermittlung gegenüber stehen. Dieser Kampf zwischen der Autorität der Regierung und zwischen der Majorität einer Kammer liegt im Wesen des doktrinären Konstitutionalismus. Daher auch überall absolut dieselben Erscheinungen, ein immer wiederkehrender Kreislauf, und zwar nicht in langen Perioden, sondern in ganz wenig Jahren, wo immer dieser Konstitutionalismus sich in seinem eigenen Wesen zeigen kann. Zuerst eine kurze Zeit des Friedens, dann ein Kampf zwischen Regierung und Majorität, die nicht das Volk, sondern nur eine Partei, oft nur eine kleine Partei ist; dann die Periode einer „neuen Ära", d. h. jener Moment, wo die Regierung der Majorität weicht und mit namenloser Kurzsichtigkeit meint, die Huldigungen, die sie empfängt, wären Zeichen ihrer Stärke; dann nach ganz kurzer Zeit der Moment, wo die Regierung einsieht, daß sie das Regiment der Majorität abtreten muß, wenn sie noch fortexistieren will, und eine Krisis, für die es im innern Verfassungsleben, in den innern Prinzipien des Konstitutionalismus keine Lösung gibt, und wo entweder ein Napoleon kommt, um die innere Revolution niederzuhalten, oder ein Bismarck, um durch Schleswig-Holstein und Königgrätz auf kurze Zeit allen Widerspruch zu unterdrücken. Der moderne Konstitutionalismus ist, so wie er nach den Doktrinen des sogenannten modernen Staates aufgefaßt wird, ein System voll innerer Widersprüche, und es ist eine unselige Illusion zu glauben, diese Widersprüche ließen sich heben durch Interpretation des Buchstabens der Verfassung. Es trifft daher auch keinen einzelnen Menschen die ganze Verantwortung für diese Konflikte. In einem Sinne hatte die Kammermajorität recht. Sie stand am meisten auf dem Boden des modernen Staates, obwohl die Konsequenz desselben in der Herrschaft der Parteimajorität für Preußen ein unermeßliches Unglück gewesen wäre. Auf der andern Seite lag die Berechtigung Bismarcks darin, daß er die Autorität und das monarchische Prinzip vertrat, und er hat dies mit beispiellosem Mute und Geschicke getan und dadurch, wenigstens vor der Hand, von Preußen das Unheil dieser Majoritätswirtschaft der Kammer abgewendet, wenn auch die erste Veranlassung dieses Streites unberechtigt war, denn nur vom Standpunkte des absoluten schrankenlosen monarchischen Prinzipes kann man dem Monarchen das Recht zusprechen, solche Anforderungen an sein Volk zu stellen, wie sie infolge der neuen preußischen Militärorganisation an Menschen und Geld gestellt wurden. Wir beklagen es daher, daß ein an sich vielfach berechtigter Kampf des monarchischen Prinzipes gegen die Parteiherrschaft nicht auch eine durchaus berechtigte Veranlassung gehabt hat. Dieser innere Konflikt scheint uns also die wahre Ursache des Krieges gewesen zu sein, während er selbst ein Symptom jener Krankheit war, an welcher das ganze europäische moderne Staatswesen durch seine falschen Staatsdoktrinen darniederliegt.

Der sogenannte „Beruf Preußens“.

Wenn aber auch die innere Lage Preußens wohl die Hauptursache des Krieges war, welche namentlich auf die maßgebenden Kreise bestimmend einwirkte, so wirkte doch noch ein drittes Element mächtig mit, nämlich alle jene Richtungen in und außer Preußen, die wir der Kürze wegen Borussianismus nennen wollen. Es hat den Krieg mit Österreich von lange her vorbereitet, und hat ihn allein möglich gemacht. Die inneren Zerwürfnisse lähmten die Macht Preußens, der Geist des Borussianismus, der sich des Krieges bemächtigte, hob diese innere Schwäche auf und gab zum Kriege die nötige Aktionskraft.

Wir müssen zunächst den Begriff dessen, was wir Borussianismus nennen, näher ins Auge fassen. Es wäre weit gefehlt, ihn für identisch zu nehmen mit dem Geist der preußischen Könige oder mit der Gesinnung aller jener Männer, die auf die Geschicke Preußens einen maßgebenden Einfluß geübt haben. Der Vater des jetzigen Königs, der auf dem Todesbette seinen Kindern vor allem eine innige Verbindung mit Österreich anempfohlen hat, nachdem er in den furchtbarsten Weltereignissen die Wichtigkeit dieses Bündnisses für Deutschland und Preußen kennen gelernt hatte; der Bruder und Vorgänger desselben, der die deutsche Kaiserkrone ablehnte, weil er sie nicht von der Hand des Unrechtes annehmen, weil er sich nicht auf Kosten Österreichs erheben wollte, waren gewiß weit von jenem Geiste entfernt. Wir glauben, daß selbst der jetzige König, wenn auch von ihm beeinflußt, doch in seiner tieferen Gesinnung ihm ferne steht. Vielen der besten und edelsten preußischen Staatsmänner, der treuesten Diener ihrer Könige, war diese Denkweise gänzlich fremd. Selbst

Friedrich der Große, obwohl seine Tendenz mit dem Borussianismus in ursachlicher Verbindung steht, war doch nicht im vollen Sinne das, was wir mit dem Namen Borussianismus bezeichnen. Dieser ist vielmehr ein System, das sich erst nach und nach ausgebildet und allmählich zu seiner vollen Klarheit entwickelt hat. Er ist mehr aus der Schule als aus dem praktischen Leben hervorgegangen und hat eigentlich den Höhepunkt seiner Entwicklung erst in unseren Tagen gefunden.

Unter Borussianismus verstehen wir nämlich eine fixe Idee über den Beruf Preußens, eine unklare Vorstellung einer Preußen gestellten Weltaufgabe, verbunden mit der Überzeugung, daß dieser Beruf und diese Aufgabe eine absolut notwendige sei, die sich mit derselben Notwendigkeit erfüllen müsse, wie der losgelöste Fels herabrollt, und daß es daher unstatthaft sei, diesem Weltberufe sich im Namen des Rechtes oder der Geschichte entgegenzustellen. Bei den Anhängern des Borussianismus steht dieser Beruf Preußens obenan, höher als alle Rechte, und alles, was sich ihm entgegenstellt, ist deshalb Unrecht. Er vollzieht sich mit absoluter innerer Notwendigkeit. Der Inhalt dieses Berufes Preußens ist nach der Stellung der Anhänger dieser Richtung sehr verschieden. Ist der Mann dieser Richtung ein begeisterter Diener seines Königs, so denkt er dabei an die Oberherrschaft eines absoluten preußischen Königtums; ist er Soldat, an einen preußischen Militärstaat mit seinem Kriegsherrn; ist er Bureaukrat, an eine Glorifizierung des preußischen Bureaukratismus; ist er Prediger, an die Verbreitung des Protestantismus unter Führung des preußischen Königtums; ist er endlich ein Fortschrittsmann, an den Sieg seiner Partei unter der preußischen Spitze, wo dann die königliche Spitze natürlich nur so lange benutzt werden soll, als sie ein Mittel für die Parteizwecke ist; sie alle aber, so verschieden im übrigen ihre Ansichten sind, machen daraus eine fixe Idee, einen Beruf Preußens, der sich erfüllen müsse, und mehr als alles andere berechtigt sei, sich zu erfüllen. Der Borussianismus ist daher Doktrinarismus im höchsten Grade; er ist ein abstraktes System; er ist deshalb auch im eigentlichen Sinne ein willkürliches Phantasiegebilde. Seinen dankbarsten Boden hat er dieser seiner Natur nach auch bei den Professoren und in den Logen. . .

Dieses verderbliche System, wie es sich in Deutschland in bezug auf den Beruf Preußens ausgebildet hat, hat nun schon lange auf ein Zerwürfnis mit Österreich hingearbeitet. Nach demselben hat Österreich begreiflich keinen Platz mehr in Deutschland; es steht dem Berufe Preußens, der sich mit Naturnotwendigkeit vollzieht, hindernd entgegen; und ebenso ist das „Angliedern weiterer Teile" für Preußen auf Kosten der übrigen deutschen Staaten lediglich wieder eine Naturnotwendigkeit, sowie es für die Gestirne Naturnotwendigkeit ist, sich in ihren eigenen Bahnen zu bewegen. Zum ersten Male begegnete mir im Leben dieser Borussianismus in seiner naturnotwendigen Angliederungsrichtung im Jahre 1848. Das war überhaupt ein Angliederungsjahr; freilich nicht für das preußische Königtum, sondern für die Revolution. Man gestatte mir, dieses persönliche Erlebnis meiner ersten Begegnung mit dieser Angliederungstheorie hier kurz zu erwähnen; es ist nicht ohne allgemeines Interesse. Ich war damals Pfarrer in Hopsten, in meiner Heimat Westfalen. Das Vertrauen der Bewohner der dortigen Gegend nötigte mich im vollen Gegensatze zu allen meinen Wünschen, eine Wahl für das deutsche Parlament in Frankfurt anzunehmen. Zum dortigen Wahlbezirke gehörte auch die Grafschaft Tecklenburg, ein altpreußisches Land und protestantisch. Bei einer Versammlung aller Wahlmänner, die damals in Tecklenburg gehalten wurde, wurde insbesondere die Aufgabe des Deputierten in Frankfurt bezüglich der deutschen Verfassungsfrage besprochen, und bei dieser Gelegenheit trat ein im übrigen höchst achtungswerter Mann mit der Ansicht auf, es sei vor allem Beruf des Parlamentes, die Grenzen Preußens bis an den Main zu erweitern und so ein norddeutsches Königtum unter Preußens Krone zu konstituieren, und es sei meine Pflicht als Deputierter, in dieser Richtung zu wirken. Damals hörte ich zum ersten Male die Idee aussprechen, die sich jetzt, zwanzig Jahre später, verwirklicht hat. Ich war ganz erstaunt, in einer Zeit, wo ohnehin alles Recht erschüttert war, aus einem solchen Munde eine neue kolossale Rechtsverletzung als Heilmittel anpreisen zu hören, und lehnte natürlich mit aller Entschiedenheit die Zumutung ab, an einem solchen Plane der Zerreißung Deutschlands mitzuarbeiten. Wie hätte ich damals daran denken können, daß ich später als Bischof von Mainz Augenzeuge der Verwirklichung dieses Planes und der Ausdehnung der preußischen Grenzen bis an den Main sein würde? Wie oft habe ich seitdem an diesen Herrn in Tecklenburg zurückgedacht, dessen Äußerung mir ein Beweis geworden ist, wie allgemein und von wie lange her das vorbereitet war, was jetzt geschehen. Ich zweifle jetzt nicht mehr, daß dieser Herr nicht eigentlich seinen Privatgedanken ausgesprochen, sondern ihn in jener geheimen Gesellschaft sich angeeignet hat, in der namentlich das, was wir Borussianismus nennen, seinen Sitz hat. Diese Ansicht von einem ungemessenen Berufe Preußens hat den Krieg vorbereitet; sie ist im Verlaufe des Krieges eine starke Macht geworden, um denselben zu führen; sie hat nach den großen Siegen alles in Preußen mit sich fortgerissen, selbst jene Kreise, die ihr ganzes Leben der Verteidigung des Rechtes gewidmet haben; sie hat endlich die Bedingungen des Friedens diktiert und herrscht augenblicklich fast ohne Widerspruch in Preußen.

Welche Gefahren liegen aber in einer solchen Anschauung für den Frieden Europas überhaupt und auch für Preußen insbesondere! Sie ist ihrer ganzen Natur nach aggressiv gegen alles, eine Art Kriegserklärung an alles, was sich diesem naturnotwendigen Berufe entgegenstellt. Diese Kriegserklärung ist aber um so gefährlicher, weil der Inhalt dieses Berufes ein ganz willkürlicher ist. . . Wo ist bei solcher Willkür noch eine Grenze? Solchen Theorien gegenüber ist kein Recht und kein Staat mehr gesichert. Warum soll dieser naturnotwendige Gedanke am Main stehen bleiben, warum an der Donau usf.?

Diese Anschauungen sind aber auch überaus gefährlich für Preußen. Wenngleich das Bemühen, einen beliebigen doktrinären Parteigedanken als die geschichtliche Notwendigkeit eines Landes mit dem absoluten Rechte der Angliederung hinzustellen und dadurch jede Rechtsverletzung zu sanktionieren, in dieser Art noch nicht dagewesen ist, so finden sich doch Anklänge dazu in anderen Ländern reichlich vor. Nicht Preußen allein mit seiner Geschichte ist in der Welt; es gibt auch noch andere Völker mit Selbstbewußtsein und älterer Geschichte. Wer will es ihnen wehren, daß auch sie unter einem anderen Namen eine gleiche Theorie ausbilden? . . Jeder falsche Grundsatz, den man zu seinem Vorteil ausbeutet, wird unfehlbar sich später gegen den wenden, der ihm huldiget. Nur die äußerste Verblendung kann es verkennen, wie gefährlich solche Theorien für Preußen selbst bei veränderten Verhältnissen werden können. Es ist eine wahre Torheit, zu glauben, daß vor einem solchen doktrinären Hirngespinnst von Weltberuf die ganze Welt stehen bleiben und sich willenlos angliedern lassen werde. Je aufrichtiger wir das Beste Preußens wollen, desto mehr können wir in solchen Richtungen nur die Wege zum Verderben erkennen.

Der Zweck heiligt die Mittel.

Wir haben die Gründe des Krieges betrachtet; wir müssen jetzt die Mittel, ihn zu führen, ins Auge fassen. Wir verkennen dabei nicht, in welchem Maße zu dem Erfolge die Tapferkeit des preußischen Heeres, die Tüchtigkeit seiner Führung und Ausrüstung, und, worauf wir besonders Gewicht legen, das starke Pflichtgefühl, das den größten Teil der preußischen Soldaten erfüllte, mitgewirkt haben. Je mehr wir aber gern und freudig bereit sind, das Tüchtige im preußischen Staatswesen und in seiner Militärverfassung überall vollkommen anzuerkennen, desto mehr schmerzt es uns, wenn wir demselben Elemente ganz anderer Art beigemischt sehen. So ist es auch hier gewesen. Die Tapferkeit des Heeres allein erklärt nicht den so überaus überraschenden Erfolg dieses Krieges, und der Glanz der preußischen Armee ist ohne ihre Schuld getrübt durch andere Mittel, die angewendet wurden, um diesen Sieg zu erringen; insbesondere durch die Bundesgenossen, denen man sich anzuschließen nicht gescheut hat.

Was naturnotwendig ist, ist nicht nur an sich berechtigt, sondern es sind auch alle Bedingungen und Voraussetzungen seiner Verwirklichung, alle notwendigen Mittel dazu berechtigt. Eine Theorie, eine Doktrin, die ihre beliebigen Hirngespinste für naturnotwendig hält, muß daher auch alle Mittel für erlaubt halten, die zu ihrem naturnotwendigen Ziele führen. Wenn Preußens Beruf naturnotwendig Angliederung ist, so ist auch kein Mittel mehr schlecht, das ihm dient, diese Angliederung zu vollziehen. So grundverkehrt nun eine solche Anschauung auch sein mag, so ist sie doch vorhanden, und wenn auch nicht überall mit voller innerer Erkenntnis, dennoch weit verbreitet. Sie allein erklärt das, was vor unseren Augen geschehen ist; sie allein erklärt, wie es möglich war, daß Preußen die äußerste Verlegenheit, in die Österreich durch die schlaue Politik Napoleons in Italien geraten war, dazu benutzte, um diesen seinen alten Bundesgenossen in der Verbindung mit der Revolution in Italien und Ungarn niederzuwerfen. Das aber ist geschehen.

Wie ganz anders war die Lage vor kaum fünfzig Jahren; und wenn die Geister der drei Fürsten, die damals verbunden waren, auf uns herabblicken, wie mögen sie dann diese neuen Bündnisse Preußens beurteilen! Damals war der König von Preußen ein hervorragendes Mitglied der heiligen Alliance; gewiß das absolute Gegenteil der Alliance, in der jetzt die braven preußischen Heere gekämpft haben. Unter den Augen jener drei Fürsten wurde die Völkerschlacht bei Leipzig geschlagen, wo wahrhaft die Völker Europas gegen Napoleon kämpften, und die Ströme Blutes, die da flossen, um die Herrschaft Napoleons zu brechen, waren der Kitt, mit dem jener Bund geschlossen wurde. Napoleon vertrat auch einen Beruf; er wollte auch der Vollstrecker höherer Ratschlüsse der Vorsehung sein; sein angeblicher Beruf knüpfte sich aber an seinen Namen und an Frankreich; auch er vertrat ein Prinzip, eine Theorie ohne Recht, ohne Geschichte, ohne Gottes Gebot. Wenn es darauf ankam, den Erfolg, glänzende Siege als ein Gottesurteil, als einen Beweis des göttlichen Segens geltend zu machen, so konnte Napoleon sich nicht auf einen, sondern auf zahllose Siege berufen. Mit diesem seinem angeblichen Berufe hatte er alle Völker- und alle Fürstenrechte zertreten. Gegen diese willkürlichen, gottlosen Theorien kämpften die Fürsten und ihre Völker bei Leipzig, und zogen dann vereint den weiten Siegeslauf bis Paris. Welche Veränderungen seitdem! Der Neffe dieses Napoleon hat den niedergestürzten Thron seines Oheims wieder aufgerichtet, er vertritt dieselben Prinzipien und ist nicht minder erfüllt von dem Gedanken, daß er an der Spitze Frankreichs einen Beruf habe. Alle seine Kundgebungen zeigen, daß er von der Naturnotwendigkeit dieses Berufes überzeugt ist. Er hat es oft und wiederholt ausgesprochen, daß ein Mittel zu seinem Berufe auch eine Zerstörung dessen ist, was die Sieger über seinen Oheim aufgebaut haben. Er war aber klug genug, um die Lehre, daß es leicht ist, einen Bund von Stäben zu zerbrechen, wenn man jeden einzelnen für sich knickt, auch auf die höhere Diplomatie anzuwenden. In den letzten zehn Jahren war Österreich an der Reihe, dieses eine Glied jenes Bundes, den das Blut bei Leipzig geschaffen hat. In dieser langen Zeit hat er Österreich mit allen Mitteln einer gewandten Diplomatie beschädigt. Die Hindernisse, die es Österreich fast unmöglich machen, zu einem innern Ausgleich zu kommen, wegen der Stellung Ungarns, ebenso wie der ganze Kampf Italiens gegen Österreich sind teils ganz sein Werk oder, wo das nicht, doch nur durch ihn ermöglicht; und nachdem Österreich so von der ganzen Revolution gehetzt, tief geschwächt und gelähmt war, da hat Preußen keinen Anstand genommen, diese höchste Verlegenheit des alten

Kaiserhauses zu benützen, um, geschützt von dem Neffen des alten Oheims, der bei Leipzig von dem König von Preußen im Bunde mit Österreich geschlagen worden war, in Alliance mit der italienischen Revolution, ja in Verbindung sogar mit der Revolution in Ungarn, Österreich aus Deutschland zu verdrängen, Deutschland selbst zu zerreißen, um den angeblichen Beruf Preußens zu verwirklichen. Von der einen Seite von der italienischen Revolution angegriffen, von der anderen von den preußischen Heeren, von der dritten durch eine von Preußen geförderte Revolution in Ungarn bedroht, im Hintergrund hoch oben Napoleon, der dieses eine Glied des Bundes von Leipzig knicken wollte, da mußte freilich das so tief im Innern selbst geschwächte Österreich zusammenbrechen.

Hier liegt der Grund unseres Schmerzes; da möchten wir das Angesicht verhüllen und über unser deutsches Vaterland weinen. Nicht weil wir Preußen hassen, sondern weil wir es aufrichtig lieben, wird uns nie der Schmerz darüber verlassen, daß Preußen die äußerste Verlegenheit Österreichs, in die es durch die Revolution gekommen war, benützt hat, um in Verbindung mit der Revolution sich auf Kosten Österreichs zu bereichern. Wir schreiben diesen Gedanken mit Schmerz nieder, wir glauben aber, daß er die volle Wahrheit enthält, und wir müssen ihn deshalb niederschreiben, weil wir die Wahrheit sagen wollen, da nur die Wahrheit frei macht. Wir Deutsche haben viele traurige Ereignisse in der deutschen Geschichte zu beweinen; wir wissen nicht, ob eines diesem gleich kommt; ein Volk, wie das preußische, ein Heer, wie das preußische, ein Königtum, wie das preußische, in Alliance mit Viktor Emmanuel, Garibaldi, Klapka, unter Oberleitung eines Napoleon im Kampfe gegen Österreich!

Wir haben hier eine unselige Wirkung jener verderblichen Richtung vor uns, welche die höhere Politik von ihrer wahren Grundlage trennt. Wenn man für den Verkehr der Völker und Staaten einen exemptionellen Maßstab anlegt, als ob hiefür andere Gesetze bestünden als die der gewöhnlichen Sittlichkeit und des gewöhnlichen Rechtes; wenn man sich der Täuschung hingibt, daß im Privatleben schlecht, unrecht und verwerflich sein könne, was in der höheren Politik recht, gut, ja notwendig sei; wenn man mit einem Worte von den Geboten Gottes absieht und für so hohe Dinge andere Gebote, die gewissermaßen höher liegen sollen, aufstellt, so müssen solche Folgen notwendig eintreten. Dadurch verfällt die hohe Politik sofort lediglich der Menschenklugheit, der Menschenwillkür, sie wird eine niedere Nützlichkeitspolitik, eine Politik der Intrigue, kurz eine Politik, bei welcher der Egoismus das einzige und maßgebende Gesetz ist. Sie wählt sich dann beliebige Ziele, die von der göttlichen Ordnung abweichen, und sie verfolgt diese Ziele mit allen Mitteln nach dem Grundsatze: Der Zweck heiligt die Mittel. Es ist eine große Selbsttäuschung, wenn die Welt den Jesuiten diesen Grundsatz vorwirft, gleichsam als ob sie durch diese ungerechte Anklage den Beweis führe, daß sie selbst diesem Grundsatz nie und nimmer huldige. Allein dieser Grundsatz gehört nicht einem Stande oder einer Klasse von Menschen an, sondern er ist ein Grundsatz der verdorbenen Menschennatur, welcher überall und in jedem Menschen auftritt, der sich nicht dem Sittengesetze unbedingt unterwirft. Er herrscht namentlich unbeschränkt in jenem von der Religion abgetrennten

Völkerrechte. Die Beziehungen der Völker ruhen wesentlich auf denselben Grundlagen wie die Beziehungen der einzelnen Menschen untereinander, auf der Verwirklichung und gegenseitigen Anerkennung der von Gott in uns gelegten Gesetze der Sittlichkeit, des gegenseitigen Wohlwollens, des Gebotes: Was du nicht willst, daß dir geschehe, das tue auch einem anderen nicht. Alle diese Gesetze, die Gott für den Verkehr der Menschen und der Völker in unser Gewissen gelegt hat, finden ihre höchste und erhabenste Erklärung in dem Christentum. Das idealste Völkerrecht wäre eine Verwirklichung der Gesetze des Christentums in den Beziehungen der Völker untereinander; die idealste Diplomatie und Politik wäre die Diplomatie und Politik nach den Grundsätzen des Christentums. Eine höhere Klugheit gibt es für den Völkerverkehr nicht, als jene, die das schlichteste Christenkind in seinem einfachen Privatleben befolgt. Man glaubte, die hohe Politik zu erheben, als man sie lostrennte von dieser wahren Grundlage des Sittengesetzes, und man hat sie dadurch unaussprechlich erniedrigt. Die hohe Politik ist nach ihren Gesichtspunkten und Motiven nicht mehr hoch, sondern sehr niedrig. Nachdem man die ewigen Grundsätze der Sittlichkeit und der Gebote Gottes verlassen hat, hat man an deren Stelle seit den letzten Jahrhunderten eine tote Form gesetzt, die von der Wage, auf der die Waren gewogen werden, hergekommen ist, das sogenannte Gleichgewichtssystem. An Stelle der ewigen Gesetze der Sittlichkeit und der Religion sollte der Kaufmannsladen den Maßstab für den Völkerverkehr abgeben, und damit glaubte man für diese hohen Regionen einen höheren Maßstab gefunden zu haben. Hinter dieser leeren Form der Gleichgewichtstheorie verbarg sich aber der rohe Egoismus der Völker, und die Diplomatie ist seitdem die Wissenschaft geworden, die Eifersucht und den Neid der Nationen, den Völkeregoismus hinter glatten äußeren Formen zu verstecken und alle Fäden zu spinnen, um diesen Egoismus geltend zu machen. In dieser Lostrennung des Völkerrechtes von dem Gesetze Gottes, in dieser Fiktion, als ob die hohe Politik in ihren Zielen und Mitteln auf einem höheren Standpunkt stünde, als dem der gewöhnlichen Sittlichkeit und Gerechtigkeit, liegt eine unermeßliche Gefahr für den Frieden der Welt. Wer die Revolution in der niederen Politik nicht will, darf sie auch in der höheren nicht wollen. Ein Völkerrecht ohne Gottesrecht ist ein permanenter Kriegszustand oder nur eine Waffenruhe, die dem Kriege aller gegen alle vorausgeht. Dem Prinzip nach ist es Krieg, weil es kein Moment in sich trägt, das in seiner Ausgestaltung Frieden unter den Völkern gründen könnte.

Diese Anschauung führt denn auch notwendig zu jener unbedingten Huldigung dem Erfolg gegenüber, die wir in so großer Ausdehnung vor uns sehen. Unrecht im Großen ist ganz gewiß nicht weniger ungerecht, als Unrecht im Kleinen, und die Größe des Erfolges hebt die Größe des Unrechtes nicht auf. Gerade umgekehrt: der Arme, der ein Stück Brot stiehlt, ist weit minder strafbar als der Reiche, der durch Unredlichkeit ein immenses Vermögen sich erworben hat. Aber so sehr ist unser sittliches Gefühl beschädigt, daß in der hohen Politik nur mehr der Erfolg entscheidet, mag auch das Ziel an sich unberechtigt, und mögen die Mittel dazu verwerflich gewesen sein. Welche Verwirrung der Geister und der Gewissen! Im einzelnen Menschen besteht das wurzelhaft Böse darin, daß er Ziel und Mittel ohne Rücksicht auf Gott und

Gottes Gebot, ohne Rücksicht auf Sitte und Sittengesetz bestimmt; ganz so und aus denselben Gründen ist es wurzelhaft bös im Völkerleben, wenn die Völker ihre Ziele und die Mittel zu deren Erreichung ohne Gott und Gottes Gesetz, ohne Sitte und Sittengesetz wählen und verfolgen. Das ist die Revolution in der höheren Politik, das ist die „Politik der Interessen" statt der der Wahrheit und Gerechtigkeit.

Wir können es daher auch nur tief beklagen, wenn die Religion für solche von Gott und Gottes Gebot losgetrennte hohe Politik und ihre Zwecke in Mitleidenschaft und Mitverantwortung gezogen wird. Das stärkt nicht die Religion, das schwächt sie. Das ist auch eine beklagenswerte Richtung der letzten drei Jahrhunderte, der Religion und den Dienern der Religion zuzumuten, allen Gewalttaten der Politik gewissermaßen eine religiöse Weihe zu geben. Für wie viele Siege sind schon Dankgottesdienste gefeiert worden von den ungerechten Kriegen Ludwigs XIV. bis zu denen Napoleons, die nicht zum Lobe Gottes waren, die vielmehr Gott im Himmel verabscheut hat! Wie muß Gott in seiner ewigen Wahrheit und Gerechtigkeit den Versuch verabscheuen, ihn gewissermaßen zum Mitschuldigen solcher Menschentaten zu machen, die mit seinem ewigen Gesetze, mit seinem heiligen Gebote, mit seinem göttlichen Willen im Widerspruch stehen! Je erhabener die Religion dasteht, desto mehr kann sie der Welt, desto mehr auch den Staaten nutzen. Selbst in eigenem Interesse sollte der Staat der Religion nicht diese Stellung zumuten. Diese öffentlichen Gebete, diese kirchlichen Dank- und Freudenfeste, diese ewigen neuen Eide sind nicht vom Guten.

Folgen und Gefahren.

Nachdem wir die Ursachen des Krieges betrachtet haben, wollen wir die Folgen desselben, die Lage, in die wir durch ihn geraten sind, die Gefahren, die uns deshalb bedrohen, ins Auge fassen. Wir haben sie schon teilweise berührt; wir müssen sie aber in einem Bilde zusammenfassen, um das, was für die Zukunft nottut, richtig beurteilen zu können.

Die erste Folge des Krieges ist die Zerreißung des Bundes, welchen die Völkerschlacht bei Leipzig und die Befreiungskriege gegen Napoleon und die napoleonischen Ideen geschaffen hatten. Die heilige Alliance ist mit vollem Recht verrufen wegen dessen, was sie später geschaffen hat, aber in ihrem Ursprung war sie ein erhabener Bund, hervorgegangen aus dem Geiste der Befreiungskriege. Die Befreiungskriege waren ein Kampf des deutschen und des christlichen Volksgeistes gegen die Tyrannei eines gottlosen Franzosentums; es waren Freiheitskriege in der höchsten und erhabensten Bedeutung des Wortes. Dieser Geist, der auf den Schlachtfeldern gekämpft hatte, erfüllte ursprünglich die heilige Alliance; dieser Geist fand seinen erhabenen Ausdruck in jener berühmten Urkunde, die ihr zu Grunde lag. Diese Urkunde bleibt denkwürdig sowohl ihres erhabenen Inhaltes, als ihrer völligen und totalen Wirkungslosigkeit wegen. Sie war diktiert von demselben Geiste, der die Völker durchdrang, die für ihre höchsten Güter auf den Schlachtfeldern ihr Blut vergossen. Die Fürsten selbst waren von diesen Gedanken so mächtig ergriffen und getragen, daß sie ihnen in dieser Urkunde Ausdruck gaben; aber diese Gedanken waren größer als die Fürsten, die sie in dieser Urkunde aussprachen, und noch viel größer als die Diener der Fürsten, die die Werkzeuge ihrer Regierungshandlungen wurden. Was wäre aus Deutschland geworden, wenn die Gedanken der heiligen Alliance, in welcher die Fürsten vor der Welt versprachen, das Christentum zum Ausgang aller ihrer Regierungshandlungen zu machen, so zu regieren, daß ihr Volk „eigentlich keinen anderen Herrn habe, als den, welchem allein alle Macht gebührt, nämlich Gott, unsern Erlöser Jesus Christus, das Wort des Allerhöchsten, das Wort des Lebens", und in diesem christlichen Sinne ihren Völkern Freiheit zu gewähren, — in Erfüllung gegangen und die Grundsätze der Regierungen von da an geworden wären? Das absolute Gegenteil ist eingetreten, und von diesem Versprechen wurde wahrhaft nichts gehalten. Wie das ancien régime, d. h. die Monarchie in Europa vor der Revolution, nichts war, als eine Herrschaft der Prinzipien der Revolution in der Monarchie, so war dieses régime moderne nichts anderes, als ein etwas abgeschwächter Abklatsch des ancien régime. Wenn in der heiligen Alliance die Fürsten ihren Völkern versprochen hätten, statt nach den Grundsätzen des Christentums, nach den modifizierten Grundsätzen der französischen Enzyklopädie zu regieren, dann hätten sie ihr Versprechen gehalten. Dasselbe galt noch mehr von den übrigen Regierungen in Deutschland. Prinzipien der Enzyklopädie in monarchischem Kleide, umgeben von einem Regierungsapparate mit allen kleinlichen Mitteln des Polizeistaates, dazu ein Gesichtspunkt, der sich kaum über das persönliche Familieninteresse erheben konnte — das war so ziemlich der Kreis, in dem sich die damaligen Regierungen bewegten. Trotzdem aber hatte die heilige Alliance als Völkerbund gegen den Napoleonismus eine erhabene Bedeutung, und dieses Band ist jetzt zerrissen.

Das ist eine Folge des Krieges und eine Gefahr für die Zukunft.

Eine zweite Folge des Krieges ist, daß die höchst segensreiche Überzeugung, daß ein innerer Krieg in Deutschland unmöglich sei, zerstört worden ist. Diese Überzeugung war gleichfalls eine Wirkung der Befreiungskriege. Sie nahm von Jahr zu Jahr zu. Sie hatte sich in den Herzen des deutschen Volkes und in allen Ständen bereits so festgesetzt, daß fast allgemein ein Krieg in Deutschland, ein Krieg unter den deutschen Völkern für unmöglich angesehen wurde. Selbst dann noch, als der Krieg unmittelbar bevorstand, hielt man ihn für unmöglich; von einem Ende Deutschlands bis zum andern hieß es damals: der Krieg ist nach der Lage der Dinge unvermeidlich, und dennoch wird er nicht eintreten, er ist unmöglich. Selbst viele ausrückende Offiziere glaubten, es könne nicht geschehen, daß sie gegen Deutsche kämpfen würden, und irgend ein unerwartetes Ereignis werde das abwenden.

Diese Überzeugung war aber eines der höchsten nationalen Güter, die wir besaßen. Die Bruderkriege, die einst auf deutscher Erde gefochten wurden, sind doch weitaus das Entsetzlichste, was wir in der deutschen Geschichte zu beklagen haben. So lange sie möglich sind, kann in jedem Augenblicke wieder unermeßliches Verderben sich über Deutschland ergießen. Diese Überzeugung schien ein für allemal alle Gefahren, welche seit drei Jahrhunderten über uns hereingebrochen, von Deutschland abgewendet zu haben.

Sie ist jetzt gründlich beseitigt, sie ist mit den Wurzeln aus dem mit dem gemeinschaftlichen Blute gedüngten Boden bei Leipzig herausgerissen. Wir haben wieder gesehen, daß deutsche Heere gegeneinander kämpfen können, und daß diese Kämpfe furchtbarer sind, als alle anderen Kämpfe, weil das deutsche Volk das tapferste Volk ist. Die blutigsten, die erbittertsten Schlachten der Neuzeit sind wieder von Deutschen gegeneinander auf deutschem Boden geschlagen worden, und dieser Krieg hat so furchtbar gewirkt und die Geister für neue Bruderkämpfe so vorbereitet, daß man kaum noch den Ausdruck des Schmerzes und der Empörung über diesen Bruderkrieg vernimmt. Das ist eine Folge dieses entsetzlichen Bruderkrieges, das ist eine weitere Gefahr für die Zukunft, eine wahre Drachensaat, die in Deutschland ausgesäet worden ist.

Die dritte Folge des Krieges ist, daß sich jetzt sechs Teile Deutschlands als Ausland gegenüberstehen, ohne anderes Band als das völkerrechtliche. Die Gesandten Rußlands, Frankreichs, Englands usw. haben jetzt an den Höfen in Karlsruhe, Darmstadt, Stuttgart, München, Berlin, Wien dieselbe Stellung wie die Gesandten der deutschen Höfe. Das ist ein Gedanke, der das berechtigte deutsche Nationalgefühl so tief verletzt, daß er kaum zu ertragen ist. Die heilige Alliance wollte, wie sie ausdrücklich sagte, aus mehreren Völkern eine Familie machen; das war eine phantastische Illusion; in Deutschland ist jetzt das Gegenteil eingetreten, und die Glieder einer und derselben Familie sind als fremde Völker auseinander gerissen. Das alte heilige Band, das die deutschen Völker vereinigt hat, besteht nicht mehr. In den zwölfhundert Jahren unserer deutschen Geschichte hat es nur eine Periode gegeben, wo gleichfalls dieses Band zerrissen war, wo auch Glieder des deutschen Volkes einander als Ausland gegenüberstanden; das war die Zeit des Rheinbundes unter Protektion von Napoleon I. Die Befreiungskriege haben diese Trennung aufgehoben;

der letzte Krieg hat auch dieses Werk des ersten Napoleon unter Protektion des Neffen wieder hergestellt.

Die Gefahren, die dieser Zustand in sich birgt, sind offenbar. Die Rheinbundszeit war die Zeit der tiefsten Schmach und der tiefsten Erniedrigung Deutschlands. Die Einmischung fremder Mächte in die inneren Angelegenheiten des deutschen Volkes, die schon seit Jahrhunderten so viel Verderben über uns gebracht hat, hatte in jener Zeit ihren höchsten Punkt erreicht. Das große deutsche Volk hatte jedes Selbstbestimmungsrecht verloren und wurde nach dem Willen Napoleons und anderer fremder Mächte geleitet. Die deutschen Fürsten waren Bediente geworden, und große Teile des deutschen Volkes waren so innerlich abgestumpft, daß sie diese Schmach kaum noch empfanden. Wir sagen nicht, daß ähnliche Zustände eintreten werden; wir sagen nur, daß unser deutsches Vaterland durch diese Folge des letzten Krieges unermeßlichen Gefahren ausgesetzt ist. Wie viel Verderben hat die Einmischung fremder Höfe in deutsche Angelegenheiten uns schon gebracht, und wie sehr steht zu befürchten, daß jetzt wieder deutsche Höfe der Tummelplatz aller denkbaren Intriguen zum Verderben Deutschlands sein werden. Das Vertrauen unter den deutschen Fürsten muß ja durch die Ereignisse des letzten Krieges gänzlich vernichtet sein. Wie nahe muß ihnen der Gedanke liegen, daß bei der ersten günstigen Gelegenheit auch sie ein Los erwartet wie das anderer Fürsten! Welcher Boden für alle fremden Mächte, wieder dieselbe Politik zu verfolgen, die in den letzten Jahrhunderten uns tief innerlich vergiftet hat!

Wenn wir auch kein völkerrechtliches Band mehr haben, so haben wir in dem Bewußtsein der deutschen Völker, daß sie Glieder eines großen Volkes sind, freilich noch ein starkes Band, das diese Gefahr vermindert. Aber auch dieses Band kann leider, wie wir es so oft erlebt haben, durch Ereignisse geschwächt, ja ganz zerrissen werden. Zur Zeit der Franzosenherrschaft war die Gesinnung eines großen Teils der deutschen Völker auf dem linken Rheinufer dem deutschen Vaterland tief entfremdet. In diesem Augenblicke ist es freilich anders; man kann sich aber nicht der größten Besorgnisse entschlagen, was in dieser Hinsicht wieder eintreten könnte, wenn unglückliche Ereignisse, wenn eine Periode innerer Zerwürfnisse, vielleicht neuer innerer Kriege vor uns läge. So furchtbar und fast unerträglich uns der Gedanke ist, so können wir die Besorgnis doch nicht unterdrücken, daß unter solchen Umständen diese zerrissenen Teile des einen Volkes wieder dahin kommen könnten, sich innerlich mit derselben Wut zu zerreißen und zu zerfleischen, wie es nur in den trübsten Zeiten der deutschen Geschichte geschehen ist. Gott bewahre davor unser armes deutsches Vaterland; aber diese Grenzen, die jetzt mitten durch Deutschland gezogen sind, deuten wie ein drohender Finger auf solche trüben Zustände hin.

Die vierte Folge des Krieges ist die Beschädigung der wahren Grundsätze, auf denen das Wohl der Staaten ruht, eine wahre Auflösung und Zersetzung derselben. Wir haben auf diese Wirkung des Krieges bereits in den vorigen Abschnitten weitläufig hingewiesen und wollen das Gesagte nicht wiederholen. Bleibende Zustände lassen sich nur auf wahren Grundsätzen aufbauen. Die Gerechtigkeit, so sagten unsere Vorfahren, ist das Fundament der Staaten und der Völker. Die Theorie der Nützlichkeit mit Verletzung der Gerechtigkeit, die Theorie des Erfolges als Maßstab der Berechtigung ist Flugsand, welcher von dem ersten

Sturme, der durch die Welt geht, weggeblasen wird. Der letzte Krieg war in Europa ein Sieg dieser schlechten Theorien über die wahren Grundsätze der Gerechtigkeit. Darin liegt eine große Gefahr für die Zukunft. Je weiter diese falschen Prinzipien fortschreiten, desto ungewisser, desto schwankender wird die Existenz aller Staaten werden.

In Verbindung hiermit steht die Erschütterung des historischen Rechtes. Der letzte Krieg hat wieder einen guten Teil deutscher Geschichte, alter deutscher Traditionen, alter deutscher Rechtsverhältnisse hinweggeschwemmt. Wir werden immer moderner, immer mehr eine tabula rasa, immer mehr ein weites, geglättetes, nivelliertes Terrain, um alle denkbaren neuen Experimente mit uns vorzunehmen. Wir sind bald so weit mit unserer alten ehrwürdigen Geschichte wie andere Völker, die gar keine Geschichte haben. Seit hundert Jahren geht ein Strom durch Europa, der alle geschichtlichen Erinnerungen und Rechtsverhältnisse mit dem Fundament wegschwemmen will; mit der französischen Revolution hat dieser Strom seinen zerstörenden Lauf begonnen; der letzte Krieg gehört ganz dieser Strömung an. Bald wird Deutschland wie Frankreich geeignet sein, lediglich nach geraden Linien, die man im Quadrat über die Karte von Deutschland zieht, in Departemente eingeteilt und statt nach den alten deutschen Stammesnamen nach fortlaufenden Nummern bezeichnet zu werden. Das Flußbett kann hie und da den Strom hindern, die Ebene zu bewässern und fruchtbar zu machen; es hindert ihn aber auch, seine Fluten entfesselt über die Fluren zu ergießen und sie zu verwüsten. Ähnlich ist es für ein Volk: seine Geschichte, seine geschichtlichen Rechte und Einrichtungen können hemmen, sie können, wenn sie entartet sind, manches Gute aufhalten; sie leiten aber auch und berichtigen die geistigen Strömungen, die durch das Leben eines Volkes gehen, sie führen das Volk an der Hand der Vorsehung. Ein Volk, das seiner Geschichte den Rücken gedreht hat und seine geschichtlichen Rechtsverhältnisse zertritt, geht großen Stürmen entgegen.

Daran schließt sich weiter als Folge des Krieges eine tiefe Erschütterung des monarchischen Prinzips. Es ist uns immer als eine beispiellose Verirrung erschienen, daß die Fürsten und deren Ratgeber im Anfange dieses Jahrhunderts geglaubt haben, man könne ganz beliebig nach den nächstliegenden Zweckmäßigkeitsgründen das historische Band, das ein Fürstengeschlecht an sein Land knüpft, auflösen, und dann ebenso beliebig und ganz mit derselben Kraft auf Kommando mit einem andern Fürsten wieder anknüpfen. Das war das Übermaß des Unverstandes, ein ganz entarteter Begriff von Monarchie und Fürstengewalt, wie er sich unter dem Einfluß des Absolutismus an den Höfen ausgebildet hatte. Diesem Irrwahne huldigten selbst die persönlich tüchtigsten Fürsten. Ein merkwürdiges Beispiel wurde uns früher von einem Augenzeugen erzählt. Als die alten kaiserlichen Länder in Vorderösterreich abgetreten waren, machten einige Bauern den weiten Weg bis Wien, um dagegen zu protestieren, daß man willkürlich das uralte Band zerreiße, das sie mit Österreich verbinde. Sie wurden mit jener Leutseligkeit vom Kaiser Franz empfangen, die ihm eigen war, erhielten aber keinen anderen Trost, als den Rat, sie möchten nun dieselben Gefühle der Liebe und des Gehorsams, die sie bisher gegen das alte Kaiserhaus gehegt, auf den neuen Landesherrn übertragen. Der alte Kaiser vergaß nur, den guten Schwarzwälder Bauern das Mittel anzugeben, wie man Gefühle, die sich in einer vielhundertjährigen Geschichte gebildet hatten, dahin übertragen könne, wo diese ganze Geschichte fehlt. Das war so dieser Souveränitätsschwindel des monarchischen Absolutismus, diese verfälschte Legitimität, wie sie sich an allen europäischen Höfen ausgebildet hatte, wo das ganze Verhältnis zwischen einem alten Fürstengeschlechte und seinem Lande nur aufgefaßt wurde unter dem Gesichtspunkt eines absoluten Rechtes des Fürsten über seine Untertanen und der Pflicht des absoluten Gehorsams der letzteren.. Wie man daher ein Stück Land verhandeln, eine Summe Geldes übertragen kann, so kann man nach dieser Auffassung auch das Verhältnis zwischen Fürsten und Volk beliebig wechseln und übertragen. Dieser Grundirrtum beherrschte die Anschauung der Höfe überall seit der Säkularisation; man sah nicht die unermeßliche Verschiedenheit in dem Verhältnis jener Volksstämme, die mit ihren neuen Fürsten keinen geschichtlichen Zusammenhang haben, und jener, die in ihnen ein altes Fürstengeschlecht anerkennen, mit dem sie seit Jahrhunderten alle Schicksale teilten. In dieser historischen Zusammengehörigkeit eines Fürstengeschlechtes und eines Volkes liegt eine Grundsäule des monarchischen Prinzipes. Der letzte Krieg hat wieder viele dieser Säulen niedergeworfen. Die Pietät zwischen Fürst und Volk, die so recht aus dem historischen Verhältnis entspringt, wird dadurch immer mehr beseitigt; die Monarchie, von ihrer unmittelbaren lebendigen Beziehung zu dem Volke abgelöst, erhält nun statt dieser lebendigen Wurzel im Herzen des Volkes nur die äußerlichen, die nur durch die monarchischen Verfassungsbestimmungen getragen sind. Dieses Zerreißen der alten Verbindung der ältesten deutschen Fürstengeschlechter mit ihren Völkern ist daher eine große Gefahr für die

Zukunft des monarchischen Prinzips. Das Band, das die abgesetzten deutschen Fürsten an ihre betreffenden Länder knüpfte, ist vielfach weit älter als jenes, das die preußischen Könige mit ihrem Lande verbindet. Wenn jenes Band beliebig zerrissen werden durfte im Interesse eines angeblichen Berufes, einer Zweckmäßigkeits- und Nützlichkeitstheorie, wie sehr ist dann zu befürchten, daß eine Zeit kommen wird, wo man ganz auf demselben Boden behauptet, daß auch das Band, das die preußische Monarchie mit ihrem Volke verbindet, einer anderen Zweckmäßigkeits- und Nützlichkeitstheorie weichen müsse. Jedenfalls wird man die Logik dieser Anschauung aus den Tatsachen, die wir im Kriege erlebt haben, nicht bestreiten können.

Eine weitere Folge ist die Trübung und Verwirrung der Gewissen und die Schwächung der Kraft des Eides. Das Gewissen des christlichen Volkes in Deutschland ist noch eine unermeßliche Macht für die Autorität, die viel zu wenig gewürdigt wird. Deutschland, obwohl in seinen sogenannten gebildeten Ständen alle, auch die extremsten Zeitrichtungen in weitem Umfange vertreten sind, ist doch vielleicht jenes Land, das von den Konsequenzen dieser Zeitrichtungen noch am wenigsten zu fürchten hat, und zwar lediglich und allein, weil das deutsche Volk noch im großen Umfange ein gewissenhaftes Volk ist. Es ist eine große Täuschung, wenn man glaubt, daß in Deutschland die eigentliche Macht, welche die Revolution aufhält, in der Militärverfassung liege; sie liegt in der Gewissenhaftigkeit, in der Gesinnung, in der Religiosität des Volkes. Namentlich würde die preußische Militärverfassung mit ihrer dreijährigen Dienstzeit der Revolution gegenüber gänzlich ohnmächtig sein, wenn sie ihre Soldaten aus einem gewissenlosen, jeder revolutionären Verführung zugänglichen Volke entnehmen müßte. Eine dreijährige Dressur vermag nicht einen Menschen, der die Grundsätze des Radikalismus in sich aufgenommen hat, zu einem treuen Untertanen seines Königs zu machen. Leider ist diese Ansicht in manchen Kreisen weit verbreitet. Die eherne Mauer, an der der Geist der Revolution in Deutschland scheitert, ist die Gesinnung des christlichen Volkes, die Gewissenhaftigkeit desselben. Die Treue, die Stärke des preußischen Heeres liegt nicht hauptsächlich in der Dressur der Soldaten, nicht in dem, was sie bekommen nach ihrem Eintritte, sondern in dem, was sie mitbringen aus dem Elternhause; es sind treue, gewissenhafte, tüchtige junge Leute, die nicht durch die Schule der schlechten Zeitrichtungen, sondern durch die Schule des Christentums gebildet sind; die ihre Treue gegen ihren Fürsten als eine Pflicht gegen Gott erkennen. Diese gewissenhafte Gesinnung des christlichen Volkes ist in allen betreffenden Ländern durch die letzten Ereignisse tief beschädigt und betrübt. Welche Folgen werden sie in den Herzen und in den Gesinnungen aller dieser jungen Leute haben, die da, wie man den Handschuh auszieht oder den Rock, jetzt ihre innerste Gesinnung verändern, alle ihre Gefühle, alle ihre Ansichten plötzlich wechseln sollen? Und diese Verwirrung der Gewissen muß um so größer werden durch die Art, wie in unseren modernen Staaten der Eid behandelt wird, wo jede Gewalt glaubt, durch Schwörenlassen könne sie sich beliebig befestigen. Was ist der Eid ohne Gewissen? was der Eid ohne Gott und ohne göttliche Ordnung? Sein ganzes Wesen besteht in der Anrufung des Zeugnisses Gottes; er hat nur Kraft und Bedeutung, wenn das beschworen wird, was Gott will und was Gott bestätigt. Je weiter sich die Gestaltungen der Dinge von dem Gesetze Gottes entfernen, desto mehr wird auch der Eid seiner inneren Weihe, seiner inneren Kraft entkleidet und eine leere, aber verderbliche Form. Man darf niemand zu einem Eide, d. h. zu einem Versprechen vor Gott und im Namen Gottes zwingen, der zweifelhaft ist, ob das, was er verspricht, auch mit der göttlichen Ordnung übereinstimmt. Ein solcher Zwangseid untergräbt die Gewissen und ist eine Art Nötigung zu einem falschen Eid.

Als letzte unselige Folge des Krieges will ich die sittliche Niederlage nicht unerwähnt lassen, die dadurch die konservative Partei in Preußen erlitten hat. Das Wort „konservativ" ist vieldeutig; es bedeutet Gutes und Böses, und so schließt auch die konservative Partei in Preußen mancherlei Verkehrtes ein. Es besteht aber dort eine wahrhaft christliche konservative Partei mit hoher Intelligenz und hoher Tüchtigkeit, vor der wir jederzeit große Achtung gehabt haben. Diese Partei hat leider bei Königgrätz eine nicht minder große Niederlage erlitten wie Österreich; sie hat dem Erfolge gehuldigt vor den vollendeten Tatsachen und der Macht ihr Knie gebeugt und fast ausnahmslos jene Grundsätze verleugnet, die sie seit so vielen Jahren vertreten hat. Ganz und gar dasselbe, was sie in diesem langjährigen Kampfe allen ihren Gegnern vorgeworfen, hat sie jetzt selbst getan. Das ist eine schwere sittliche Niederlage; denn eine Partei, die christlich sein will, muß vor allem der Macht gegenüber den Mut der Wahrheit haben. Huldigung, lediglich der Macht erwiesen, Feigheit der Macht gegenüber hat mit Christentum nichts zu schaffen. Die konservative Partei in Preußen hat diese Probe nicht bestanden. Ob sie sich von diesem Schlage erheben wird, können wir nicht übersehen; wir hoffen es. Wir wünschen ihr aber, daß nie eine Zeit kommen möge, wo die Revolution in der Lage sein wird, ihr diesen Abfall öffentlich mit jenem Hohne und jener schneidenden Logik nachzuweisen, wozu sie die Energie und den Geist in sich trägt. Die konservative Partei hat der Revolution durch diesen Abfall von ihren Grundsätzen, durch diese Huldigung für die Tatsachen eine mörderische Waffe in die Hand gegeben, von der sie unter veränderten Verhältnissen Gebrauch zu machen wissen wird.

Die Zukunft.

Werden aber diese Folgen eintreten, diese Gefahren sich verwirklichen? Wir wissen es nicht. Möglich ist es, daß nach den Worten: Wer Wind säet, wird Sturm ernten, uns große Stürme in Deutschland und Europa bevorstehen; möglich ist es, daß wir welterschütternden Ereignissen entgegengehen. Wir können sie aber vielleicht auch noch abwenden, und es ist Pflicht eines jeden, dazu nach Kräften mitzuwirken. Wir haben ein unbegrenztes Vertrauen auf die Liebe, mit der die göttliche Vorsehung die Geschicke der Völker leitet, in welchen sich keineswegs nur die Strafgerechtigkeit, sondern ebenso sehr und noch mehr die Erbarmung Gottes offenbart; wir haben ein unbegrenztes Vertrauen auf die göttliche Macht des Christentums, welches die sittlichen Grundlagen, auf denen die Staaten ruhen, immer wieder auferbaut, wenn die Menschen sie beschädigt und zerrüttet haben; wir haben auch ein großes Vertrauen auf den Beruf, welchen Gott dem deutschen Volke gegeben hat. Wir vertrauen auf die Tüchtigkeit der Stämme selbst, welche den preußischen Staat bilden. In dieser letzteren Beziehung erinnern wir uns der Ansicht jenes seltenen Mannes, der durch den Einfluß seiner Schriften der Lehrer vieler geworden und uns noch nicht ersetzt ist, des sel. Jarke. Er knüpfte seine Hoffnungen und Befürchtungen bezüglich Preußens im vertraulichen Gespräche gerne an die beiden Farben Preußens. Er dachte sich unter der schwarzen Farbe alle Richtungen in Preußen, die ihm verderblich schienen, unter der weißen alle guten, lebenskräftigen Bestrebungen in Preußen, und er konnte dann mit Wärme die Überzeugung aussprechen, daß in dem heißen Kampfe dieser entgegengesetzten Prinzipien die weiße Farbe siegen, die schwarze unterliegen werde. Wir schließen uns gerne dieser Hoffnung an und huldigen nicht jener finsteren Weltanschauung, die bei jedem ungerechten Ereignisse sofort nur an die strafende Gerechtigkeit Gottes denkt. Wenn Gott Fürsten und Völker nur nach seiner Gerechtigkeit behandelte, dann könnte kein Fürst und kein Volk vor ihm bestehen. Wenn wir daher den letzten Krieg für verwerflich halten und in den Folgen desselben große Gefahren für die Zukunft unseres Vaterlandes erkennen, so finden wir darin nur um so mehr eine Aufforderung an jeden Deutschen, der sein Vaterland liebt, mit Aufbietung aller Kräfte die Wege zu suchen, die uns vor diesem drohenden Verderben bewahren können. Das ist von nun an unsere Aufgabe.

Den Standpunkt, von welchem wir hierbei ausgehen werden, haben wir in dem zweiten einleitenden Paragraphen unserer Schrift näher entwickelt. Dort setzten wir den Gedanken auseinander, daß es auf Erden keine menschliche Tat gebe, die absolut und in jeder Beziehung verderblich sei; denn wenn sie auch an sich für den Menschen, der sie vollbringe, böse sei, so könne sie doch ihrer göttlichen Zulassung nach und unter der

Leitung der Vorsehung Gutes zur Folge haben, indem Gott oft Böses durch Böses strafe, und aus Unglück und Zerstörung neues Leben hervorgehen lasse. Unter Leitung dieses Grundsatzes wollen wir Wege suchen, um die drohenden Gefahren von unserem Vaterlande abzuwenden. Wir können dabei selbstverständlich nicht ungewisse zukünftige Ereignisse, am allerwenigsten die schreckliche Möglichkeit eines neuen Bruderkrieges in Betracht ziehen. Gewiß können neue Kriege und Revolutionen alles, was das verflossene Jahr geschaffen, wieder vollständig umstürzen und völlig neue Verhältnisse hervorbringen. Solche Ereignisse liegen aber ebenso außerhalb unserer Wünsche wie unserer Berechnung. Wir sind vielmehr darauf hingewiesen, von den gegebenen Verhältnissen, die wir nicht geschaffen haben, die wir aber auch nicht ändern können, auszugehen, und mit warmer Liebe zu unserem deutschen Vaterlande alle Keime einer guten und gedeihlichen Entwicklung in ihnen aufzusuchen und zu benützen.

So gefahrdrohend nämlich jetzt unsere Lage auch sein mag, so dürfen wir doch die großen Übelstände nicht übersehen, die in den deutschen Zuständen vor dem Kriege vorhanden waren, und ebensowenig, daß in den inzwischen eingetretenen Verhältnissen auch manches sich findet, was zum Heile Deutschlands gereichen kann. Wir glauben beides sowohl in bezug auf Österreich, als auf das übrige Deutschland behaupten zu können.

Der größte Verlust hat offenbar Österreich getroffen; es hat gleichzeitig seine Stellung in Italien und in Deutschland, dieses doppelte Erbe des alten deutschen Kaisertums, eingebüßt; und doch kann dieser so immense Verlust zum Ausgangspunkte einer inneren Stärkung Österreichs werden.

Gerade deshalb, weil das österreichische Kaiserhaus

einer gewalttätigen Politik ferne steht, hatten sich im Inneren und im Äußeren Schwierigkeiten angehäuft, die auch der wohlwollendste Fürst kaum mehr zu bewältigen imstande war. Diese Schwierigkeiten gereichen dem Kaiserhause nicht zum Vorwurf, sondern vielmehr zur Ehre. Hätte Ungarn statt eines österreichischen Kaisers einen Ludwig XIV., einen Friedrich den Großen oder einen Napoleon zum Könige gehabt, so wäre von dieser ganzen alten ungarischen Verfassung, die jetzt dem Kaiserhause so große Verlegenheiten bereitet und für die Revolution in Ungarn eine Waffe gegen dasselbe ist, längst kein Stumpf und Stiel mehr übrig. Die Möglichkeit aller dieser Verfassungskämpfe liegt lediglich darin, daß die österreichischen Kaiser die Freiheit Ungarns geachtet und die Verfassung dieses Landes respektiert haben. Unter jenen französischen Fürsten wären alle Gebiete des österreichischen Reiches in gleichgestaltete Verwaltungsbezirke eingeteilt und vom Präfekten administriert. Für einen Fürsten, der Recht und Geschichte achtet, ist es überaus schwer, wenn die geschichtlichen Rechte zu den wirklichen Verhältnissen vielfach nicht mehr passen oder gar zum Deckmantel feindlicher Bestrebungen geworden sind, den rechten Weg zu finden, um ohne Gewalttätigkeit die Gegenwart mit der Vergangenheit in Einklang zu bringen. Die Revolution oder absolutistische Fürsten werden mit solchen Zuständen leicht fertig; sie fegen bis zum Boden alles weg. Sie zu bewältigen ist aber höchst schwierig für ein Fürstenhaus, das mit großer Gewissenhaftigkeit die Rechte anderer achtet. Diese hohe Gewissenhaftigkeit, dieser strenge Rechtssinn, diese Achtung der Rechte und Freiheiten seines Volkes ist ohne Zweifel der eine Grund, warum es dem österreichischen Kaiser so schwer fällt, die inneren Staatsverhältnisse zu regeln. Noch schwieriger waren für Österreich die Beziehungen zum deutschen Bunde. Der deutsche Bund war nicht einmal in seinem Ursprunge von einer hohen Idee ausgegangen. Er entsprach hauptsächlich den Interessen der Politik auswärtiger Höfe und den dynastischen Interessen deutscher Fürsten. Von einer wahren Befriedigung nationaler Ideen war dabei kaum die Rede. Man sagt, die Bundesverfassung sei unter den damaligen Verhältnissen allein möglich gewesen; wir glauben es nur insofern, als man das wahrhaft Berechtigte nicht wollte. Hätte man nach den Befreiungskriegen Deutschland eine Reichsverfassung gegeben, die den nationalen Bedürfnissen wahrhaft entsprochen hätte, so würde der Geist, der die Befreiungskriege hervorgerufen hat, jeden Widerspruch auswärtiger Mächte dagegen unmöglich gemacht haben. Das wollte man aber nicht aus Interessen, die mit den nationalen Interessen nichts gemein hatten, und so entstand dann die Bundesverfassung, die jetzt so jammervoll zerschlagen ist. Auch ihr gegenüber war das Kaiserhaus gelähmt durch seine gewissenhafte Achtung des einmal bestehenden Rechtes. Nachdem der Versuch des jetzigen Kaisers, die Bundesverfassung den nationalen Bedürfnissen mehr entsprechend umzugestalten, an dem Widerstande Preußens gescheitert war, war Österreich mit seiner deutschen Politik fast lediglich darauf angewiesen, den Bundestag zu erhalten, und geriet so in einen gewissen Gegensatz zu den nationalen Bedürfnissen des deutschen Volkes, welche ein für allemal in dieser Bundesverfassung keine hinreichende Befriedigung fanden. Jetzt hat Österreich wenigstens in dieser doppelten Beziehung freie Hand; es ist, wenn auch unter den schwersten Opfern, frei von äußeren Fragen, die es erdrückten und lähmten; es kann sich ungehemmt der Ordnung der inneren Zustände zuwenden. Wenn das aber gelingt, wie wir zuversichtlich erwarten, so wird

Österreich bald wieder bei den großen Hilfsmitteln, über die es noch verfügt, mächtig erstarken und dadurch auch zu Deutschland die Stellung wiedergewinnen, die ihm gebührt. Je mächtiger Österreich im Innern ist, je gesunder und kräftiger die inneren Verhältnisse Österreichs sich neugestalten werden, desto mehr wird sich im übrigen Deutschland das Verlangen unwiderstehlich regen, mit Österreich in der innigsten Verbindung zu stehen. Wir können nicht wünschen, daß Österreich sein Verhältnis zu Deutschland durch Kriege wiederherstelle; wir glauben aber, daß ein sicherer Weg, die rechte Stellung wiederzugewinnen, die innere Regeneration Österreichs ist.

Aber auch für das übrige Deutschland kann aus den gegebenen Verhältnissen sich manches entwickeln, was frühere Übelstände beseitigt und die berechtigten nationalen Gefühle des deutschen Volkes wenigstens einigermaßen ausgleicht. Wir sind nämlich immer von der Überzeugung ausgegangen, daß die völkerrechtliche Souveränität deutscher Fürsten, welche der Rheinbund geschaffen und die Bundesverfassung befestigt hat, ebenso unberechtigt war, wie auf der andern Seite das Zerreißen des historischen Verhältnisses der deutschen Fürsten mit ihren Stammländern. Auch hier ist unsere Richtschnur die Idee, in der sich die Verfassung Deutschlands in der Geschichte entwickelt hat, nicht aber die letzte Form, in der sie sich ausgestaltet, die wir deshalb mehr als eine Mißform ansehen. Der deutsche Fürst, der nach einer Macht strebte, die der Einheit des deutschen Volkes entgegensteht, scheint uns nicht minder ein Revolutionär gewesen zu sein, als es jene sind, welche die wohlerworbenen Herrscherrechte der deutschen Fürsten beeinträchtigen. Die Kleinstaaterei, wie sie sich in Deutschland entwickelte, halten wir deshalb für ein Unrecht an der Stellung, die dem deutschen Volke unter den Nationen gebührt. Wir glauben aber überdies, daß sie auch das deutsche Volk selbst vielfach beschädigt hat. Ein Hauptübel der inneren Zustände vieler deutschen Kleinstaaten ist das Überhandnehmen des Parteiwesens und die zunehmende Ohnmacht der Staatsgewalt gegen dasselbe. Dieses unselige Parteiwesen, das nicht mehr die Interessen des Volkes, sondern die Interessen und die Tendenzen einer Partei im Auge hat, ist zwar ein inneres Übel, das sich in allen modernen Staaten mehr oder weniger vorfindet; es scheint uns aber, daß es sich doch in einigen Kleinstaaten in der allerverderblichsten Weise entwickelt hat, und daß dort gegen dieses Übel weniger Kräfte zum Widerstand im Volke und in der Regierung vorhanden sind als in den größeren Staaten. Das Parteiwesen hat in einigen Kleinstaaten alles beherrscht und über Regierung und Volk einen wahrhaft allgewaltigen Terrorismus geübt. Dieser Einfluß wird aber um so verderblicher, je niedriger der Standpunkt ist, welchen diese Parteiführer selbst einnehmen. Welche kleine Persönlichkeiten wurden dort schon zu Volksmännern hinaufgeschwindelt und haben dann als solche einen Teil des Volkes beherrscht! Solche Volksmänner, wie in einigen Kleinstaaten, hat es, glauben wir, außer diesen Ländern noch kaum je gegeben. Bei ihnen ist von edler Volksbegeisterung keine Rede, sondern nur von Parteibegeisterung, die eigentlich aus der Interessenbegeisterung entspringt. Wir dürfen bei ihnen nicht entfernt an jene Männer der französischen Revolution denken, die in ihrer Jugend noch an den Ideen des Christentums ihr Herz erweitert hatten und nun im späteren Alter dieselben auf anderem Wege, als auf dem des Christentums, verwirklichen wollten. In ihnen war noch Begeisterung für Ideale. Davon sind jene Parteiführer weit entfernt. Sie haben oft nicht einmal in ihrer Jugend einen hohen Gedanken gehabt, viel weniger in ihrem Alter. Der gemeinste Materialismus ist der Instinkt, der sie getrieben hat ihr Leben lang. Sie können daher auch das Christentum gar nicht begreifen, der tiefste Haß ihres Herzens richtet sich gegen alles, was da wagt, über den Morast auch nur einen Zoll breit sich zu erheben, in dem sie selbst stecken. So wird dann der ganze Kampf solcher Parteien, auf welche diese Männer Einfluß üben, bald ein antireligiöser, ein antichristlicher, ein antisittlicher sowohl dem Ziele als den Mitteln nach. Die Menschen unchristlich und unsittlich machen, ist dann Fortschritt und Aufklärung. Das war die Lage mancher deutschen Kleinstaaten; sie seufzten unter dem Terrorismus einer Partei, unter der Führung einiger Männer, die einer solchen Stellung nicht würdig waren; und dadurch wurden die Zustände dieser Länder innerlich beschädigt. Wenn daher die eingetretenen Verhältnisse uns die Mittel bieten, ohne Beeinträchtigung der in der Idee der deutschen Rechtsverfassung den einzelnen Fürsten gebührenden Rechte, Deutschland ein festeres nationales Band zu geben, so glauben wir, daß dadurch berechtigte nationale Ansprüche zufriedengestellt und vielleicht manche innere Schäden geheilt werden können.

Das ist also der Standpunkt, von dem wir die Zukunft unseres deutschen Vaterlandes ins Auge fassen und einzelne in Betracht kommende Verhältnisse beurteilen wollen. Wir sehen Wege vor uns, die zum Verderben unseres deutschen Vaterlndes führen müssen; wir suchen daher in der innigsten Liebe zu unserem Vaterlande andere Wege, die uns retten können.

Die deutsche Frage.

Die erste Bedingung, um unser deutsches Vaterland vor dem unmittelbar drohenden Verderben zu bewahren, ist eine Erledigung der deutschen Frage, wodurch auf der einen Seite Österreich befriedigt, eine innige Verbindung mit Österreich bewirkt, und auf der andern Seite dem berechtigten Nationalgefühl der deutschen Völker genügt wird. Nur aus einem Zustande, der diesen beiden Beziehungen entspricht, kann wahrer Friede hervorgehen.

Habsburg hat jahrhundertelang die deutsche Kaiserkrone getragen. Durch das Verhalten Preußens vor dem Jahre 1806 unterlag der Kaiser im Kampfe gegen Napoleon. Als dann am 12. Juli 1806 der Reichserzkanzler Dalberg, die Könige von Bayern und Württemberg, die Großherzoge von Baden und Berg, der Landgraf von Hessen-Darmstadt, der Herzog von Nassau, die Fürsten von Hohenzollern, Salm, Isenburg, Aremberg, Lichtenstein und von der Leyen erklärten, sie erkännten das deutsche Reich nicht mehr an, und sich als Rheinbund unter das Protektorat Napoleons stellten; als hierauf der hohe Protektor dieser deutschen Fürsten gleichfalls erklärte, er genehmige diese Entschließung der deutschen Fürsten und erkenne auch seinerseits das deutsche Reich nicht mehr an, da blieb dem letzten deutschen Kaiser nur übrig, am 6. August desselben Jahres sich dieser unabänderlichen Notwendigkeit zu fügen und die deutsche Kaiserkrone niederzulegen. Damit hatte das tausendjährige römische Reich deutscher Nation ein Ende. Dieser 6. August, dieser Todestag des deutschen Reiches, müßte in jedem Jahre ein nationaler Trauertag des ganzen deutschen Volkes sein. Was aber damals begonnen hat, ist sechzig Jahre später vollendet worden. Auch jetzt ist wieder Österreich besiegt durch die Politik eines Napoleon, und diesmal hat Preußen nicht nur dazu beigetragen durch müßiges Zuschauen, sondern durch einen blutigen von ihm geführten Krieg. Wie damals das alte Kaiserhaus gezwungen wurde, seine deutsche Kaiserkrone niederzulegen, so ist es jetzt gezwungen worden, dem Vorsitz am deutschen Bundestage zu entsagen, ja sogar aus Deutschland auszutreten. Wer aber glaubt, daß Österreich mit seinen deutschen Erinnerungen, mit seinen deutschen Völkern, mit seinem Kaiserhause, das durch und durch deutsch ist und in den besten deutschen Stämmen die Wurzeln seines Geschlechtes hat, auf Grund papierner Verträge von nun an den deutschen Verhältnissen als Fremdling gegenüber stehen könnte, der würde sich sehr irren. Es ist nur ein Doppeltes möglich: entweder eine Gestaltung Deutschlands im Frieden mit Österreich, oder eine Gestaltung, auf die Österreich als ein fortwährendes schreiendes Unrecht hinblickt, die es zu stürzen bereit ist, sobald es vermag. Nur eine Gestaltung in innigster Vereinigung mit Österreich kann uns daher zum Heile gereichen. Ebenso bedürfen wir aber einer staatlichen Reorganisation, welche auch die berechtigten nationalen Gefühle der deutschen Völker befriediget. So wenig wie das deutsche Kaiserhaus und die deutschen Völker Österreichs ihre Geschichte vergessen können, so wenig können wir Deutsche überhaupt vergessen, daß Deutschland einst die erste Nation Europas war, und daß es jene Kaiserkrone bewahrte, welche die erste irdische Gewalt auf Erden darstellte. Wenn wir auch auf diese erste Stelle verzichten müssen, so gebührt uns doch unter den Völkern eine Stellung, welche der Kraft des gesamten deutschen Volkes in Wirklichkeit entspricht. Jede Verfassung, die dieses nicht bietet, wird eine tiefe Unzufriedenheit zurücklassen, eine Quelle ununterbrochener innerer Kämpfe werden.

Fassen wir nun aber näher ins Auge, welche Lösungen der deutschen Frage möglich sind, um unter ihnen das zu wählen, was unter den gegebenen Verhältnissen möglich ist und wenigstens einigermaßen jenen Anforderungen entspricht, so bieten sich uns folgende Wege dar.

Der erste Weg wäre ein einiges Deutschland gewesen, mit einer Reichsgewalt, alle deutschen Völker mit allen Ländern, die durch ihre Geschichte zu Deutschland gehören, umschließend und ihnen unter ihren angestammten Fürstengeschlechtern freie Selbstregierung unbeschadet einer starken Zentralgewalt gewährend. Zu diesem großen einigen Deutschland hätte Österreich und Preußen mit allen ihren Ländern gehört, und sie hätten in demselben jene hervorragende Stellung einnehmen müssen, die ihnen ihren Machtverhältnissen nach gebührt. Kein Interesse irgend eines deutschen Volksstammes stand der Verwirklichung dieses Planes entgegen; sie alle hätten vielmehr in demselben ihre höchste Befriedigung erreicht. Nur Sonderinteressen und Familieninteressen waren durch ihn gefährdet. Wenn Preußen und Österreich sich vereinigten, war auch dessen Ausführung nicht nur möglich, sondern leicht; denn er würde eine so allgemeine nationale Begeisterung hervorgerufen haben, daß kein Volk der Erde gewagt hätte, Widerspruch dagegen zu erheben. Die Erfüllung dieses Gedankens war unsere Hoffnung bis vor dem Kriege. Jetzt ist er, wie es scheint, nicht mehr möglich ohne einen neuen blutigen Bruderkrieg mit allen seinen Greueln und Wechselfällen, der dann ebenso gut zum Untergange Deutschlands wie zu seiner Wiederherstellung führen könnte. Wir glauben daher, daß wir, wenn auch mit dem größten Schmerze, aus Liebe zu unserm Vaterlande darauf verzichten müssen.

Ein zweiter Weg wäre eine Zweiteilung Deutschlands mit der Maingrenze gewesen; ein norddeutscher Bund unter Preußen und ein süddeutscher unter Österreich; beide mit ähnlicher Verfassung, mit ähnlicher Selbständigkeit der Einzelstaaten und ähnlicher Macht der einheitlichen Reichsgewalt; und beide deutschen Bünde innig miteinader verbunden. Eine solche Gestaltung hat allerdings ihre große innere Gefahr, sie ist in der Tat eine Zweiteilung Deutschlands; allein wenn den beiden Bundeshäuptern je ein Fürsten- und ein Ständehaus zur Seite stünde und dadurch das einheitliche Bewußtsein der deutschen Nation Konflikte zwischen beiden Teilen unmöglich machte, so wäre diese Gestaltung, nachdem die volle Einheit des Reiches unmöglich geworden, die gerechteste und jene, welche den tatsächlichen Verhältnissen am meisten entspräche. Auch die deutschen Fürsten hätten in solcher Unterordnung unter ein Bundeshaupt keine Rechtskränkung und keine Einbuße, vielmehr die teilweise Herstellung alter deutscher Rechtsordnung, eine Sicherung ihres Fürstentums und der berechtigten Selbständigkeit ihres Landes erblicken müssen.

Es lag in der Hand des Königs von Preußen, als er als Sieger die Bedingungen des Friedens feststellte, den einen oder anderen Weg einzuschlagen, dadurch einen hohen Akt der Gerechtigkeit zu üben und die Interessen Preußens mit den Interessen Österreichs und denen des deutschen Volkes in Einklang zu bringen. Es ist leider nicht geschehen, und wir fürchten, nicht zum Heile Deutschlands. Wir hätten in dieser Verfassung, die zugleich die historischen Verhältnisse möglichst geschont hätte, einigermaßen eine Garantie für die Zukunft gefunden. Jetzt scheint auch diese Gestaltung unmöglich geworden, nachdem Österreich aus Deutschland ausgetreten ist und wir nicht einmal wissen, ob es nicht seiner inneren Zustände wegen auf jede deutsche Politik vorläufig zu verzichten beschlossen hat.

Ein dritter Weg für die Verfassung Deutschlands liegt vor uns in einer Dreiteilung: ein Nordbund, Österreich mit seinen deutschen Ländern, ein Südbund. Allein wir halten die Befürchtung derjenigen deutschen Patrioten und Staatsmänner für nur zu begründet, welche in diesem süddeutschen Staatenbund ohne Österreich ein Analogon des alten Rheinbundes, die höchste Gefährdung der Integrität Deutschlands, einen Tummelplatz auswärtiger Politik und einheimischer kleinlicher Intriguen, engherziger, dynastischer und Sonderinteressen und schließlich einen Herd aller pseudoliberalen und radikalen Elemente und in allem diesem ein Verderben für Deutschland nach innen und außen erblicken. Aber auch abgesehen von alledem, scheint uns die Lage dieser Mittelstaaten, wenn sie auf sich selbst angewiesen sind, unhaltbar. Wenn nicht einen Bund unter Österreich bildend, werden sie unfehlbar entweder von dem preußischen Einheitsstaat verschlungen werden, zugleich mit den noch bestehenden Kleinstaaten des Nordbundes — oder sie müssen sich mit den Nordstaaten unter Preußens Führung zu einem über ganz Deutschland mit Ausnahme Österreichs sich erstreckenden Bundesreiche vereinigen.

Wohl wissen wir, daß ein tiefberechtigtes Gefühl der Empörung gegen die Ungerechtigkeit und Gewalttat, gegen die dem Erfolge dargebrachte Huldigung, viele achtbare Männer der verschiedensten Richtung, Demokraten und Katholiken, in Süddeutschland bestimmt, sich einem solchen Anschluß an Preußen entgegenzusetzen und auf jede Gefahr hin die Gründung eines süddeutschen Bundes ohne Österreich und ohne Preußen vorzuziehen — allein es scheint uns diese Politik mehr das Produkt eines achtungswerten Gefühles zu sein, als irgend eine Hoffnung auf reellen Erfolg zu besitzen, und wir stehen daher vor der Frage, ob der von Heinrich v. Gagern zur Zeit des Frankfurter Parlamentes ausgesprochene Gedanke eines deutschen Bundesstaates unter Führung des Königs von Preußen mit Wahrung der rechtmäßigen Selbständigkeit der deutschen Fürsten und Länder und in engem und unauflöslichem Bündnisse mit Österreich nicht allein jene Gestaltung Deutschlands sei, in welcher bei den bestehenden Tatsachen das, was von den Hoffnungen aufrichtiger Vaterlandsfreunde noch übrig geblieben, gerettet und das größte unter allen Übeln, nämlich der völlige Ruin Deutschlands und dessen schmachvolle Abhängigkeit vom Auslande abgewendet werden kann.

Wir müssen daher diesen Gedanken um so mehr ins Auge fassen, da offenbar, wenn nicht neue gewaltige Katastrophen dazwischen treten, die Macht der Verhältnisse und gewichtige Gründe zu demselben hindrängen und auch solche, die nur mit dem größten Schmerze auf die Vereinigung des ganzen deutschen Vaterlandes verzichten und nur mit tiefster Wehmut das alte Kaiserhaus von uns getrennt sehen, ihn als den fast allein möglichen betrachten müssen. Was zu diesem Anschluß der süddeutschen Lande an den Nordbund hindrängt, ist vor allem die bedenkliche Weltlage. Denn diese ist derart, daß sie eine rasche Lösung der deutschen Frage fordert. Findet uns die nächste große Katastrophe in Europa, die täglich eintreten kann, in dem jetzigen schwachen und zerrissenen Zustande, was wird dann aus Deutschland werden? Ohne Verblendung kann man nicht verkennen, daß wir dann Gefahr laufen, in die tiefste Erniedrigung der französischen Zeit zurückzusinken, ohne die Gewißheit zu haben, daß ein zweiter Befreiungskrieg uns wieder aus derselben retten werde. Wir bedürfen einer schnellen Lösung der deutschen Frage, und diese scheint im Augenblick nur noch der Anschluß an den Nordbund und ein inniges Bündnis mit Österreich zu bieten. Alle anderen Pläne scheinen unter den obwaltenden Verhältnissen unausführbar und von tausend Zufälligkeiten abhängig. — Dazu kommt zweitens, daß eine ganz Deutschland, wenn auch mit Ausnahme Österreichs umfassende Vereinigung jedenfalls dem nationalen Bewußtsein eine größere Befriedigung bietet als die trostlose dermalen bestehende drei- oder vielmehr sechsfache Geteiltheit. Ja sie würde selbst die Macht und das Ansehen Deutschlands nach außen größer machen, als sie zur Zeit des Bundes war, vorausgesetzt, daß das unter Preußens Führung geeinigte Deutschland das innige und unauflösliche Bündnis mit Österreich als seine erste und wichtigste Aufgabe betrachtete. Denn nie dürfte vergessen werden, daß dieser neue Bund nur einen, wenn auch den größeren Teil Deutschlands bildete, und daß ein anderer großer Teil zu Österreich gehört, daß daher diese beiden Teile e i n e r Nation sich nicht als fremd betrachten oder als fremde Völker nur internationale Beziehungen unterhalten dürfen, sondern vielmehr ein solches unauflösliches Bündnis gründen müssen, wie es zwei Teilen derselben Nation rechtmäßig und naturnotwendig zukommt. Und wohl hätte Preußen, dessen Ehrgeiz dann wahrlich sein höchstes Ziel gefunden, bei den großen moralischen Schulden, die es Österreich gegenüber hat, allen Grund und das größte Interesse, dieses Bündnis so fest als möglich zu knüpfen und für Österreich so vorteilhaft als möglich zu machen. Nur so könnte Preußen auch in Deutschland alle diejenigen mit sich versöhnen, die durch die letzten Alliancen Preußens mit der Revolution und durch den Kampf gegen Österreich mit Hilfe solcher Bundesgenossen in ihrem Rechtsgefühle und allen ihren heiligsten Überzeugungen tief gekränkt sind.

Endlich wird für diesen Anschluß der Umstand in die Wagschale fallen, daß er die Heilung der inneren Übelstände der jetzt eines jeden Haltes beraubten Mittelstaaten erleichtert. Die politischen Verhältnisse in den nord- und süddeutschen Staaten sind untereinander homogener als im Verhältnis zu dem österreichischen Kaiserstaate. Es ist daher leichter, eine gewisse Übereinstimmung der Institutionen herzustellen. Mit Österreich scheint das nur nach Austrag seiner eigenen inneren Verfassungskämpfe möglich. Jeder Aufschub aber einer Regelung und Befestigung der inneren Verhältnisse der deutschen Länder erscheint fast nicht minder gefahrbringend als unsere völlige Zerrissenheit dem Auslande gegenüber.

Wenn aber die Vereinigung des deutschen Südens mit dem deutschen Norden unter Preußens Führung und in unauflöslichem Bunde mit Österreich eine Hoffnung auf Gedeihen haben und das deutsche Rechtsbewußtsein zufrieden stellen soll, so muß die berechtigte Selbständigkeit der deutschen Länder darin ihre sichere Gewährung finden und muß Preußen auf den schließlich nur zur Revolution führenden absoluten Einheitsstaat verzichten und nicht die Mehrung seiner Hausmacht, sondern die Größe und Freiheit Deutschlands und in ihm aller deutschen Stämme, Länder und Fürsten als seine Aufgabe betrachten. In dieser Beziehung müssen wir es nicht nur als ein Unrecht an der deutschen Geschichte, sondern auch als einen großen Fehler der inneren und der äußeren Politik betrachten, daß Preußen, anstatt sich mit dem Primate im Nordbunde zu begnügen, einen Teil der Länder annektiert hat. Jeder

Schritt auf dem Wege nivellierender Zentralisation ist nur ein Schritt näher zum Umsturz. Preußen hätte sich selbst innerlich weit mehr befestigt, wenn es sich mit einer kräftigen Zentralgewalt begnügt, dagegen die alten Fundamente deutschen Rechtes und deutscher Geschichte stehen gelassen hätte. Sie wären für es selbst eine Stütze geworden. Die Verfassung des Nordbundes wird uns in den nächsten Tagen zeigen, was wir in dieser Hinsicht zu erwarten haben. Es wird viel davon abhängen, daß da das rechte Verhältnis zwischen der Zentralgewalt und der Selbstregierung der Einzelländer gefunden wird.

Damit wenden wir uns nun den inneren Fragen zu. In Preußen selbst ist ein tiefer Gegensatz der Parteien, ein innerlicher Kampf, der schon oft den preußischen Staat nahe an den Abgrund des Verderbens gebracht hat. Die Parteien ruhen jetzt alle, überrascht und in ihren bisherigen Plänen und Bestrebungen zugleich gestört durch die überwältigenden Erfolge der letzten Tage. Es ist wahrhaft ein Strich durch all ihre Rechnungen gemacht worden. Sie werden aber bald wieder unter veränderten Verhältnissen in neuer Form ihren alten Kampf aufnehmen. Durch die neuen Länder, welche Preußen erworben hat, wird dieser Kampf der politischen Parteien wesentlich vermehrt werden, und wenn die Grenzen des Nordbundes auch über die süddeutschen Mittelstaaten sich ausdehnen sollten, so würde er einen mächtigen neuen Zuwachs erhalten. Preußen geht deshalb großen inneren Kämpfen um so sicherer entgegen, je länger der äußere Frieden dauern wird. Dabei wird es von nun an für alles selbst verantwortlich gemacht werden, und nicht mehr die Schuld weder auf den Bund noch auf Österreich als bequeme Sündenböcke ablagern können. Die Situation verändert sich dadurch vollständig für Preußen. Alle Elemente der Revolution in Deutschland haben bisher Preußen geschont und es gegen Österreich unterstützt. Sie werden jetzt nach und nach anfangen, für diesen Dienst ihre Rechnung zu stellen. Der Ruf „durch Einheit zur Freiheit" — Freiheit natürlich nur im Sinne unbeschränkter Herrschaft der Parteien verstanden — wird das Feldgeschrei der Parteien werden. Bei Besprechung der großen inneren Fragen werden wir zunächst Preußen ins Auge fassen, dessen innere Verhältnisse für ganz Deutschland gegenwärtig von doppelt entscheidendem Einflusse sind. Die allgemeinen Wahrheiten, die wir aussprechen werden, haben übrigens auch für alle deutschen Staaten Geltung.

Die innere Politik.

Die zweite Bedingung einer glücklichen Zukunft für unser deutsches Vaterland ist die Befolgung einer richtigen inneren Politik.

Es wird oft übersehen, daß die inneren Fragen in allen modernen Staaten, in allen Staaten, die an den Zeitbewegungen, an den geistigen Strömungen der Zeit teilnehmen, nicht nur die wichtigsten, sondern auch weitaus die schwierigsten sind. Noch kein moderner Staat, der sich den Staatsideen der Neuzeit hingegeben, hat es zu irgend einer inneren Ausgleichung und Beruhigung gebracht. Äußere Kriege treten in unserer Zeit, wie wir gesehen, hauptsächlich ein nicht der äußeren Verwickelungen, sondern der inneren Lage wegen und haben nicht mehr in sich selbst den Grund, sondern in den inneren Verhältnissen. Mögen sie allen europäischen Regierungen schon ihrer finanziellen Verhältnisse wegen noch so lästig sein, so werden dennoch alle, wie das Schiff in den Wirbel, hineingezogen, wenn das Staatsschiff an der Stelle angekommen ist, wo es ohne äußeren Konflikt die innere Krankheit nicht mehr überwinden kann. Man spricht gerne die Hoffnung auf allgemeinen Frieden aus, und gewiß könnten wir uns vom Geiste des Christentums aus diesen Hoffnungen nur mit ganzer Seele anschließen, wir sind aber weit davon entfernt, so lange das innere Staatsleben so schadhaft ist, daß es äußere Eruptionen notwendig macht. Deutschland und insbesondere Preußen ist aber vielleicht das Land, wo diese inneren Kämpfe mit der tiefsten Leidenschaft und daher auch mit der größten und verderblichsten Verblendung geführt werden; wo namentlich der Doktrinarismus seine Parteisysteme bis zum vollendeten Fanatismus treibt. Alle Interessen konzentrieren sich deshalb auf den Punkt, ob es in diesem Bunde unter Preußen gelingen wird, für die innere Politik der so verbundenen Staaten wahre, gerechte, gesunde Grundsätze zu finden, die, getragen von einer starken Regierung, wahrhaft zu einem inneren Frieden führen können; zu einem inneren Frieden, soweit er überhaupt auf Erden möglich, soweit er die notwendige Bedingung ist zu einem geordneten ruhigen Staatsleben. Nicht äußere Siege, sondern innere Siege tun uns not; nicht dadurch ist die Zukunft Deutschlands und Preußens gesichert, daß immer nach Verlauf einiger Jahre auf den blutigen Schlachtfeldern Siege errungen werden, die sich so leicht in Niederlagen verwandeln können, sondern dadurch, daß innerlich feste Fundamente gelegt werden, die den Staat aus dieser Schaukelbewegung herausbringen, von der wir alle modernen Staaten ergriffen sehen; eine Schaukelbewegung, der man täglich nur mit Angst zusieht in Erwartung des

Augenblicks, wo der Staat das Gleichgewicht verliert und in Trümmer geht. .

Alle diese Irrwege der inneren Politik, die wir bezeichnet, haben aber einen gemeinschaftlichen Boden in dem doktrinären Absolutismus, nämlich in der Geistesrichtung, ein selbstgemachtes politisches System für das unfehlbare Heilmittel zu betrachten und es dann zum unbeschränkten Prinzip des Staatslebens zu erheben, sei es nun absolute Monarchie mit religiöser Färbung, absoluter Militärstaat, absoluter Konstitutionalismus als Herrschaft des Kapitals oder der Arbeiter; sie alle sind Formen eines Systems, der Gedanke des absoluten Staates in vier Formen; wesentlich aber dasselbe. Diese Richtung ist eine Zeitkrankheit, die wieder ihren Grund hat in dem Subjektivismus, dem so viele unserer Zeitgenossen gänzlich anheimgefallen sind, seitdem sie sich von der wohltätigen Leitung einer göttlichen Lehrautorität losgesagt haben. Er beherrscht die Geister; er erzeugt alle diese falschen Staatssysteme, und jedes System sammelt um sich eine Zahl fanatischer Anhänger, die in der rücksichtslosesten Verfolgung ihrer Systeme das alleinige Heil der Welt suchen.

Eine andere Richtung endlich, die sich in der Gegenwart der inneren Politik bemächtigt und sie leiten will, verzichtet eigentlich auf jedes System; sie glaubt weder an die siegende Kraft höherer Gedanken noch an den Wert sittlicher Grundlagen für den Staat und erwartet deshalb alles Heil von einer schlauen, gutberechneten, starken Verwaltung. Auch für sie, die eigentlich an dem Höheren in der Menschheit verzweifelt, ist uns Frankreich ein Vorbild in seinem Imperialismus. Dieser Imperialismus ist alles und nichts; er ist Freiheit, exzessive Freiheit in der Form, in den Worten, und Despotismus, schrankenloser Despotismus in der Sache.

Er ist ein System voll Lug, ruht auf Korruption und führt zur Korruption und hat seine innere Kraft und Energie in einem überaus geschickt eingerichteten Verwaltungssystem, das wir am besten als das napoleonische Präfektursystem kennzeichnen. Dieses korrumpierende Verwaltungssystem als einziges Heilmittel der Regierung, um sich gegen die Zeitbewegungen zu schützen, ist eine große Gefahr für alle Staatsmänner, die auf die höhere sittliche Grundlage des Lebens verzichtet haben. Leider zählt dasselbe System auch in Deutschland viele Verehrer; es ist in manchen deutschen Staaten bereits tief eingedrungen und in vielen Spuren auch in der preußischen Verwaltung zu entdecken. Aber solche Mittel können uns wahrlich nicht helfen, und es wäre eine unselige Verblendung, wenn deutsche Staatsmänner zu ihnen ihre Zuflucht nehmen wollten, um über die inneren Schwierigkeiten Herr zu werden. Sie sind für den Staatsorganismus, was Opium für den Körper des Kranken ist; es schläfert ihn ein, daß er seine Krankheit augenblicklich nicht fühlt; wenn er aber erwacht, so hat er, nur unbewußt, einige Schritte näher dem Tode gemacht. Ein korrumpierendes napoleonisches Verwaltungssystem mit dem Lügenscheine, an der Spitze aller freiheitlichen Entwickelungen der Zeit zu stehen, kann unsere inneren Zustände nicht heilen, weil uns die Lüge nicht heilen und helfen kann.

Nachdem wir bisher die falschen Richtungen der Zeit, die für die innere Politik maßgebend sein wollen, bezeichnet haben, wollen wir ihnen einige wahre Grundsätze entgegenstellen. Es kann dabei natürlich nicht unsere Absicht sein, in das einzelne einzugehen, sondern nur einige allgemeine Gesichtspunkte hervorzuheben.

Die erste Forderung, welche wir an eine gesunde innere Politik stellen müssen, ist Achtung vor der Religion und den sittlichen Grundlagen, auf denen alle menschlichen Verhältnisse ruhen, weil der Mensch vor allem ein religiöses und sittliches Wesen ist. Das innerste Wesen dessen, was wir Machiavellismus nennen, ist eine Politik ohne Gott, eine Politik ohne Religion, eine Politik ohne Sittlichkeit, eine Politik lediglich des Kalküls, der nächsten Zweckmäßigkeitsberechnung, der Anwendung aller, auch der unsittlichsten Mittel, um diesen Zweck zu erreichen. Dieser Machiavellismus in der Politik ist immer in der Welt gewesen; er hat aber in dem Maße zugenommen, wie die Menschen sich von Gott abgewendet haben. Man hat in neuerer Zeit denselben insbesondere den katholischen Höfen vorgeworfen; insofern mit einem gewissen Scheine, als er sich an einen katholischen Namen knüpft, und als Machiavelli sein Werk il Principe für italienische Fürsten, für die Medicäer geschrieben hat. Im übrigen geht es mit diesem schlechten System wie mit dem ihm verwandten Grundsatz: der Zweck heiligt die Mittel; wir werden beide nicht los, wenn wir sie anderen vorwerfen; es ist wahrer, anzuerkennen, daß sie böse Prinzipien in sich schließen, denen alle Regierungen verfallen können, sie mögen einer Religion angehören, welcher sie wollen, weil alle der Sünde und dem Irrtum zugänglich sind; und besser als hin- und herzerren, um das Böse anderen vorzuwerfen, ist es daher, wenn wir uns vereinen, es zu meiden. Machiavellismus kann an allen Höfen herrschen, katholischen wie protestantischen, und er hat an vielen geherrscht und leider die innere Politik der Regierungen in den letzten Jahrhunderten nur zu viel beschädigt. Dieser reinen Nützlichkeitsberechnung, nach dem kleinen Umfang menschlicher Einsicht, ohne Rücksicht auf die ewigen Grundsätze der Gerechtigkeit, der Wahrheit und der Sittlichkeit, fallen unaufhaltsam alle Staatsmänner anheim, die selbst innerlich von der Religion getrennt sind. Der Mangel an wahrer Achtung vor der Religion, an Erkenntnis der sittlichen und der religiösen Fundamente, auf denen auch die staatlichen Verhältnisse der Menschen beruhen, ist der tiefste Grund der vielen inneren Schwierigkeiten, in welche die modernen Staaten geraten sind.

Wenn wir aber die Achtung vor der Religion, die Achtung vor der religiösen Überzeugung des Volkes und die Kundgebung dieser Achtung, wenn wir die Anerkennung, daß die Grundlage der bürgerlichen Ordnung nicht eine verschmitzte, schlaue Politik, sondern die religiöse sittliche Gesinnung des Volkes ist, als die erste Bedingung einer gesunden, zu dauernden Zuständen führenden inneren Politik fordern, so sind wir weit davon entfernt, damit sagen zu wollen, daß der Staat Religion machen soll. Wir werden uns darüber später weiter aussprechen; wir wollen nur hier schon gegen diese Mißdeutung uns auf das entschiedenste verwahren. Jedes Religionmachenwollen durch den Staat führt zu einer anderen Art von Machiavellismus, der dann nur um so gefährlicher wird. Wie dieser seinem Wesen nach ein System schlauer politischer Berechnung ist, das sein Ziel mit allen Mitteln verfolgt, so wird dann selbst die Religion leicht ein Mittel zu schlechten politischen Zwecken. Machiavelli hat dies geradezu ausgesprochen, indem er die Frechheit hatte zu sagen, der Fürst müsse dem Volke gegenüber Religion zeigen, er brauche selbst aber keine Religion zu haben. Wie viele Fürsten haben die Religion in diesem Sinne mißbraucht. Wir wünschen wahrhaft nicht solche Könige wieder, die sich die allerchristlichsten nennen und als solche gepriesen werden, die Kirche und Religion aber nur beschützen, um sie zu Werkzeugen ihrer Politik zu machen. Wenn wir daher Achtung vor der

Religion fordern als erstes Prinzip einer guten inneren Politik, so sind wir doch unendlich weit davon entfernt, damit ein Religionmachen durch den Staat fordern zu wollen. Die Religion ist nicht unmittelbar Aufgabe des Staates, sondern Aufgabe der christlichen Kirche; er soll sich daher auf seine eigene, ihm von Gott gestellte Aufgabe beschränken, er soll aber die Religion ehren und achten, er soll dem Glauben seines Volkes gegenüber die höchste Rücksicht nehmen, er soll anerkennen und davon erfüllt sein, daß durch die Religion in dem Herzen des Volkes jene sittlichen Grundlagen gelegt werden, ohne die er nimmermehr bestehen kann.

Wir fordern zweitens infolge dieser Gesinnung Anschluß der Regierung an die religiösen und sittlichen, an die christlichen Elemente im Volke, und verwerfen jedes Buhlen mit den schlechten und gottlosen Zeitrichtungen. Das letztere war bisher in manchen Kleinstaaten im höchsten Grade der Fall. Wenn wir sagen in manchen Kleinstaaten, so wollen wir die Großstaaten nicht ganz davon freisprechen; in den Kleinstaaten sind aber gewisse Übelstände weit mehr ausnahmslos geworden, so daß sie das ganze Staatswesen durchdringen. Wir sagen dagegen gewiß nicht zu viel, wenn wir behaupten, daß es deutsche Staaten gegeben hat, in denen die innere Verwaltung in dem feindlichsten Gegensatze zu dem ganzen sittlich-religiösen Leben des Volkes sich befand, so daß man hätte glauben sollen, die Regierung habe eigentlich nur einen Feind, die Religion des Volkes. Diese Gesinnung wurde dort vielfach gehegt und getragen von dem Beamtenstand. Kein Stand verhielt sich als Stand dem christlichen Volksleben gegenüber so kalt, so fremd, so antipathisch in jenen Gegenden wie gerade er. Von keinem wurden alle religiösen Pflichten so geringschätzig, so öffentlich außer acht gelassen wie von ihm. Wenn es sich um irgend eine öffentliche Huldigung des Zeitgeistes handelte, so sah man dieselben Männer mit der servilsten Eilfertigkeit sich vordrängen, die ihre Verachtung jeder Religion so recht absichtlich täglich dem Volke zur Schau trugen. Diese antichristliche Gesinnung zeigte sich bis in die letzten Stufen der Beamtenhierarchie herab, wo sie das Volk unmittelbar berührt. Sie wählte nie einen, wenn auch noch so tüchtigen, aber entschieden religiösen Mann zum Gemeindebeamten, zum Amtmann, Bürgermeister, Schultheiß usw.; dagegen sah man nicht selten diejenigen ausgewählt, von denen das ganze christliche Volk wußte, daß sie der Religion gänzlich entfremdet oder selbst feindlich seien. Es war nicht selten so weit gekommen, daß nach der Überzeugung des christlichen Volkes eine entschieden religiöse und sittliche Haltung eine Makel in den Augen mancher Staatsbeamten war; daß man deshalb bei allen Beziehungen mit denselben nichts sorgfältiger vermied als die Kundgebung einer religiösen Gesinnung. In manchen Landstädten, wo die Beamten einen vorwiegenden Einfluß übten, war Maßstab der fortschreitenden Irreligiosität die Zahl des Beamtenstandes. Man konnte ohne weiteres in der Regel schließen: Je mehr Beamte dort sind, desto verbreiteter in der Bürgerschaft Religionsgleichgültigkeit und deren traurige Folgen. Deshalb können wir uns auch nicht wundern, wenn der Beamtenstand vielfach der revolutionären Bewegung den geringsten Widerstand entgegenstellte. Manche Fürsten hatten in keinem Stande weniger wahre treue Freunde als in ihm, trotz der Ergebenheit, die zur Schau getragen wurde. Nichts hat vielleicht die sittlichen Grundlagen des Staates in der Gesinnung des Volkes tiefer zerrüttet als einesteils diese wegwerfende Geringschätzung gegen das ganze religiöse Leben des Volkes und anderenteils diese Deferenz und Reverenz desselben Standes gegen die schlechtesten Zeitrichtungen. Der preußische Kultusminister hat im vorigen Jahre in dem Abgeordnetenhause die Worte gesprochen: „Allein in dem Glauben an den lebendigen Gott, wie er in der Heiligen Schrift des Alten und Neuen Testamentes geoffenbart ist, und in dem Gehorsam gegen seine Gebote erkennt die Staatsregierung die sichere Bürgschaft für die Wohlfahrt der Nation. Indem sie zu diesem Glauben sich bekennt, wird sie in ihm Maß und Richtschnur finden für ihre legislatorische Tätigkeit." Das sind Worte, die das deutsche Volk lange nicht mehr von deutschen Ministern gehört hat, und die in manchen deutschen Kammern kein Minister auszusprechen auch nur wagen würde. Ein ähnliches Wort würde in diesen Ländern durch einen großen Teil der Presse ein Geschrei und einen Skandal veranlassen, als ob der Minister den größten Staatsverrat begangen hätte. Der Staat, in welchem das, was der preußische Minister hier gesprochen, zur Wahrheit würde, und wo dieser Geist dessen Beamte erfüllte, würde alle sittlichen und religiösen Kräfte im Volke zu Bundesgenossen gewinnen.

Wir fordern drittens für ein gesundes, politisches Leben einen vollständigen und gründlichen Bruch mit der Nachäfferei französischer Staatsformen. Unsere politische Gesinnung, unsere politischen Begriffe und Anschauungen müssen wieder deutsch werden. Wir müssen wieder auf deutschem Fundamente unser deutsches Staatswesen aufbauen, nicht den Formen nach, wie wir sie in den letzten Jahrhunderten vorfinden, aber den Ideen nach, die das germanische Staatswesen durchdrungen haben. Das Deutschland der letzten Jahrhunderte war schon vielfach nicht mehr Deutschland. Der Geist, der einst das ganze bürgerliche politische Leben beherrschte, ist, wir wiederholen es, vom deutschen Volke gewichen, als der monarchische Absolutismus mehr und mehr um sich griff, alles absorbierte und dem liberalen Absolutismus die Bahn brach. Für diese Geistesrichtung ist dann Frankreich das Musterland geworden und zugleich die Quelle der ganzen modern-politischen Bildung. Wir werden nie zu einem ruhig fortschreitenden inneren politischen Leben kommen, so lange wir immer nach fremden Mustern schauen und gedankenlos nachschwätzen, was uns dort vorgeschwätzt wird. Ein Volk, das sich von dem Geiste abwendet, den die Vorsehung in seine Geschichte gelegt, verliert seinen sicheren Halt und gerät in endlose politische Schwankungen.

Wir fordern deshalb ein Staatswesen mit deutscher Freiheit, nicht mit Franzosenfreiheit; mit Freiheit dem Inhalte nach, nicht mit Freiheit der bloßen Form nach, mit wahrer persönlicher Freiheit. Wir können den Unterschied in einer kurzen Form fassen: Nach germanischem Rechte ist jeder freie Mann berechtigt, alles zu tun, was er seiner inneren Überzeugung nach tun darf, in soweit er nicht durch wohlerworbene Rechte anderer und durch die geschichtlichen Rechte der Staatsgewalt beschränkt ist. Nach modernem Franzosenrechte ist der Bürger der Staatsgewalt gegenüber absolut unfrei, und er hat nur so viel Rechte, als diese ihm täglich gnädig einräumt, oder als die Majorität einer Kammer, wenn diese die Staatsgewalt beherrscht, ihm gnädigst verwilligt. Im Sinne der germanischen Freiheit ist der Mensch alles, im Sinne der französischen ist der Mensch nichts und die Staatsgewalt alles, der Gottstaat. Die französische Freiheit fällt daher absolut mit dem Begriff der Gleichförmigkeit zusammen. Alle Geister, die von diesem falschen Begriff beherrscht sind, verwechseln ununterbrochen Freiheit mit Gleichförmigkeit und können gar nicht mehr fassen, daß Gleichförmigkeit auch bei der ärgsten Sklaverei möglich ist. Die größte Gleichförmigkeit ist ja die Gleichförmigkeit des Zuchthauses. Nach dieser Gleichförmigkeits-Staatstheorie unter der Herrschaft des absoluten Staatsgedankens werden sich aber die Abkömmlinge unserer deutschen Voreltern, mögen sie auch noch so sehr in moderne Ideen verrannt sein, nimmer in eine Franzosenuniform — mag sie eine Jakobinermütze oder ein konstitutioneller Frack sein — einzwängen lassen. Vollständiger Bruch mit dieser Periode französischer Imitation für unsere innere Politik ist die notwendige Bedingung gesunder innerer Verhältnisse. Diesem wahren deutschen Begriffe von Freiheit widerstehen daher auch alle jene oben bezeichneten Formen der inneren Politik, die auf Wiederherstellung eines absoluten Königtums, eines absoluten Militärstaates, eines absoluten Konstitutionalismus usw. gerichtet sind. Wer auf diese Zeiten preußischer Geschichte hinblickt und ihre Erzeugnisse wiederherstellen möchte, der steht nicht auf deutschem Boden. Wir fordern deutsche Freiheit, aber auch diese voll und wahr. Von ihr haben unsere deutschen Freiheitshelden meistens keinen Begriff und keine Ahnung mehr. Was persönliche Freiheit ist, wissen sie nicht, weil sie auch jene innere sittliche Freiheit verkennen, ohne welche keine äußere Freiheit bestehen kann und Wert hat. Weil unsere deutschen Voreltern, erzogen am Herzen des Christentums, sittlich frei waren, kannten und liebten sie auch die persönliche Freiheit.

Wir fordern aber nicht nur den Begriff der Freiheit nach germanischem Rechte, sondern auch Formen und Einrichtungen für das gesamte bürgerlich-staatliche Leben, die diesem Begriff entsprechen. Wir fordern Organisation statt Maschine; Selbstregierung in vollkommenster Ausdehnung, soweit dadurch nicht andere wohlerworbene Rechte gekränkt werden, statt Zentralisation; wir fordern

Teilnahme des Volkes am öffentlichen Leben, soweit dadurch die Einheit der Regierung und das monarchische Prinzip, — das uns kein Absolutismus ist, — nicht verletzt wird; wir fordern diese Selbstregierung und diese Teilnahme am öffentlichen Leben realisiert in germanischen Formen, in den naturnotwendigen Verbänden, in denen das ganze politisch-soziale Leben sich bewegt, nicht in dem bloßen Geldverbande, den der Zensus und die Vermögenstaxation begründet; wir fordern mit einem Worte Natur statt Kunst, Gotteswerk statt Menschenwerk. Man sagt, es gibt ja keine andern Verbände mehr unter den Menschen, als nach dem Zensus oder nach der Zahl, da ja alle anderen Verbände, namentlich die Stände nicht mehr bestehen. Wie falsch das ist, zeigt uns als Beleg die Arbeiterbewegung. Dort wird so oft ein Wort genannt, das wir immer nur mit innerer Befriedigung vernehmen als Beweis, daß trotz aller massenhaft angehäuften Vorurteile, in denen die jetzige Welt steckt, doch die Natur der Sache immer wieder durchdringt und zur Anerkennung kommt. Dieses Wörtchen ist das von ihnen so oft gebrauchte Klassenbewußtsein, das sie zu wecken suchen. Die Führer der Arbeiterbewegung glauben die Modernsten der Modernen zu sein, und stehen gewiß in Abscheu vor dem Greuel der Stände keinem Mitgliede der großen liberalen Partei nach, und doch drängt sie ihr Naturbewußtsein dazu, den Arbeiterstand als eine eigene Klasse aufzufassen und für diese eigene Klasse ein eigenes Bewußtsein und eigene bürgerliche Institutionen zu verlangen. Da haben wir ja aber das ganze leibhaftige Ständewesen, nur mit einem fremden Namen. Das Wahre an der Sache ist, daß die Stände wohl in einer bestimmten Form, in der sie ein bürgerliches und politisches Leben ausgestaltet haben, vernichtet werden können, nicht aber in der Idee, die dieser

Ausgestaltung zugrunde lag. Es gibt einen ganz äußerlichen Verband unter den Menschen und einen innerlichen; den äußerlichen bilden lediglich äußere Beziehungen der Menschen; den innerlichen solche, wo zu diesen äußerlichen Beziehungen auch sittlich innere Momente, die die Gesinnug erfassen, hinzutreten. Die mechanischen Staatsinstitutionen lehnen sich an den äußeren Verband an; die organischen an diesen, der zugleich auch ein sittlicher ist. Wie es für das Denken des Menschen logische Grundformen gibt, in die sich alle möglichen Gedanken einfügen müssen, so gibt es für das ganze politisch-bürgerliche Leben gesellschaftliche Grundformen, in welchen sich alle möglichen sozialen Richtungen notwendig begegnen, aneinanderschließen und verbinden. Sie wirken selbst dann, wenn sie keine äußere Organisation haben. Die gesellschaftlichen Grundformen sind daher auch ebenso unabhängig von dem Willen des Menschen wie die logischen Grundformen; sie sind dem Menschen von einer höheren Macht gegeben; sie sind göttliche Gesetze; sie sind Ideen für unser sozial-politisches Leben, die wir in uns aufnehmen und dann verwirklichen sollen. Sie haben die alten Stände geschaffen, bei denen, um sie billig zu beurteilen, wir nie vergessen dürfen, daß die Ideen sich immer nur annähernd, im Kampfe mit vielen Hemmnissen verwirklichen. Für unser jetziges politisch-soziales Leben würden diese alten Formen nicht mehr genügen; es träte schon ein Gedanke hinzu, der ihnen eine ganz neue, erweiterte Gestalt geben würde. Nach deutschem Rechte war nur der freie Mann im Vollbesitze aller bürgerlichen Rechte. Von den ersten Anfängen der deutschen Geschichte an hatten sich aber Rechtsverhältnisse entwickelt, wodurch viele der Rechte des freien Mannes beraubt waren. Alle diese Beschränkungen sind nun gefallen, worin wir einen Fortschritt erkennen; und so müßten auch alle unbescholtenen Männer in ihrem Stande an allen Rechten des freien Mannes Anteil erhalten. Dadurch würde also schon die Stellung aller eine ganz andere werden. In dieser Gliederung nach Ständen oder, weil der Begriff noch viel weiter geht, nach den aus der Natur der Sache, aus dem gesamten Menschenleben sich von selbst ergebenden Verbänden, — zu ihnen gehören nämlich nicht nur die Stände, sondern auch die übrigen Verbände, Familie, Gemeinde, Provinz, Staat, Kirche — würde sich dann die wahre Selbstregierung, die wahre und echte Volksvertretung, die idealste und zugleich praktischste Teilnahme aller Volksklassen am öffentlichen Leben ergeben. Wir glauben nicht, daß es möglich ist, zu dieser organischen Gliederung des politisch-sozialen Lebens wie mit einem Sprunge zurückzukehren, und damit sofort ein ein für allemal fertiges Gesetzbuch festzustellen; wir glauben aber, daß nur jene innere Politik dauernde staatliche Zustände begründen wird, die nach diesem Ziele hinstrebt und dazu erstens alle noch vorhandenen organischen Verbände stärkt, kräftigt, und zweitens für jene, die kein äußerliches Band mehr haben, dasselbe anbahnt. Wir halten das nicht nur nicht für schwer, sondern für leicht. Der Kaufmannsstand hat schon seinen Verband; man gebe ebenso dem Handwerkerstand, dem Arbeiterstand, dem Bauernstand, dem Adel, wenigstens als dem Großgrundbesitzer, Gelegenheit, für die gemeinschaftlichen Interessen sich eine Form zu bilden, und es würde sich dieselbe ohne Zweifel wenigstens in kräftigen Anfängen bald wieder finden. Wie sehr ein solches Bestreben, immer begleitet von sittlichen und religiösen Grundgedanken, das innere Leben der deutschen Staaten wieder befestigen würde, ist gar nicht abzusehen; dieser ganze Geist der Revolution, der ja nur stark ist, weil er die Massen des Volkes so leicht irre führen kann, wäre dadurch an die Kette gelegt, und der ganze Einfluß aller Volksverführer würde dadurch allmählich verschwinden. Der Staat würde wahrlich nicht gefährdet werden, wenn er in der Freiheit, die er diesen einzelnen Ständen einräumte, sehr weit ginge; wenn der so organisierte Arbeiterstand und Handwerkerstand in der Reichsversammlung seine volle Vertretung fände. Eine Versammlung, in welcher neben den höchsten Ständen auch die Arbeiter säßen, wäre ihm ersprießlicher als eine solche, wo einige Parteiführer und eine große Zahl blinder Genossen vereinigt sind. Im alten Deutschland saß der reichsunmittelbare Bauer und der reichsunmittelbare Bürgermeister des kleinen Reichsstädtchens auf der Reichsbank wie die ersten Reichsstände. Das war deutsch; kehre man zu solchen Vorbildern wieder zurück. Das was damals einigen Bauern zustand, gebe man in der Ordnung der betreffenden Verbände allen, und was damals nur den freien Männern gebührte, räume man jetzt wieder in der rechten organischen Gliederung allen ein, und es wird sich ein neues, gesundes, lebenskräftiges, inneres, politisches Leben auf germanischer Grundlage entwickeln.

Endlich fordern wir auch für die inneren Zustände nach deutscher Art eine starke, aber auch eine gerechte Autorität. Stark wird sie ohnehin wieder werden, wenn sie sich an die sittlichen, religiösen Grundlagen im Bewußtsein des Volkes anlehnt; denn da ist die wahre lebendige Quelle der Stärke der Regierung — aber sie muß auch gerecht sein. Daher, daß die Diener des Staates selbst in manchen Ländern dem ganzen sittlich-religiösen Leben nicht indifferent, nein, feindselig entgegenstanden, ist es gekommen, daß auch die Autorität der Staatsgewalt so oft ungerecht geworden ist; ungerecht dadurch, daß sie geübt wurde nach dieser Sympathie und

Antipathie. Wir sprechen nicht von Ländern im Monde, sondern wahrhaftig von Ländern hier auf der Erde, wenn wir sagen, daß eine Hauptaktion der Staatsgewalt oft darin bestand, alles Religiöse, Sittliche und Gute niederzuhalten. Solche Zustände können nicht zum Frieden führen; möge die Autorität stark sein, aber sei sie auch gerecht; möge sie der Freiheit einen weiten Spielraum lassen; wo sie aber eintreten muß, da möge sie gehandhabt werden, nicht um das Gute zu hindern, sondern um dem Schlechten und Unsittlichen entgegenzutreten.

Die Monarchie.

. . . Zwei Wahrheiten scheinen uns hiernach klar zu sein: daß erstens die Geschicke der Menschen und der Staaten wesentlich von den Fürsten, die sie regieren, abhängen werden; und daß zweitens Fürsten ohne Glauben und Gottesfurcht noch mehr als alle anderen Menschen den rechten Weg verlieren und zum Verderben der Völker werden müssen. Der Glaube allein kann den Fürsten schützen gegen die Gefahren seiner Stellung; der Glaube allein ist imstande, ihm die notwendige Festigkeit der Grundsätze zu geben; der Glaube allein wird ihm jene wahrhaft fürstliche Gesinnung verleihen, für die Wahrheit und Gerechtigkeit und nicht für niedere, selbstsüchtige Interessen zu kämpfen und, wenn nötig, im Kampfe zu sterben. Ohne den Glauben, ohne Gottesfurcht werden die Fürsten das Unheil ihrer Völker, der Spielball der Parteien. Glaubenslose Fürsten sind nach dem Worte Gottes eine Zuchtrute, durch welche Gott die Völker straft.

Es wird vielleicht geeignet sein, hier einige jener wichtigen Stellen der Heiligen Schrift anzuführen, in denen Gott den Fürsten ihre Pflichten vorhält und das Glück guter und das Unheil schlechter Fürsten uns schildert. Möchten Fürsten und Völker sie beherzigen.

So spricht Gott durch einen König zu allen Königen: „Höret nun, Könige, und erfasset es: leihet Gehör ihr, die ihr Gewalt übet über die Völker. Von dem Herrn ist euch die Gewalt gegeben, und die Macht, die ihr übt, geht vom Allerhöchsten aus. Er nimmt eure Werke ins Verhör und er durchforscht eure Ratschläge, weil ihr, obwohl Diener seiner Herrschaft, nicht richtig Recht gesprochen, das Gesetz der Gerechtigkeit nicht bewahret habet und nach dem Willen Gottes nicht gewandelt seid: das schwerste Gericht wird die Vorgesetzten treffen. Der Geringe erlangt Barmherzigkeit, die Machthaber aber werden mächtige Strafe leiden; denn Gott scheuet sich vor keiner Größe, indem er den Kleinen und den Großen erschaffen hat, und trägt in gleicher Weise Obsorge für alle. An euch Herrscher ergehen diese meine Reden. Begehret nach meinem Worte, liebet es, und es wird euch führen; lichthell und nimmer verwelkend ist die Weisheit (welche es verleiht) und leicht wird sie wahrgenommen von denen, welche sie lieben . . . Der Sinn für diese Führung ist Liebe, Liebe aber ist Beobachtung ihrer Gesetze, Beobachtung der Gesetze aber ist Vollendung der Unsterblichkeit, Unsterblichkeit endlich hat zur Folge: Gott nahe sein. So geleitet das Verlangen nach Weisheit zum ewigen Königtume. Wenn ihr euch somit erfreuet an Thronen und Szeptern, o Herrscher des Volkes, so verehret die Weisheit, damit ihr in Ewigkeit Könige seid[1])."

Schlechte Könige dagegen bringen Unheil über die Völker und werden Strafgerichte in der Hand Gottes

1) Buch der Weisheit 6, 2—22.

zur Züchtigung der Völker. Ein solches Strafgericht verkündet Isaias den Juden: „Siehe, der Herr der Herrscher nimmt weg von Jerusalem und von Judäa, was stark ist und kräftig, . Helden und Krieger, Richter und Propheten, Ratgeber und Weise . . . Dafür bestelle ich Knaben als ihre Fürsten, und Weichlinge sollen herrschen über sie. Und das Volk wird sich erheben Mann gegen Mann und jeder gegen seinen Nächsten; der Bube wird toben gegen den Greis und der Niedere gegen den Hohen[1])." Ähnlich sagt der Prediger: „Wehe dem Lande, dessen König ein Knabe ist, und dessen Fürsten in Schwelgereien leben; Heil dem Lande, dessen König ein Edler ist und dessen Fürsten essen zur rechten Zeit, zur Stärkung und nicht zur Üppigkeit[2])!"

So spricht das Wort Gottes über die Könige und zu allen Völkern der Erde; es belehrt uns, welchen Anteil die Fürsten im Guten wie im Bösen an der Weltgeschichte genommen haben und auch in der Zukunft an derselben nehmen werden.

Christ — Antichrist.

In diesem Gegensatze liegt die Entscheidung für die Zukunft.

Wir schließen unsere Betrachtungen mit zwei Bemerkungen.

Es steht am Himmel ein finsteres Gestirn, von dem es schwer zu sagen ist, ob es im Abnehmen oder Zunehmen begriffen ist; und ob es im ersteren Falle nur zeitweise abnimmt, um dann wieder sich mächtiger zu

---

1) Is. 3, 1 ff. — 2) Prediger 10, 16.

erheben und seinen verderblichen Einfluß auf die Welt zu üben. Dieses Gestirn ist die Vergötterung der Menschheit in der Form des Gott-Staates. Wer an Gottes Wort glaubt, wird, je mehr er an Erkenntnis und Erfahrung zunimmt, eine hohe Freude, ein Unterpfand der Wahrheit seines Glaubens darin finden, daß ihm der Sinn des Wortes Gottes immer tiefer erscheint, daß ihm dasselbe immer mehr ein Licht wird, um in den Grund der Dinge, die sich seinem Geiste zur Betrachtung darbieten, einzudringen. Eines dieser göttlichen Worte, deren Erkenntnis uns den Gang der Weltgeschichte klar macht, ist jenes auf den ersten Blättern der Heiligen Schrift, wo uns als Grund des Abfalles unserer Stammeltern von Gott das Wort des Versuchers: „Ihr werdet Gott gleich werden," angegeben wird. Darin lag auf der einen Seite die Größe der Bestimmung des Menschen und der ihm von Gott gegebenen Gaben; denn nur seiner überaus hohen Bestimmung wegen war das Bestreben möglich, Gott gleich zu werden und sich über Gott zu erheben. Darin lag aber auf der anderen Seite auch die ganze Gefahr des Menschengeschlechtes, nämlich die Überhebung über die ihm von Gott angewiesene erhabene Stellung als Kind und Geschöpf Gottes. Diese Versuchung ist nicht nur an die ersten Stammeltern herangetreten, sondern sie tritt an jedes ihrer Kinder heran. Zu jedem spricht der böse Geist: Du sollst Gott gleich sein; für jeden liegt die Entscheidung darin, ganz wie bei den ersten Stammeltern, ob er dieser Stimme folgt oder nicht.

Mit dieser Versuchung des einzelnen Menschen ist aber der Sinn dieser Worte noch nicht erschöpft. Die Kräfte, die Gott dem Menschen gegeben hat, die Aufgabe, die er ihm gestellt, die Entwickelungen auf allen Gebieten seines Lebens, zu denen er befähigt ist, sind nicht abgeschlossen in seinem individuellen persönlichen Leben. Der Mensch gehört überdies der Menschheit an. Wir stammen alle von einem Stammvater und bilden deshalb eine unlösbare Gemeinschaft. Nur in dieser Gemeinschaft besitzen wir vollkommen die uns von Gott verliehenen Gaben; nur in dieser Gemeinschaft erreichen wir unsere volle Bestimmung. Das Gute und Böse des Menschen erreicht erst seine ganze Größe und Vollendung, wenn es in dieser Verbindung auftritt. Das Reich Gottes auf Erden wie das Reich der Finsternis verwirklichen sich als Reich, als Gemeinschaft. Die Empörung des Geschöpfes gegen seinen Schöpfer, des Menschenkindes gegen seinen unendlich liebreichen Vater, zu welcher der böse Geist den Menschen aufforderte, wenn er ihn antrieb, darnach zu streben, Gott gleich zu sein, erreicht daher nicht mit der Auflehnung des einzelnen Menschen gegen Gott ihr Ende, sie wird vielmehr auch mit der ganzen Macht noch auftreten, die der Mensch in der Genossenschaft, in der Verbindung findet. Auf den Versuch des einzelnen Menschen, sich über Gott zu erheben, folgt mit einer gewissen relativen Notwendigkeit der Versuch, die Menschheit, das Menschtum, den Menschen in seiner Gesamtheit über Gott zu erheben; der Selbstvergötterung des einzelnen Menschen folgt die Selbstvergötterung des Menschtums. Nach so vielen Anzeichen der Zeit können wir wohl annehmen, daß wir in dieser Entwickelung begriffen sind; ja, daß dies der tiefste Grund vieler Erscheinungen der Gegenwart ist. Dieses Wort der Heiligen Schrift erklärt uns daher nicht nur die Geschichte der Menschen in den abgelaufenen Jahrtausenden, sondern auch in unseren Tagen in ganz überraschender Weise.

Für diesen Versuch aber, die Menschheit als solche zu vergöttern, ist keine andere Form zu finden als die des Staates — und zahllose Richtungen der Zeit laufen, wie viele kleine Bäche, in diesem einen Strom zusammen: der Gott-Staat, der Staat ohne Gott, der Staat als die Darstellung des reinen Menschtums und als die höchste Verwirklichung und Verherrlichung desselben. Das ist das Wesen des modernen Staates. Das ist auch, soviel wir es zu beurteilen vermögen, die Richtung der geheimen Gesellschaften und des Freimaurertums; zwar nicht in den Hoflogen, welche für das eigentliche Leben des Freimaurertums durchaus nicht maßgebend sind und nur aus Klugheitsrücksichten von den übrigen Logen ertragen werden, wohl aber in allen, welche die Lebenskraft dieser Verbindungen vertreten.

Einige der fortgeschrittensten Logen haben deshalb auch in neuerer Zeit die Bibel entfernt und an deren Stelle ein leeres Buch mit weißen Blättern gelegt mit der einzigen Aufschrift: „Gott!“ Das ist gewiß mehr Wahrheit, um den Geist dieser Verbindungen zu bezeichnen, als die Bibel auf dem Tische; so weit mußte es kommen. Paulus predigte im Areopag, um den Heiden den unbekannten Gott, den sie verehrten, durch die Lehre Christi bekannt zu machen; das war seitdem die Mission des Christentums; Gott sollte den Menschen nicht mehr unbekannt sein, seitdem Gott selbst in Christus erschienen war. Jene Richtung ist die gerade entgegengesetzte und deshalb wesentlich antichristliche. Was das Christentum den Menschen von Gott bekannt gemacht hat, soll wieder unbekannt werden. Dieses Buch mit der Inschrift „Gott!“ aber mit weißen Blättern ohne Inhalt, in welches auch der Gottesleugner seine Lehre von der Gott-Menschheit beliebig eintragen kann, ist ein merkwürdiges und ganz zutreffendes Symbol des wahren, lebendigen Freimaurertums unserer Tage. In demselben Maße aber, als diese Geistesrichtung Gott wieder zu einem uns ganz Unbekannten macht, stellt sie sich zugleich dar als die Repräsentantin des rein Menschlichen, des wahrhaft Menschheitlichen, des wahren Menschentums. Diese Verdunkelung des wahren Gottesbegriffes muß natürlich vorausgehen, ehe der Verführer den Menschen wieder mit neuer Kraft das alte Wort zurufen soll: Ihr sollt wie Gott sein. Die wahre Vergöttlichung des Menschen, wie das Christentum sie will, schöpft ihre ganze Bedeutung, Wahrheit und Kraft aus der wahren Gottes-Erkenntnis; die Empörung gegen Gott aber, in der zugleich alles Verderben und alle Sünde ruht, schöpft notwendig ihre Möglichkeit aus einer Verdunkelung der Gottes-Erkenntnis. Nur eine Menschheit, die jener Gottesidee beraubt ist, kann das Verbrechen begehen, sich selbst zu vergöttern.

Die Form aber für diese Abgötterei des Menschtums, für diese letzte und boshafteste Abgötterei, kann nicht mehr wie im alten Heidentume die göttliche Verehrung der Werke Gottes sein, der Sonne, des Mondes, der Sterne, sondern sie muß die göttliche Verehrung des Geistes und der Werke des Menschen sein. Das aber ist der Gott-Staat als Werk und Darstellung des Menschtums. Die letzte und höchste Empörung, zu der es folglich die Menschen treiben können gegen Gott, ehe alle, die daran Anteil nehmen, in den ewigen Abgrund stürzen, sucht sich deshalb in diesem Gott-Staate zu verwirklichen. Dieses Antichristentum in dieser Form ist das schwarze Gestirn, das am Himmel steht; es ist schon lange aufgegangen in der Idee des absoluten Staates; es scheint sogar in diesem Augenblicke etwas zu sinken; es kann aber durch Weltereignisse sich plötzlich wieder furchtbar erheben und eine große Macht auf einige Zeit gewinnen. Möge Gott unsere nächste Zukunft davor bewahren. Sollte dies aber eintreten, so wäre das ein

Zeichen, daß jene Zeiten furchtbarer zerstörender Kämpfe nahen, von denen die heiligen Schriften reden.

Die zweite Bemerkung.

Alle Richtungen der Zeit, die bösen wie die guten, drängen uns auf einen Punkt hin, nämlich auf Christus; auf eine Entscheidung, nämlich auf die, ob wir mit oder gegen Christus stehen wollen. Von dieser Wahl wird daher auch die Zukunft abhängen, ob sie uns Heil oder Unheil bringen wird; in dieser Entscheidung liegt die Entscheidung aller Fragen.

Dahin drängt die Wissenschaft alle Geister. Die Alten nannten die Weisheit das Haupt aller Wissenschaften. Darin stimmen die großen christlichen Denker ihnen freudig bei. Der hl. Thomas von Aquin sagt von der Weisheit, daß sie uns befähige, die letzten Gründe der Dinge zu erkennen; daß sie deshalb auch alle anderen Erkenntnisse richte und ordne, indem ein richtiges Urteil und eine richtige Erkenntnis nur durch die Einsicht in den letzten Grund und das letzte Ziel der Dinge möglich sei. Er nennt deshalb so bezeichnend die Weisheit eine architektonische Erkenntniskraft, weil sie nämlich alle übrigen Wissenschaften zu einem einzigen großen zusammenhängenden Gebäude der Erkenntnis so vereinige, wie die Architektur die einzelnen Steine zu einem herrlichen Tempel. Die Weisheit ist darum auch vor allem die Kraft der Seele, Gott als den Urgrund aller Dinge, und in allen Dingen ihre Beziehungen zu Gott, ihren Zusammenhang mit Gott aufzufassen. Darum rechnet auch das Christentum zu den besonderen Gaben, welche wir in den Sakramenten vom Heiligen Geiste empfangen, die Gabe der Weisheit, wodurch diese natürliche Erkenntniskraft der Seele in übernatürlicher Weise so erhöht wird, daß der Menschengeist fähig ist, Gott in der Klarheit, wie ihn das Christentum uns darstellt, in seinem

Zusammenhange mit der ganzen natürlichen und übernatürlichen Weltordnung, als den einzigen und wahren Grund, wie auch als das einzige und wahre Ziel aller Dinge zu erkennen. Die Heilige Schrift selbst verkündet uns das Lob dieser Weisheit in dem herrlichen Buche der Weisheit.

Nun ist es aber offenbar, daß trotz der außerordentlichen Ausdehnung, welche die Wissenschaften gewonnen haben, gerade diese Fähigkeit der Seele, diese architektonische Seelenkraft, die aus allen Erkenntnissen einen großen geistigen Tempel der Erkenntnis aufbaut, in dem dann der wahre Gott, der vollkommenste Geist, seine wahre Verherrlichung findet, mehr und mehr und genau in dem Maße verloren geht, wie sich die Wissenschaft vom Christentum abgewendet hat. Der Umfang der Erkenntnisse nimmt zu; alle Wissenschaften sind wie große Steinbrüche, aus denen das kostbarste Material zu einem geistigen Riesenbau zusammengetragen wird; aber es fehlt diese architektonische Weisheit, die es verstände, alle diese kostbaren Steine, diese wahren Edelsteine, zu einem Bau zusammenzutragen, welcher der Ehre Gottes diente. Jener Gedanke Gottes, der die ganze Schöpfung durchdringt, zusammenhält und ordnet, dieses geistige Band, das sich von Gott aus durch alle Dinge zieht, fehlt im Geiste jener Menschen, die sich von Gott abgewendet haben. Nur durch Christus und seinen Glauben finden wir aber diese echte Weisheit wieder. Wir haben sie verloren, seit wir uns von ihm getrennt haben; wir werden sie wiedererlangen, wenn wir uns ihm wieder zuwenden. Von allen Seiten der Welt trägt der Menschengeist das Material zusammen zu diesem geistigen Bau, den er seiner Bestimmung nach zur Verherrlichung Gottes aufführen soll; und es liegen diese geistigen Steine noch wüst durcheinander, wie in einer babylonischen Verwirrung. O, wann wird Gott den Geist erwecken, der es versteht, diesen geistigen Bau zur Ehre Gottes so aufzuführen, wie es jene großen Geister im Mittelalter getan haben nach dem Umfange der damaligen Kenntnisse. Nur der wird das aber vermögen, der gleich diesen heiligen Männern die Quellen der wahren Weisheit im Glauben Christi, im Glauben der Kirche gefunden hat. Die ganze moderne Wissenschaft ist ein Beweis dafür, daß sie zu dieser Entscheidung hingetrieben wird. Je länger sie es verschmäht, von jenem Lichte, das in die Welt gekommen ist, um die Wissenschaft des Lichtes zu verbreiten, sich erleuchten zu lassen, desto mehr wird sie jener Fluch treffen, der die Baumeister in Babylon traf; desto mehr wird die Verwirrung gerade so zunehmen, wie der Umfang der Erkenntnisse wächst. Die Anhäufung des geistigen Baumaterials wird die chaotische Verwirrung nur noch vermehren. Kein anderes Fundament kann für die Wissenschaft gelegt werden, als welches von Gott gelegt ist, Christus Jesus.

Das Völkerrecht führt uns zu diesem Punkte, zu dieser Entscheidung hin. Die Menschheit liest nicht nur in der Bibel das Wort, daß sie von einem Elternpaare abstamme, sie fühlt es auch in ihrem tiefsten Innern. Alle Lügensysteme und alle Leidenschaften des menschlichen Herzens haben es noch nicht vermocht, dieses Bewußtsein in der Menschenbrust zu zerstören. Jede Menschenseele legt das Zeugnis ab für diese Zusammengehörigkeit, für diese heilige Verwandtschaft des Menschengeschlechtes. Deshalb versteht auch der Mensch so leicht das Gebot, daß wir alle Menschen lieben sollen, wie uns selbst; daß wir in allen unsern Mitmenschen Brüder erkennen sollen; daß wir schuldig sind, ihnen zu tun, was wir wünschen, daß man uns tue. Deshalb hat er in seiner Seele die sittlichen Grundgesetze aller menschheitlichen Verbände, die gewissermaßen lauter besondere Gestaltungen dieses ursprünglichen Familienbandes sind. Deshalb hat er namentlich als sittliches Gesetz für dieses Zusammenleben mit seinem Mitbruder das Bewußtsein der Pflicht, der Gerechtigkeit und der wohlwollenden Liebe. Auf diesen Grundlagen beruht dann auch die wahre Idee des Völkerrechtes. Es ist gewissermaßen die Anerkennung, daß alle Völker von einem Elternpaare abstammen, und daß sie deshalb auch in ihren Völkerbeziehungen einigermaßen das Bild einer großen Familie darstellen sollen. Es ruht auf dem, trotz aller furchtbaren Kämpfe der Völker untereinander, trotz aller mächtigen Leidenschaften des Egoismus, die diesem Völker- und Bruderverbande entgegen sind, — dennoch unvertilgbaren Bewußtsein, daß die Beziehungen aller Völker einem höheren Gesetze unterworfen sind, und daß dieselben nach den Gesetzen der Gerechtigkeit und der wohlwollenden brüderlichen Liebe geregelt werden müssen. Wo dieses Bewußtsein zurücktritt, da herrscht auch im Völkerrechte rohe Selbstsucht mit allen ihren Folgen. Weil aber das Christentum die wahre Gotteserkenntnis und durch dieselbe die wahre Grundlage aller sittlichen Kräfte der Menschheit in sich schließt, so bietet auch nur das Christentum den wahren Fortschritt für das Völkerrecht.

Auch hier sind wir daher auf den entscheidenden Punkt hingedrängt. Seitdem das Völkerrecht sich von den Grundsätzen des Christentums abgewendet hat, sind wir auf dem offenen Wege zu dem Völker-Faustrecht. Das letzte Jahr hat einen mächtigen Beitrag dazu geliefert. Nicht die sittlichen Grundlagen, nicht das Gefühl der Gerechtigkeit und des Wohlwollens, nicht das Gesetz: Was du nicht willst, das tue auch deinem Nächsten nicht, entscheiden dann über die Beziehungen der Völker untereinander, über Krieg und Frieden, über jene Fragen, von denen das Wohl und Wehe, das Gut und Blut der Völker abhängt, sondern der nackte Egoismus, die Selbstsucht, höchstens um ihre häßliche Natur zu verbergen, in den Schafspelz irgend eines doktrinären Systems eingehüllt. Wir haben auf diesem Weg furchtbare Fortschritte gemacht, und endlose Kriege — denn die Selbstsucht führt zu endlosen Verwirrungen, da sie nie gesättigt wird — stehen uns in Europa und in der Welt bevor, wenn wir auf diesem Wege fortschreiten. Auch hier ist deshalb die Welt in ihrer Entwickelung auf Christus hingewiesen, und es kann nur die Frage sein, ob wir vor endlosem Unglück zu ihm zurückkehren werden, oder ob die äußerste Not großer Völkerkämpfe, wie damals die Fürsten bei Leipzig, uns wieder zu ihm zurückführen wird. Kein anderes Fundament kann für das Völkerrecht gelegt werden, als welches gelegt ist, Christus Jesus.

Auch das innere Staatsleben führt uns zu diesem Punkte, zu dieser Entscheidung. Wir haben darauf im Verlauf unserer Schrift oft hingewiesen. Das Glück der Staaten hängt ab von der Güte der Gesetze; von der Gerechtigkeit, von der Pflichttreue, dem Wohlwollen, der Uneigennützigkeit, der Opferwilligkeit aller, die, vom Fürsten bis zu seinem letzten Beamten, an der Staatsgewalt Anteil nehmen; von dem gegenseitigen Wohlwollen, von der gegenseitigen Gerechtigkeit, von der Achtung vor dem Gesetze, von der täglichen treuen Pflichterfüllung aller, die dem Staat angehören. Der Staat, wo die besten Menschen wohnen, kann auch der freieste sein; wo dagegen die Menschen ihren sittlichen Wert verloren haben, da wird die Unfreiheit eine unselige Notwendigkeit. Diese notwendigen Bedingungen des wahren Glückes der Staaten können uns aber nicht bloß Formen bringen, sondern nur der

Geist und das Leben. Wo finden wir aber den lebendigen Geist, der die Gesetze wahrhaft gut macht? Wo finden wir den lebendigen Geist, der die Fürsten vor dem Stolze, der Selbstsucht und allen jenen Lastern bewahrt, die das Glück der Staaten zerstören, und zu welchen ihre Stellung ihnen so viel Versuchungen bietet? Wo finden wir den lebendigen Geist, der die Richter gerecht, die Staatsdiener wohlwollend, uneigennützig, opferwillig, treu macht? Wo finden wir den Geist, der denen, die das Volk vertreten sollen, jene Tugenden verleiht und vor jenen Verirrungen bewahrt, welche den wahren Freund des Volkes von dem Volksverführer und Volksbetrüger unterscheiden? Wo finden wir den Geist, der alle Bewohner des Landes mit wahrer Achtung vor der Ehre und dem Rechte der Mitbürger, mit wahrem gegenseitigen Wohlwollen, gegenseitiger Hilfeleistung, täglich treuer Pflichterfüllung erfüllt? Wo finden wir endlich den Geist und die höheren sittlichen Kräfte, welche alle diese Menschen, die von oben bis unten an dem wahren Wohle des Staatslebens mitwirken, von jenen Lastern befreien, die nach dem Zeugnis der Weltgeschichte das Unglück der Staaten herbeiführen, die ihnen alle jene sittlichen Tugenden mitteilen, welche das Glück der Staaten befördern?

Nur die vollendetste geistige Blindheit, die ja selbst wieder eine jener Wunden ist, welche dem Glücke der Staaten entgegenstehen, kann es verkennen, daß nicht bloße endlose Verfassungsverhandlungen und Verfassungskämpfe, nicht bloße doktrinäre Systeme, nicht endlose leere Phrasen, wie sie uns die Zeitungen und die Kammerverhandlungen ohne Unterlaß bieten, uns diese Güter der Staaten bringen können, sondern nur sittliche und geistige Kräfte. Deshalb hängt aber das Glück der Staaten wesentlich und vor allem von der Religion ab.

Das ganze Staatsleben mit allen zum Wesen des Staates gehörenden Institutionen, mit allen zur Lenkung und Leitung der Angelegenheiten des Staates berufenen Menschen ist ein wesentlich sittliches, und weil die Grundlage aller Sittlichkeit absolut nur in Gott selbst ruht, ein religiöses. Das vollkommenste staatliche Leben ist darum wieder nur in und durch das Christentum möglich, weil das Christentum die höchste und wahre Gotterkenntnis und allein die ausreichenden Kräfte des sittlichen Lebens uns bietet. Diese sittlich-religiöse Natur des Staates verkennt der moderne Staat; sie verkennen alle modernen Staatstheorien. Sie alle erfassen den Staat entweder nach seiner bloß formellen Seite oder noch niedriger von einem Parteiinteresse aus. Im letzteren Falle erfassen sie den Staat gerade in dem Element, das der höheren sittlichen sozialen Natur des Staates am feindseligsten ist, nämlich in einem selbstsüchtigen Interesse, mag es nun das Interesse einer herrschenden Familie oder das Interesse eines Standes oder das Interesse des Geldes oder das Interesse des Arbeiters &c. sein. Aus dieser Richtung entspringen alle jene inneren Katastrophen des Staatslebens, die wir vor Augen haben. Sie drängen uns alle gleichfalls zur Entscheidung, freiwillig oder unfreiwillig auf den liebevollen Weg, den uns die göttliche Vorsehung durch freie Erkenntnis der Wahrheit führen will, oder auf jenen Weg der Zerrüttung und des Elendes, der zugleich in der Hand Gottes der Weg seiner Strafe und seiner Gerichte ist. Auch hier stehen wir durch den schnellen Lauf falscher Richtungen an dem Abgrunde, an dem Punkte der Entscheidung. Auch hier kann kein anderes Fundament für den Staat und das Staatsleben gelegt werden, als welches von Gott gelegt ist, Christus Jesus.

Endlich führt uns zu diesem Punkte, zu dieser

Entscheidung die ernste soziale Frage, die Lage des Arbeiterstandes. Alle volkswirtschaftlichen Bestrebungen, die sich von der sittlich-religiösen Grundlage dieser Frage entfernt haben, reißen die Kluft zwischen Kapital und Arbeit, d. h. zwischen Reichen und Armen, immer weiter und führen die große Masse der Menschen, die dem besitzlosen Arbeiterstande angehören, einem Zustande der Entbehrung der notwendigsten Lebensbedürfnisse entgegen, der nicht nur an sich eine Unmenschlichkeit ist, sondern auch endlich zu jenen furchtbaren inneren sozialen Kämpfen zwischen Armut und Reichtum führen muß, wie sie uns in den Staaten der alten Welt zur Zeit ihrer Auflösung entgegentreten. Die Resultate dieser modernen Volkswirtschaft und der verderblichen Theorien, die sie ins Leben gerufen hat, können wir kurz in folgenden Sätzen zusammenfassen:

Anhäufung des Kapitals, der Geldmacht auf der einen Seite; in demselben Maße Zunahme des besitzlosen Arbeiterstandes auf der anderen Seite;

Beschränkung des Anteils, den diese besitzlosen Arbeiter an dem Gewinne haben, welchen das Zusammenwirken des Kapitals, der Industrie und der Arbeit abwirft, auf den Betrag der Lebensnotdurft, nach welcher allein der Arbeitslohn bemessen wird;

Die Höhe dieses Arbeitslohns lediglich bestimmt durch den täglichen Marktpreis der Arbeit, ganz in der Weise anderer Waren nach Angebot und Nachfrage, nur mit dem Unterschied von anderen Waren, daß man bei Überfüllung des Marktes diese liegen lassen kann, um bessere Zeiten abzuwarten, während der arme Arbeiter seine Ware, nämlich die Arbeit, täglich um jeden Preis losschlagen muß, mag der Markt noch so überfüllt an Arbeit, mag die Nachfrage noch so gering sein, wenn er nicht selbst mit seiner Familie verhungern will. Daher eine Neigung, den Lohn der Arbeit bei jeder Stockung im Handel und in den Geschäften sich durch niedere Forderungen immer mehr abzubieten. Daher dann weiter ein Herabsinken desselben unter die notwendigsten Lebensbedürfnisse, wo dann sofort der Notstand im eigentlichen Sinne des Wortes, das langsame Verhungern beginnt;

Mit dieser ewigen Schwankung des Arbeitslohnes nach dem täglichen Marktpreis ein entsprechendes tägliches Schwanken der ganzen materiellen Existenz der Arbeiter mit ihren Frauen und Kindern — ein Schwanken, das sich täglich bei der Befriedigung aller Lebensbedürfnisse jedem einzelnen Gliede dieser Familien fühlbar macht; bei günstigen Verhältnissen sie verleitet, gleichsam als Ersatz für ihre Entbehrungen mehr auszugeben, als diese eigentlich gestatten, wodurch dann in minder günstigen Zeiten die Entbehrungen nur um so schmerzlicher werden.

Daraus entstehen dann notwendig alle jene Zustände, die wir mit der Bezeichnung „Übervölkerung" zusammenfassen, entweder in der Art, daß bei zeitweiliger günstiger Lage der Arbeiter dieser Stand sich schneller vermehrt als die notwendigen Lebensmittel, oder was viel häufiger eintritt, daß, wenn auch die Lebensmittel wohl vorhanden sind, doch die Arbeiter des heruntergedrückten Arbeitslohnes wegen nicht mehr imstande sind, diese vorhandenen notwendigen Lebensmittel für sich und ihre Familien zu erwerben.

In diesen Sätzen haben wir die notwendigen Resultate der Grundsätze der liberalen Volkswirtschaft in bezug auf die Ernährung der großen Masse der Menschen, die dem besitzlosen Arbeiterstande angehören, zusammengestellt, und wenn wir bedenken, daß diesen Ständen vielleicht achtzig Prozent aller Menschen angehören, so ist es unmöglich zu verkennen, wie ernst die sozialen Zustände sind, denen wir entgegengehen.

So unselig aber die Folgen sind, welche diese volkswirtschaftlichen Theorien mehr und mehr hervorrufen, so gänzlich unfähig sind letztere, ausreichende Heilmittel aufzufinden, um diese schweren gesellschaftlichen Zustände und Übel auszugleichen. Über keine Frage ist mehr geschrieben und gesprochen worden; und der kurze wahre Inhalt aller dieser Erörterungen ist, daß alle Zeitrichtungen, welche die sittlichen und religiösen Grundlagen aller menschheitlichen Verhältnisse verkennen, diesem wachsenden sozialen Übel gegenüber vollkommen hilf- und ratlos sind, ja daß sie zu Mitteln ihre Zuflucht nehmen, von denen man hätte glauben sollen, daß sie ihrer Grausamkeit und ihrer Unsittlichkeit wegen nur im Heidentume hätten geltend gemacht werden dürfen....

Wie aber die liberale Volkswirtschaft den Notständen des Arbeiterstandes hilflos gegenübersteht, so auch die sogenannten sozial-demokratischen Bestrebungen, die nur dadurch sich von jenen unterscheiden, daß sie wenigstens die Zustände des Arbeiterstandes mit größerer Teilnahme und mit größerer Wahrheit offen legen. Im übrigen sind auch ihre Systeme doktrinäre Experimente, die unseren Arbeitern nicht helfen können. Wir können daher die Behauptung mit voller Wahrheit aussprechen, daß auf der einen Seite die sozialen Schwierigkeiten, welche aus den Zuständen in den Arbeiterklassen hervorgehen, riesenhaft zunehmen, und daß auf der anderen Seite alle Theorien der modernen Volkswirtschaftler diesen sich antürmenden Schwierigkeiten gegenüber vollkommen hilflos sind. Wer das sittlich religiöse Band zwischen den Menschen zerrissen hat, der hat auch keine Mittel mehr, die tiefe Kluft zwischen Reichen und Armen anders als durch den Existenzkampf auszugleichen.

So tritt denn die Welt auf allen Gebieten, auf die Gott das Menschenleben und die Menschentätigkeit hingewiesen hat, der Entscheidung näher, und diese liegt in Christus, im christlichen Glauben und in der Anwendung des christlichen Sittengesetzes auf alle Gebiete des menschlichen Lebens. In der Wissenschaft, im Völkerrechte, im Staatsleben, im Volksleben stehen die Menschen vor Aufgaben, die Gott ihnen gesetzt hat. Wo sie dieselben durch Christus lösen werden, da ist Fortschritt, da ist Vollendung, da ist wahres Glück, da ist Gottes Ehre in der Menschheit verwirklicht, da erreichen die Menschen ihre höchste Bestimmung; wo sie dieselben ohne Christus erfüllen wollen, da ist Tod, Verderben, Untergang, Kampf aller gegen alle und der Fluch Gottes.

Es gibt kein anderes Fundament, als welches gelegt ist, Christus Jesus.

Christ oder Antichrist — da ist die Entscheidung.

(Aus der Schrift „Deutschland nach dem Kriege von 1866.")

Die Katholiken und das neue Deutsche Reich.

Geehrtester Herr![1])

Sie haben mich aufgefordert, Ihnen meine Gedanken über ein Programm für die Katholiken in Deutschland auszusprechen.

Ich komme diesem Wunsche nach, so gut ich es vermag, und mit aller Offenheit. Ich glaube zwar nicht, daß jetzt[2]) schon die Zeit da ist, um an ein definitives Pro-

---

1) Der Adressat wird nicht genannt; er ist vielleicht nur eine fingierte Person. D. H.

2) Februar 1871. D. H.

gramm für alle Katholiken in Deutschland zu denken. Dazu gehen die Ansichten wohl noch zu weit auseinander, und nur die großen Ereignisse, in deren Entwickelung wir uns befinden, werden imstande sein, allmählich alle die Hindernisse zu beseitigen, welche jetzt noch einer politischen Vereinigung der Katholiken vielfach entgegenstehen. Noch weniger glaube ich selbst, für die Aufstellung eines definitiven Programmes berufen zu sein. Wenn ich daher dennoch Ihrem Wunsche entspreche, so betrachte ich meine Arbeit nur als eine entfernte Vorarbeit für jenen Zweck, nur als einen Beitrag zur späteren Lösung dieser Aufgabe.

Unter dieser Verwahrung werden Sie es mir auch gestatten, daß ich meine Antwort veröffentliche und sie dadurch allen Katholiken zur Prüfung vorlege. In unserer Zeit ist im öffentlichen Leben nur stark, was mit voller Klarheit über das Endziel und über die Mittel, es zu erreichen, geeinigt auftritt und organisiert ist. Die größte Zahl ist ohnmächtig ohne Organisation; eine verhältnismäßig kleine Zahl ist dagegen mächtig durch sie. Das sehen wir an allen politischen Parteien. Wir Katholiken werden daher in dem neuen Deutschen Reiche nur so viel gelten, als wir gut organisiert, in unseren Endzielen und Mitteln klar und einig sind; sonst werden wir abermals ein Spielball unserer Gegner sein, wie wir es aus demselben Grunde schon so oft gewesen sind. Wenn uns daher die Grundsätze teuer sind, welche wir bisher vertreten haben, wenn wir die Religion lieben, die wir bekennen, wenn wir sie unseren Nachkommen bewahren, wenn wir ein christliches Vaterland behalten wollen, so müssen wir uns organisieren, mit vereinten Kräften unseren Gegnern entgegentreten und von jedem Blatte, das wir unterstützen, von jedem Abgeordneten, den wir für die verschiedenen politischen Versammlungen wählen, entschieden fordern, daß sie unser Programm annehmen. Wir müssen uns so organisieren, daß jeder Katholik in Deutschland, er sei Bürger oder Bauer, über unsere Bestrebungen vollkommen im reinen und bereit ist, für sie in dem Kreise seiner Tätigkeit entschieden und kräftig einzustehen. Nur dann werden wir jene Geltung in Deutschland erringen, auf die wir ein gut gegründetes Recht haben.

Wenn ich aber von einem Programme für die Katholiken rede, so bin ich doch weit davon entfernt, an ein Programm zu denken, welches ausschließlich katholische Interessen vertritt. Der ganze Inhalt meiner Vorschläge wird das Gegenteil beweisen. Alle politischen Rechte, die ich im Deutschen Reiche für die Katholiken in Anspruch nehme, fordere ich ganz so für alle andern berechtigten Konfessionen. Dieselben Prinzipien können in dem gleichen Umfange von allen Protestanten anerkannt, ja sie müssen von allen angenommen werden, welche wahre Parität für die verschiedenen christlichen Konfessionen fordern, und unter Religion nicht Bekenntnislosigkeit verstehen, sondern den christlichen Glauben, wie er in Deutschland geschichtlich und rechtlich besteht. Ich hoffe daher, daß ein solches katholisches Programm das Programm aller gläubigen Christen und aller rechtlich denkenden Menschen in Deutschland werden kann. Ich könnte es deshalb „ein Programm für alle rechtlich und christlich denkenden Männer in Deutschland" nennen. Nur der moderne Liberalismus mit seiner tiefeingewurzelten Ungerechtigkeit, mit seinem Hasse gegen jedes gläubige, christliche Bekenntnis, mit seiner totalen Unfähigkeit, auch andere Ansichten als die seinigen unter dem Schutze der allgemeinen Freiheit zu dulden, ist davon ausgeschlossen. Wenn ich mich aber dennoch zunächst an die Katholiken wende, so geschieht es hauptsächlich aus dem Grunde, weil die Mißverständnisse zwischen uns und den bekenntnistreuen Protestanten augenblicklich noch viel zu groß sind, um an eine politische Vereinigung zu denken. Vielleicht wird die gemeinschaftliche Not dieses Resultat herbeiführen. Eine katholische Partei ist deswegen auch nur vorübergehend notwendig. Sind erst die Prinzipien wahrer Gerechtigkeit, welche wir vertreten, Grundprinzipien des Deutschen Reiches geworden; ist der Liberalismus mit seinen ungerechten, gewalttätigen Bestrebungen gründlich überwunden, dann wird von selbst die katholische Partei als solche aufhören .

Programm.

I. Rückhaltlose Anerkennung der deutschen Reichsgewalt innerhalb der Grenzen ihres jetzigen Rechtsbestandes.

II. Festes nationales Bündnis mit Österreich, dem deutschen Ost-Reiche.

III. Redliche Anerkennung der Selbständigkeit der zum Deutschen Reiche gehörigen Einzelländer, soweit es die notwendige Einheit des Reiches zuläßt, und nach Maßgabe der Reichsgesetze.

IV. Die christliche Religion ist sowohl im Reiche als in den einzelnen Staaten bei allen Einrichtungen, welche mit der Religionsübung im Zusammenhang stehen, unbeschadet der Religionsfreiheit, zugrunde zu legen.

V. Die anerkannten christlichen Konfessionen ordnen und verwalten ihre Angelegenheiten selbständig und verbleiben im Besitze und Genuß der für ihre Kultus-, Unterrichts- und Wohltätigkeitszwecke gestifteten Anstalten und Fonds.

VI. Ein deutsches Reich fordert vor allem deutsches Recht und deutsche Freiheit im Sinne eines gesicherten Rechtsgebietes für die individuelle und genossenschaftliche Freiheit und im Gegensatz zu der lügenhaften Freiheit des Absolutismus und Liberalismus, welche die Freiheit des Individuums und der Genossenschaft vernichten.

VII. Damit verbunden Freiheit des höheren, des mittleren und des niederen Unterrichtes, unter gesetzlich geregelter Staatsaufsicht, und Einrichtung der Staatsschule nicht nach der Willkür der Staatsbehörden, sondern nach den realen, religiösen, geistigen und sittlichen Verhältnissen des Volkes.

VIII. Ein deutsches Reich fordert deutsche Verfassungsformen auf allen Gebieten, nicht nur der Reichs- und Landesverfassung, sondern auch der ganzen gesellschaftlichen Verfassung des Volkes für alle seine Bedürfnisse; korporative Organisation, im Gegensatz zu den mechanischen Verfassungsformen des Liberalismus; Selbstverwaltung im Gegensatz zur reinen Beamtenherrschaft.

IX. Insbesondere eine diesen Grundsätzen entsprechende innere Landes-, Gemeinde- und Kreisverfassung.

X. Ausbau der Reichsverfassung:
1. durch ein Oberhaus,
2. durch ein oberstes Reichsgericht als unantastbares Bollwerk des gesamten deutschen Rechtszustandes, als Bollwerk des öffentlichen Rechtes und als Rechtskontrolle für die Reichs- und Landesverwaltung.

XI. Ordnung des Staatsschuldenwesens, Verminderung der Staatslasten, Ausgleichung der Steuern. Als Mittel dazu:

1. Einführung der Börsensteuer.
2. Einführung der Einkommensteuer für die Gründungs- und Aktiengesellschaften.
3. Betrieb der Eisenbahnen auf Staatskosten.
4. Minderung der Militärlast.
5. Wegfall der Steuer auf die notwendigsten Lebensbedürfnisse.

XII. Korporative Reorganisation des Arbeiterstandes und des Handwerkerstandes.
Gesetzlicher Schutz der Arbeiterkinder und der Arbeiterfrauen gegen die Ausbeutung der Geldmacht.
Schutz der Arbeiterkraft durch Gesetze über Arbeitszeit und die Sonntagsruhe.
Gesetzlicher Schutz der Gesundheit und Sittlichkeit der Arbeiter bezüglich der Arbeitslokale.
Aufstellung von Inspektoren zur Kontrolle der zum Schutze des Arbeiterstandes erlassenen Gesetze.

XIII. Gesetzliches Verbot aller geheimen Gesellschaften, insbesondere des Freimaurerordens als Geheimbund.

Das Deutsche Reich.

Die Wege, auf welchen das Deutsche Reich entstanden ist, kann ich mit Ausnahme dessen, was seit der französischen Kriegserklärung geschehen, nicht billigen. Das wäre ein Aufgeben der Grundsätze der Gerechtigkeit, eine der Nützlichkeitstheorie dargebrachte Huldigung. Der Zweck rechtfertigt nie unrechtliche Mittel, weder im öffentlichen noch im Privatleben. Der König von Preußen hat mit voller Wahrheit der Deputation des Herrenhauses in Versailles geantwortet, daß man nie vergessen dürfe, daß das jetzt erreichte Resultat das Fazit der ganzen preußischen Geschichte sei. Weil das wahr, und weil also nicht allein der letzte Krieg der Grund desselben ist, deswegen können wir nicht alle diese Wege billigen....

Ebensowenig kann ich das Resultat des jetzigen Krieges mein Ideal nennen. Mein Ideal wäre ein deutsches Reich gewesen, in welchem das Recht aller deutschen Völker auf Reichseinheit volle Befriedigung gefunden; das wäre ein Reich gewesen, in welchem auch das alte deutsche Kaiserhaus mit seinen alten deutschen Volksstämmen einen Platz erhalten hätte. Ein in dynastischem Interesse verstümmeltes Deutsches Reich ist nicht mein Ideal.

Aber auch der deutsche Bund war nicht mein Ideal. Der deutsche Bund war vorwiegend eine große träge Masse mitten in Europa, die für Erhaltung des allgemeinen Friedens und für die Förderung materieller Interessen dienlich war. Er war aber nur eine Staatsform für Interessen, nicht für Ideen. Er war ohne christliche, ohne sittliche, ohne nationale, ohne Rechtsidee. Er war eine Erstickungsanstalt für alles Hohe und Geistige, was ein Volk veredelt. Er entsprach deshalb weder der deutschen Geschichte noch dem Rechte des deutschen Volkes auf ein einiges, mächtiges Reich. Er war teils ein Werk der Eifersucht fremder Höfe, teils der dynastischen Interessen der deutschen Fürsten. Das Höchste, was zu seiner Entschuldigung gesagt werden kann, ist die unermeßliche Misere der Verhältnisse, aus welchen er entsprungen ist, und der gänzliche Mangel großer, nationaler und christlicher Ideen in allen leitenden Kreisen der damaligen Zeit.

Daß aber aus dem deutschen Bunde sich nicht wieder ein deutsches Reich entwickelt hat, wie wir es ersehnten, oder eine andere Staatsform, welche den nationalen Bedürfnissen des deutschen Volkes entsprach, dafür mache ich keinen einzelnen Staat und auch keinen einzelnen

Staatsmann allein verantwortlich. Es ist wahr, wenn man sagt, daß Preußen es nicht wollte. Es ist aber auch wahr, wenn man sagt, daß Österreich es nicht konnte. Preußen wollte es nicht, weil es selbst an der Spitze des deutschen Reiches zu stehen verlangte. Auch an diesem Streben war nicht alles unberechtigt. Die staatlichen Zustände waren soviel kräftiger, gesunder und geordneter in Preußen, daß es schon deshalb schwer war, sich entweder von der toten Form des Bundes immer beherrschen zu lassen oder im deutschen Reiche sich Österreich unterzuordnen.

Österreich konnte es aber nicht seiner inneren Zustände wegen. Es war dadurch gebunden, gebannt in die Formen des Bundes und konnte keine Politik befolgen, welche die berechtigten nationalen Gefühle des deutschen Volkes befriedigt hätte. Weder die Ungarn noch die Böhmen wollten einen Kaiser von Deutschland, und der deutsche Liberalismus, welcher in Deutsch-Österreich herrschte, schwächte Österreich mehr als die verlorenen Schlachten in Italien und Böhmen. Dieser Liberalismus ist seit langem das Gift, welches Österreich macht- und kraftlos macht. Nach dem unseligen Frieden von Campo Formio schrieb Thugut, zu dessen größtem Schmerze er abgeschlossen war: „Was aber meine Verzweiflung erhöht, ist die schändliche Herabwürdigung unserer Wiener, die schon beim bloßen Namen „Friede“ im Taumel der Freude sind, ohne daß auch nur einem die guten oder schlechten Bedingungen des Friedens nahe gingen. Niemanden geht die Ehre der Monarchie zu Herzen; auch nicht, was aus dieser Monarchie von heute in zehn Jahren geworden sein wird. Wenn man nur für den Augenblick in die Redouten laufen und „Backhändel“ essen kann. Wie ist es mit solchen Gesinnungen nur möglich, der Energie eines Bonaparte standzuhalten, der allen Zufällen kühn die Stirn bietet[1]).“ Das ist aber ganz und gar der Wiener Liberalismus auch unserer Tage. Er ist sich gleich geblieben vom Frieden von Campio Formio bis zum Prager Frieden. Jetzt wie damals dieselbe Gleichgültigkeit bei den großen Niederlagen Österreichs; jetzt wie damals derselbe Freudentaumel beim bloßen Namen „Friede“. Wie ist es möglich, mit solchen Gesinnungen der Energie eines Bonaparte, der Energie eines Bismarck standzuhalten? Diese „Backhändel“-Gesinnung des österreichischen Liberalismus und vieler maßgebenden Kreise, welche seit so langer Zeit ein so tüchtiges Volk beherrscht und, so viel sie vermag, verdirbt, ohne wahren Patriotismus, ohne Pflichtgefühl, ohne innere Tüchtigkeit, nur der Lebenslust und dem Börsenschwindel fröhnend, war den preußischen Staatsmännern ein Gegenstand des Spottes. Ein so zerrissenes Österreich konnte nicht über den deutschen Bund hinauskommen.

Wenn aber auch das jetzige Deutsche Reich nicht mein Ideal ist, so hindert mich das nicht, es nicht nur dem deutschen Bunde, sondern auch dem alten deutschen Reiche in seinen letzten Zeiten vorzuziehen. Ich betrachte es nämlich als eine bedeutende Abschlagszahlung, welche dem Rechte des deutschen Volkes, eine einige große Nation zu bilden, durch die Gründung desselben geleistet worden ist.

Bei dieser Auffassung leitet mich nicht der Hinblick auf das Interesse eines einzelnen deutschen Fürstenhauses, sondern lediglich der Hinblick auf das Recht des gesamten deutschen Volkes. Viele haben sich daran gewöhnt, bei ähnlichen Fragen die Rücksicht auf das Für-

---

1) S. von Vivenot, zur Geschichte des Rastadter Kongresses. Einleitung S. III.

stenhaus, dem sie in Liebe und Treue anhängen, an die Spitze zu stellen und nach diesem Maßstabe dann alles zu messen. Das ist aber ein Urteil, welches zwar aus den edelsten Gefühlen des deutschen Herzens entspringt, dennoch aber zu einem höchst einseitigen Resultate führt und jede Verständigung unmöglich macht. Neben dem Rechte der Habsburger, der Hohenzollern, der Wittelsbacher usw. hat auch das gesamte deutsche Volk ein Recht bei der Gestaltung des Deutschen Reiches, und auf Grund dieses Rechtes müssen wir uns vereinigen. Nicht weil ich glaube, daß die Politik der Hohenzollern in Deutschland berechtigt gewesen, bin ich für diese teilweise Einheit des deutschen Volkes, sondern weil ich glaube, daß diese ein Recht des deutschen Volkes teilweise befriedigt und ein Unrecht am deutschen Volke teilweise wieder gut macht. Obwohl uns daher die Trennung vom alten deutschen Kaiserhause und so vielen alten deutschen Volksstämmen mit tiefem Schmerz erfüllt, so müssen wir diese Neugestaltung doch mit voller Ergebung hinnehmen, weil durch sie das Recht des deutschen Volkes auf eine nationale Existenz besser wie bisher und vielleicht unter den gegebenen Verhältnissen in der einzig möglichen Weise befriedigt worden ist.

Aus der bisher entwickelten Anschauung ergeben sich nun die beiden ersten Sätze meines Programmes.

Der erste drückt die rückhaltlose Anerkennung der deutschen Reichsgewalt innerhalb der Grenzen ihres jetzigen Rechtsbestandes und somit die Pflicht aus, zur Kräftigung und Stärkung derselben alles beizutragen, was treue Vaterlandsliebe zu leisten imstande ist. In dieser Gesinnung darf sich die katholische Partei von keiner anderen übertreffen lassen. Sie muß auch den Schein vermeiden, als ob sie nur mit Vorbehalt, mit Hintergedanken die jetzigen Zustände anerkenne.

Der zweite Satz fordert dann für dieses deutsche Reich den innigsten Anschluß an Österreich. Zwischen beiden Ländern muß ein so festes Bündnis bestehen, daß es mehr einen nationalen als internationalen Charakter hat

---

Verhältnis der Reichsgewalt zu den übrigen deutschen Staaten.

Der sog. Partikularismus besteht aus den verschiedensten Elementen, an denen vieles mit dem Wesen und der geschichtlichen Entwickelung des deutschen Volkes innig zusammenhängt; anderes im Grunde wohl berechtigt ist, aber nicht in den Folgerungen, welche daraus gezogen werden; anderes wiederum aus unklaren Zuneigungen und Abneigungen hervorgeht; anderes endlich ganz unberechtigt ist. Wir müssen diese verschiedenen Bestandteile unterscheiden, wenn wir über das Verhältnis der Reichsgewalt zu den einzelnen Staaten zu einem richtigen Resultate kommen wollen.

Berechtigt am Partikularismus ist das Band der Treue und Liebe, welches die alten deutschen Volksstämme mit ihren alten Fürstenhäusern verbindet. Diese Treue müssen wir pflegen und ehren, so viel wir vermögen, und den Hohn mit Abscheu brandmarken, mit welchem gewisse offiziöse Blätter jede Kundgebung dieser Gesinnung beschimpfen und denunzieren. So hoch wir aber auch dieses Verhältnis achten, so dürfen wir doch nicht vergessen, daß durch die willkürlichen Territorialveränderungen im Anfange dieses Jahrhunderts dasselbe wesentlich beeinträchtigt ist. Dieses durch Religion, Geschichte und vielhundertjährige Wechselwirkungen sich knüpfende sittliche Band der Liebe und Treue zwischen Fürst und Volk läßt sich nicht durch willkürliche Veränderungen der Landesgrenzen bald auf dieses, bald auf jenes Fürstengeschlecht gleichsam auf Kommando übertragen. Die willkürlichen Territorialveränderungen seit jener Zeit haben daher dieses alte Band schon wesentlich gelockert und vielfach vernichtet.

Berechtigt ist ferner am Partikularismus die Liebe des deutschen Volkes zu seiner Heimat, zu seinem Heimatlande, zu dem alten deutschen Volksstamme, dem jeder angehört. Diese Liebe zur Heimat und zum Heimatlande ist auch die natürliche Grundlage für die Liebe zum gemeinsamen deutschen Vaterlande. Wo erstere fehlt, hat auch der deutsche Patriotismus keinen festen Grund und keine tiefe Wurzeln. Es ist aber wieder eine Illusion, wenn man diese tiefgewurzelte Anhänglichkeit ohne weiters auf die Gebietseinteilung überträgt, wie sie aus der Säkularisation hervorgegangen ist. Die jetzige Einteilung hat ja vielfach nichts zu tun mit der der alten deutschen Reichsländer. Diese waren lebenskräftige Organismen, die sich durch die Natur und die Geschichte im Laufe vieler Jahrhunderte gebildet hatten; jene sind zum Teil willkürliche Landesbezirke, die innerlich nicht mehr miteinander zusammengehören, als wie mit jedem andern deutschen Lande. Sie wurden ja ohne Rücksicht auf Geschichte, auf Charakter, auf die Interessen der einzelnen Landesteile selbst, lediglich aus Rücksicht auf das Interesse der Fürsten als Entschädigungsobjekte verteilt. Auch die Anhänglichkeit an das Heimatland ist dadurch vielfach in jener Zeit beschädigt worden.

Berechtigt am Partikularismus und zwar im höchsten Grade ist endlich die Liebe zu den alten Rechtsgewohnheiten und Eigentümlichkeiten der verschiedenen deutschen Länder. Berechtigt ist das damit innig verbundene Verlangen nach freier Selbstverwaltung der eigenen Angelegenheiten. Berechtigt ist der tiefe Widerwille des deutschen Volkes gegen eine allgemeine Zentralisation. Nichts ist deutscher, als alle diese im Partikularismus bewußt oder unbewußt zur Geltung kommenden Ansichten und Gefühle. Der Versuch mit allen alten Gewohnheiten und Rechtsgebräuchen, mit aller Selbständigkeit der einzelnen Länder gewissermaßen tabula rasa zu machen und von dem Reichszentrum aus alles in Bewegung zu setzen, verletzt und empört das deutsche Wesen in seiner innersten und berechtigtsten Natur.

Hier stehen wir aber auch vor einer einseitigen Auffassung des Partikularismus, vor einer Überschätzung oder einer unrichtigen Schätzung desselben, vor einem verderblichen Irrtum. Viele glauben nämlich, daß all diese Übel, welche sie verabscheuen, die Vernichtung aller Eigentümlichkeiten der einzelnen Länder, die Vernichtung jeder Selbständigkeit in der Regierung und Verwaltung, die alles gleichmachende Zentralisation schon durch das Fortbestehen der kleinen Staaten verhindert würden. Sie glauben daher schon dadurch ihre alten Rechte und Eigentümlichkeiten zu besitzen, daß sie noch ihre früheren Fürsten oder Könige haben. Das ist aber ein großer und verderblicher Irrtum. In England sind all diese vielen Eigentümlichkeiten, Rechtsgewohnheiten im ausgedehntesten Maße erhalten worden, in England ist die Selbständigkeit, die Selbstverwaltung des Volkes anerkannt, obwohl es ein großes Land ist; in Deutschland dagegen sind all jene Eigentümlichkeiten, alle Rechtsgewohnheiten mehr und mehr beseitigt, obwohl wir in viele Länder geteilt waren. Nicht von der Größe oder von der Vielheit der Länder hängt das ab, sondern von den Grundsätzen, nach welchen die Länder regiert werden. Wo der Liberalismus herrscht, da wird das ganze Staatsleben nach einem und demselben Muster zugeschnitten. Ob dann dieses Muster von einer einheitlichen Regierung zur Anwendung gebracht wird, oder ob viele kleine Regierungen genau nach demselben Muster in ihrem Bereiche wirken, bleibt für die Sache dasselbe. In Frankreich hat ein und dieselbe Regierung nach diesen Grundsätzen alle Eigentümlichkeit und Selbständigkeit des Volkes vernichtet und eine vollendete Zentralisation aller Lebenskräfte der ganzen Nation zum Verderben derselben bewirkt. In Deutschland waren dagegen viele Regierungen darüber aus, dasselbe System zu verwirklichen. Ich bestreite deshalb nicht, daß das Bestehen der einzelnen Länder in Deutschland unter gegebenen Verhältnissen auch zur Erhaltung der Volkseigentümlichkeiten, der alten Rechtsgewohnheiten und der Selbständigkeit in der Verwaltung beitragen kann. Ich will nur mit allem Nachdruck hervorheben, daß die Erhaltung dieser hohen Güter, die wir alle im Partikularismus lieben, uns noch in keiner Weise durch das Fortbestehen der Einzelländer gesichert ist. Diese bewahren wir uns vielmehr nur dann, wenn wir den falschen Grundsätzen des Liberalismus, welche alles nivellieren, die wahren Grundsätze der Freiheit und Selbstregierung entgegenstellen; diese bewahren wir uns nur durch den Kampf gegen die Allgewalt des Staates . . .

Unberechtigt am Partikularismus ist dagegen alles, was einer starken, lebenskräftigen Reichsgewalt entgegensteht. Diese Ansicht ergibt sich von selbst aus dem, was ich schon vorher, als ich die Reichsgewalt betrachtete, über die Berechtigung einer solchen gesagt habe. Von jeher habe ich mich mit dem Gedanken einer vollen und unbeschränkten Souveränität der einzelnen deutschen Fürsten nicht versöhnen können. Ich konnte mir zwar nicht verhehlen, daß die volle Souveränität ihnen nach dem formellen geltenden Rechte zustehe, dagegen stand es bei mir immer fest, daß sie eine schwere materielle Rechtsverletzung insofern enthalte, als das deutsche Volk ein unveräußerliches geschichtliches Recht hat, unter einem deutschen Kaiser zu einem Reiche geeinigt zu sein. Beides scheint mir daher auf diesem geschichtlichen Boden gleich unberechtigt: eine Reichsgewalt, welche die Rechte der einzelnen Fürsten und Länder im Sinne des Einheitsstaates und der Zentralisation aufhebt, und eine Souveränität der einzelnen Fürsten und Länder, welche die Einheit der Reichsgewalt beschädigt. Selbst das Wort „Souveränität" mit seinem französischen Ursprung fürchte ich daher sowohl für den Kaiser, wie für die einzelnen Fürsten, und ich glaube, daß ihr Verhältnis viel richtiger bezeichnet ist in den Worten „Reichshoheit" und „Landeshoheit". Aus demselben Grunde kann ich auch das Verhältnis zwischen dem Kaiser und dem Landesfürsten nicht als ein *rein* föderalistisches betrachten. Das wäre es nur, wenn Fürsten und Länder mit voller Souveränität sich zu einem Reiche verbänden. Das ist aber im Deutschen Reiche durchaus nicht der Fall, weil über aller Souveränität der Einzelstaaten das alte unveräußerliche Recht auf das Deutsche Reich bestanden hat...

Der vollen und rückhaltlosen Anerkennung der Reichsgewalt steht daher zur Seite die volle, rückhaltslose und ehrliche Anerkennung der Selbständigkeit der einzelnen deutschen Länder in Gesetzgebung und Verwaltung, soweit sie die wesentlichen Rechte der Reichsgewalt nicht aufhebt. Ich sage die redliche Anerkennung der Selbständigkeit der einzelnen Länder im Gegensatz zu jener zentralistischen Richtung, welche das Bestehen der einzelnen Länder nur zum Scheine anerkennt und dagegen mit allen Mitteln dahin strebt, sie baldmöglichst zu beseitigen. Das eine wie das andere steht uns auf derselben Linie: das Bestreben, die Reichsgewalt zu schwächen, wie jenes, die Selbständigkeit der Einzelländer zu verkümmern.

Verhältnis des Deutschen Reiches zur christlichen Religion.

Man hat bisher als Norm für die Verfassung des Deutschen Reiches die norddeutsche Bundesverfassung festgehalten und sie mit wenigen Modifikationen auf das neue Reich übertragen. Es mag das den vorhandenen Verhältnissen entsprochen haben. Dieser Standpunkt kann aber für die Zukunft nicht festgehalten werden. Ein solches Reich hätte nicht das Recht, den Namen des alten deutschen Reiches zu tragen.

Das Deutsche Reich muß im Gegensatze zum deutschen Bunde nicht bloß den materiellen, sondern auch den geistigen Interessen dienen und dem Geiste des deutschen Volkes entsprechen. Die Institutionen und Gesetze des Reiches müssen daher von der Achtung der Religion und Sittlichkeit durchdrungen sein. Sie müssen die sittlichen Kräfte anerkennen, ehren und schützen, durch welche die Staaten innerlich erstarken; sie müssen sich von dem materialistischen Staatswesen lossagen, welches viele europäische Staaten todkrank gemacht hat .

Die Grundlage der ganzen geschichtlichen Entwickelung des deutschen Volkes, seiner Kultur und seines sittlichen Wesens ist die christliche Religion. Ihr verdankt das deutsche Volk seine höheren geistigen Güter. Es wäre eine schmähliche Verleugnung der ganzen Vergangenheit, wenn die deutsche Reichsverfassung mit keinem Worte die christliche Religion erwähnte, jene Quelle, woraus Deutschland sein geistiges und sittliches Leben geschöpft hat. In Anerkennung der Tatsache, daß die christliche Religion die geschichtliche Grundlage des religiösen Lebens in Deutschland und die Religion des ganzen deutschen Volkes mit Ausnahme der israelitischen Staatsangehörigen ist, hat man deshalb auch keinen Anstand genommen, nach den Stürmen des Jahres 1848 in der preußischen Verfassung vom 31. Januar 1850 die Bestimmung aufzunehmen, „die christliche Religion wird bei denjenigen Einrichtungen des Staates, welche mit der Religionsübung im Zusammenhang stehen, unbeschadet der gewährleisteten Religionsfreiheit, zugrunde gelegt." Dieselbe Bestimmung nahm dann auch in Anerkennung derselben Tatsache das Unionsparlament durch Beschluß vom 27. April 1850 in die deutschen Grundrechte auf, und eine Reihe deutscher Verfassungsurkunden ist diesem Beispiele gefolgt.

Wir fordern daher in dem vierten Satze die Aufnahme derselben Bestimmung auch in die Reichsverfassung. Diese Forderung entspricht dem heiligsten Rechte der großen Mehrzahl der christlichen Bevölkerung in Deutschland. Es wäre doch unerträglich, wenn man die Tatsache verleugnen wollte, daß die große Masse des deutschen Volkes christlich ist. Es wäre unerträglich, wenn man dem christlichen Bewußtsein des deutschen Volkes jetzt selbst das vorenthalten wollte, was man noch im Jahre 1848 ihm zu gewähren sich für verpflichtet hielt. Eine Weigerung, diese oder eine ähnliche Bestimmung in die Reichsverfassung aufzunehmen, käme so ziemlich auf die offene Erklärung hinaus, daß das Deutsche Reich sich von der christlichen Religion lossage. Das würde aber nicht die christliche Religion, wohl aber das Reich selbst in seinen Fundamenten beschädigen.

Die Selbständigkeit der zu Recht bestehenden christlichen Konfessionen.

An den vorigen Satz schließt sich folgerichtig der fünfte an über die Selbständigkeit der zu Recht bestehenden christlichen Konfessionen im Deutschen Reiche. Die hauptsächlichen Motive für diese Forderung sind dieselben wie die vorher entwickelten. Die christliche Religion haben wir nur in den christlichen Konfessionen und in den zu Recht bestehenden christlichen Gemeinschaften. Eine christliche Religion ohne Konfession und ohne Kirche ist ein objektloses Nebelbild. Das Deutsche Reich ist deshalb seinem Ursprunge und seiner Geschichte, wie der großen Masse seiner christlichen Bevölkerung es schuldig, die in Deutschland zu Recht bestehenden christlichen Konfessionen durch seine Gesetze zu schützen, ihre Selbständigkeit und Selbstverwaltung anzuerkennen und ihnen den ungestörten Fortbesitz ihres Vermögens zu gewährleisten.

Diese gesetzlichen Garantien für die bestehenden christlichen Konfessionen in der Verfassung des Reiches fordert aber nicht nur das Recht jener Konfessionen, sondern auch das wohlverstandene Interesse des Deutschen Reiches selbst.

Im Mittelalter ruhte das Deutsche Reich auf der Einheit des Glaubens. Das ist jetzt nicht mehr der Fall. Um so notwendiger ist uns aber eine gesetzliche Grundlage für den Frieden unter den rechtlich bestehenden Konfessionen. Was uns für die Sicherstellung des Deutschen Reiches nach außen der Friede zwischen Deutschland und Österreich ist, das ist uns für die innere Stärkung des Reiches der religiöse Frieden. Den Religionshetzereien, wodurch man in den letzten Jahren so manches deutsche Land bis in den Grund zerrissen hat, muß der

Boden entzogen, den religiösen Wühlern, die Haß und Zwietracht säen, muß das Handwerk gelegt werden. Das kann aber nur geschehen, wenn die Selbständigkeit der rechtlich bestehenden Religionsgesellschaften im Sinne der preußischen Verfassung zum Reichsgesetze erhoben und damit jeder Versuch einer Einmischung des Staates oder politischer Parteien in religiöse Angelegenheiten ausgeschlossen wird.

Insbesondere haben aber wir Katholiken ein wohlbegründetes Recht, diese Garantien für unsere religiöse Freiheit durch die Reichsverfassung zu fordern. An der Spitze des Deutschen Reiches wird ein protestantischer Kaiser stehen. Durch den Ausschluß Österreichs ist die Zahl der Katholiken auf ein Drittel der Gesamtbevölkerung heruntergegangen. Wie unerträglich wäre da unsere Lage, wenn wir von den Launen und der Willkür einer nicht katholischen Majorität in unserer Glaubensangelegenheit abhängig wären! Wir haben daher noch ein besonderes Recht, auf der Aufnahme der bezüglichen Bestimmungen der preußischen Verfassung in die Reichsverfassung zu bestehen.

Freiheit und Absolutismus.

Das Deutsche Reich muß, um seinen Namen rechtmäßig zu tragen, dem deutschen Volke deutsches Recht und wahre Freiheit gewähren im Gegensatze zu jenem trügerischen Zerrbild von Recht und Freiheit, welches uns der Liberalismus und der sog. „moderne Staat" bietet. Fassen wir diesen Gegensatz näher ins Auge.

Die innere Geschichte aller Staaten dreht sich hauptsächlich um das Verhältnis zwischen der Staatsgewalt und der persönlichen Freiheit, und um die Kämpfe, welche entstehen, wenn dieses Verhältnis verschoben ist. Beides ist zum Gedeihen der menschlichen Verhältnisse gleich notwendig, eine geordnete Staatsgewalt und ein großes Maß persönlicher Freiheit. Ohne geordnete Staatsgewalt gibt es keine wahre persönliche Freiheit, weil diese dann des nötigen Schutzes und der nötigen Hilfe entbehrt. Wenn dagegen die Staatsgewalt ihre rechtmäßigen Schranken überschreitet, so beschädigt sie den Menschen selbst, dessen sittlicher Wert wesentlich in dem Besitze und in dem guten Gebrauche der Freiheit besteht. Wenn endlich die individuelle Freiheit in die Rechte der Staatsgewalt eingreift, so vernichtet sie sich selbst, indem sie ihre notwendigen Garantien zerstört. So notwendig aber auch beides ist, Staatsgewalt und persönliche Freiheit der Staatsbürger, so dürfen wir sie doch nicht auf gleiche Stufe stellen. Der Staat ist für den Menschen da, zum Schutze seiner Freiheit und seines Rechtes, und nicht umgekehrt der Mensch für den Staat. Der Staat und die Staatsgewalt sind nie Selbstzweck, sondern nur Mittel für den Menschen zur Erhaltung und Entwickelung aller Kräfte, welche Gott ihm verliehen hat. Es ist daher eine Täuschung, den Zustand eines Landes lediglich nach der Macht und dem Glanze der Staatsgewalt zu beurteilen. Wir sehen in der Geschichte nicht selten, daß die Zunahme der Macht und des Glanzes der Staatsgewalt in genauem Verhältnis stand mit der Abnahme der sittlichen Tüchtigkeit und des Wohlstandes des Volkes.

Der Absolutismus ist nun seinem Wesen nach Mißbrauch der Staatsgewalt auf Kosten der persönlichen Freiheit. Er ruft daher auch immer sein Gegenteil hervor, den Mißbrauch der persönlichen Freiheit, den Geist der Revolution und der Demagogie, welcher endlich so weit geht, die Staatsgewalt als ein Übel zu betrachten und deren Stütze in der Gesinnung des Volkes zu untergraben. Absolutismus und Revolution stehen daher in einer notwendigen Wechselbeziehung. Der Mißbrauch der Gewalt ruft den Mißbrauch der Freiheit hervor und umgekehrt.

Der Liberalismus unserer Tage ist aber lediglich eine besondere Art des Absolutismus; nämlich des Absolutismus in konstitutioneller Form. Ich sage der Liberalismus unserer Tage, denn er hat auch eine bessere Zeit gehabt; seit er aber zur Macht gelangt ist, entpuppt er sich mehr und mehr als reiner, gewalttätiger Absolutismus. Seine konstitutionelle Form macht ihn aber um so gefährlicher als den monarchischen Absolutismus, weil die scheinbar freiheitliche Verfassungsform sein freiheitsfeindliches Wesen dem oberflächlichen Blicke verbirgt. Beide gehen von der Allgewalt des Staates aus und betrachten den Staatsangehörigen hauptsächlich als Werkzeug für die Zwecke des Staates. Das Heidentum, die absolute Monarchie seit der Renaissance, die französische Revolution, der moderne Staat des Liberalismus sind alle Kinder desselben Geistes. Der letzte ist nur die höchste Potenz dieses Systems. Das Heidentum, die Renaissance, selbst die französische Revolution waren noch gewissermaßen zu fromm, um den Staatsabsolutismus vollkommen zu verwirklichen. Wo noch ein Funke von Religion oder Glaube an ein höheres Wesen ist, da ist der Absolutismus noch in seiner vollen Ausgestaltung durch den Hinblick auf Gott und Gottes Gesetz gehemmt. Erst jetzt kann der Liberalismus den vollendeten Absolutismus ausbilden ...

Diesem Liberalismus ist der Staat und sein Gesetz die einzige Quelle des Rechts und der Freiheit. Der Staatsgewalt gegenüber verschwindet nicht nur jedes persönliche und Privatrecht, sondern sogar die Persönlichkeit und ihr innerstes Heiligtum; denn selbst das Gewissen hat nicht mehr das Recht, nach Gottes Gesetz frei zu urteilen, sondern es muß sein Urteil nach dem Staatsgesetze einrichten. Der Mensch hat nur die Rechte, nur die Freiheiten, welche ihm das Staatsgesetz zuerkennt...

Dieser modernen Staatseigenhörigkeit, auch „moderner Staat" genannt, steht nun die wahre Freiheit gegenüber, die persönliche Freiheit und Selbstbestimmung, wie unsere Voreltern sie gekannt und geliebt haben. Sie ist gleich weit entfernt von Absolutismus wie von Revolution. Sie verabscheut den Mißbrauch der Staatsgewalt wie den Mißbrauch der Freiheit. Sie ist keine Feindin der Staatsgewalt; sie ist aber eine unversöhnliche Feindin des Versuches, durch ungemessene Ausdehnung der Staatsgewalt in das Hausrecht der persönlichen Freiheit einzudringen. Sie gibt Gott, was Gottes ist; sie gibt dem Staate, was des Staates ist. Sie fordert aber auch für den Menschen, was ihm gebührt, jene Freiheit, ohne welche er seiner Menschenwürde entkleidet ist. Sie fordert diese geordnete Freiheit nicht nur für den einzelnen Menschen als abstraktes Individuum gedacht (diese Freiheit scheint auch der Liberalismus zu gewähren), sondern für den einzelnen Menschen in seinen vielfachen Verbindungen zur Verwirklichung seiner religiösen, geistigen, sittlichen, politischen, wirtschaftlichen Interessen. Die bloße individuelle Freiheit, ohne die Freiheit, sich für alle menschlichen Interessen mit anderen zu vereinigen, ist keine wahre Freiheit. Denn erst durch diese Vereinigung kann der Mensch seine volle Individualität entwickeln; das liegt in der Natur und in dem Wesen des Menschen. Zu dieser wahren Freiheit gehört daher auch Freiheit der Familie und der Erziehung, Freiheit des Unterrichtes, Freiheit der Gemeinde, überhaupt Freiheit für alle Genossenschaften, in welchen der Mensch lebt und leben muß, um seine geistigen und materiellen Bedürfnisse zu befriedigen.

Die persönliche und genossenschaftliche Freiheit müssen wir daher auf allen Gebieten des Staats- und Privatlebens gegen das schmachvolle Joch, mit welchem uns und unser Vaterland der liberale Despotismus bedroht, mit aller Kraft verteidigen. In diesem Kampfe stehen wir so recht eigentlich auf heimatlichem Boden; denn Haß gegen Despotismus und Absolutismus und Liebe zur persönlichen Freiheit ist das beste Erbteil des germanischen Volksstammes. Dadurch wenden wir die größte Gefahr von unserem Vaterlande ab. Denn nichts korrumpiert so sehr ein Volk wie der Absolutismus, in welcher Form er immer auftreten mag. Das beweist die Geschichte der letzten drei Jahrhunderte.

Lehr- und Lernfreiheit.

Auf keinem Gebiete ist aber der Staatsabsolutismus unerträglicher, als auf dem des Unterrichtes, weil nichts weniger einen unberechtigten Zwang erträgt, als der Geist des Menschen. Zwar fordert der Liberalismus scheinbar Unterrichtsfreiheit; er knüpft diese Freiheit aber an Bedingungen und Voraussetzungen, die sich wieder illusorisch machen und dem Staate sachlich das Unterrichtsmonopol übertragen. Obwohl daher fast alle Staaten in ihre Verfassungen Unterrichtsfreiheit aufgenommen haben, so sind wir doch weit von ihr entfernt. In Wirklichkeit befinden wir uns vielmehr auf dem breiten Wege zu einem Unterrichtssysteme, welches für den Geist des Volkes dieselbe Dressur statuieren würde, wie das

Militärsystem für den Körper. Ein Staatsmonopol des Unterrichts ist aber unter allen Tyranneien, die Menschen über Menschen geübt haben, die verwerflichste.

Wenn ich aber jedes Staatsmonopol im Unterrichtswesen verwerfe, so kann ich mich doch ebensowenig denen anschließen, welche im gerechten Abscheu vor dem Mißbrauche, welchen der Liberalismus mit der Staatsschule treiben will, dem Staate alle Rechte auf die Schule bestreiten. Auch hier verlange ich nicht eine absolute, unbegrenzte Lehr- und Lernfreiheit, sondern eine geordnete, d. h. eine solche, bei welcher die Rechte der staatlichen Autorität und die Freiheit gleichmäßig gewahrt sind. Wir müssen uns daher darüber klar sein, worin diese geordnete Lehr- und Lernfreiheit besteht, welche Rechte der Staat bezüglich der Schule und des Unterrichtes hat, und in welchen Grenzen sich hinwiederum dieses Recht bewegen muß, um nicht die Lehr- und Lernfreiheit zu vernichten.

Der Artikel 20 der preußischen Verfassungsurkunde vom 31. Januar 1850 bestimmt: „Die Wissenschaft und ihre Lehre ist frei.“ Nach den amtlichen Erläuterungen des Ministers der geistlichen Angelegenheiten und des Unterrichtes, von Ladenberg, zu dem gleichlautenden Artikel 17 der Verfassungsurkunde vom 5. Dezember 1848 soll die Wissenschaft hiernach keine andere Schranke haben, als ihre innere Wahrheit und das dringende Interesse des Staates. Die hier gewährte Freiheit begreift wesentlich die Lehr- und Lernfreiheit in sich, d. h. das Recht, die Wissenschaft sowohl durch mündlichen Vortrag, wie durch die Presse frei zu lehren, und die Wissenschaft frei zu erlernen, ohne dabei an bestimmte Schulen, z. B. Staatsschulen, gebunden zu sein. Nach Artikel 12 der Verfassungsurkunde sollen aber bis zum Erlasse des in Artikel 26 vorgesehenen allgemeinen Unterrichtsgesetzes die bis dahin geltenden gesetzlichen Bestimmungen in Kraft bleiben. So bestehen im wesentlichen in Preußen die Verhältnisse noch fort, wie sie das preußische Landrecht Teil II, Tit. 12 geschaffen hat, und welche wir ein gemäßigtes Unterrichtsmonopol des Staates nennen können.

Was nun die einzelnen Rechte betrifft, die wir bei einer *geordneten* Lehr- und Lernfreiheit dem Staate nicht bestreiten, so gehört dazu vor allem ein Aufsichtsrecht über alle Schulen. Dasselbe wird sich in ganz verschiedenen Grenzen bei den Staatsschulen und bei den Privatschulen bewegen müssen; es wird den anerkannten christlichen Konfessionen gegenüber besondere Rücksichten zu nehmen haben; es wird aber in paritätischen Staaten im Prinzip bezüglich aller Schulen nicht weggeleugnet werden können. Der Staat, welcher allen anerkannten Konfessionen rechtlich gleich gegenübersteht, kann auf das Recht nicht verzichten, in betreffenden Fällen sich davon zu überzeugen, ob in der Schule keine staatsgefährlichen Tendenzen verfolgt werden. Daß bei Übung dieses Rechtes alle Rücksichten gewahrt werden müssen, welche der Staat den großen christlichen Konfessionen und der Religion schuldet, versteht sich von selbst. Dagegen fordert kein wirkliches Staatsinteresse ein *ausschließliches* staatliches Oberaufsichtsrecht. Insbesondere kann den anerkannten christlichen Konfessionen ein wirksames Mitaufsichtsrecht, so weit es nötig ist, um den sittlich-religiösen Zustand der Schule zu überwachen, nicht bestritten werden. Dieses Mitaufsichtsrecht der Kirche ist zugleich ein wahres Mitaufsichtsrecht des Volkes, namentlich der Eltern, insoweit sie dadurch für ihr Gewissen ein Unterpfand haben, daß die sittlich-religiösen Interessen in der Schule nach ihrer konfessionellen Auffassung hinreichend gewahrt sind, um ihre Kinder der Schule anvertrauen zu können. Wo der Staat dagegen sein Oberaufsichtsrecht als ein ausschließliches auffaßt, da überschreitet er die Schranken, welche ihm seine begründeten Interessen ziehen, und betritt den Boden des Unterrichtsmonopols.

Ebenso bestreite ich dem Staate nicht das Recht, einen gewissen Grad von Kenntnissen für alle seine Angehörigen zu fordern und, so weit es zur Erreichung dieses Zieles notwendig ist, den Schulzwang zu üben. So hoch ich die Rechte der Eltern über ihre Kinder halte, so kann ich sie doch nicht als unbeschränkt in der Art auffassen, daß Kinder selbst dem Mißbrauch der elterlichen Gewalt ganz schutzlos gegenüberstehen sollten. Es gibt auf Erden keine unbeschränkten Rechte; ein unbeschränktes Recht der Eltern würde ja die Kinder rechtlos machen. Mit der Kirche hat daher der Staat ein gewisses vormundschaftliches Recht für solche Fälle, wo Eltern ihre Elternrechte und Pflichten schwer verletzen. Die Eltern schulden ihren Kindern eine gewisse Pflege des Leibes und eine gewisse, ihren Verhältnissen entsprechende Pflege des Geistes, und wenn sie als die nächsten Stellvertreter Gottes das Minimum geistiger und leiblicher Pflege ihren Kindern nicht gewähren, so muß die geistliche und weltliche Obrigkeit, in welch letzterer wir auch Gottes Stellvertreterin ehren, in der rechten Weise sich des Kindes annehmen. Wer die Verhältnisse so vieler Kinder gerade in den ärmsten und verkommensten Schichten des Volkes kennt, muß den Grundsatz einer absoluten Herrschaft der Eltern über die Kinder, welcher der vollen Willkür über die Kinder gleichkäme, als einen unmenschlichen verwerfen. Dagegen ist es harter Absolutismus, eine wahre Geistes- und Seelenknechtung, wenn der Staat dieses, ich möchte sagen, subsidiäre Recht mißbraucht. Es geht seiner Natur nach nie über das Recht hinaus, eine gewisse unterste Bildungsstufe von allen Kindern zu fordern, und es darf immer nur unter voller Berücksichtigung der Rechte und Pflichten der Eltern, namentlich auch bezüglich der religiösen Erziehung der Kinder, geübt werden. Es schließt daher nicht das Recht ein, die Schule zu beherrschen, ihr eine gewisse Parteitendenz zu geben und sie zu benutzen, um die Parteianschauung der herrschenden Richtung den Kindern einzupflanzen. Das ist der Plan des modernen Liberalismus; — das ist auch das Ziel der konfessionslosen Schule. Dieses Bestreben vernichtet aber jede Lehr- und Lernfreiheit; sie macht die Schule zum Staatsmonopol; sie will den Geist des Volkes der Partei dienstbar machen; sie begeht ein wahres Verbrechen an den Eltern und an den Kindern. Auf diesem Wege wird die Schule eine offizielle Korruptionsanstalt des Volkes.

Endlich gestehen wir dem Staate zu, nicht nur von den Lehrern der öffentlichen Schulen, sondern auch von den Lehrern der Privatschulen den Nachweis ihrer sittlichen und wissenschaftlichen Befähigung zu fordern. Da aber der Staat von jedem seiner Angehörigen nur den Unterricht fordert, welcher für die öffentlichen Volksschulen vorgeschrieben ist, so hat er bei Privatschulen und bei Privatlehrern keine höhere wissenschaftliche Leistung in Anspruch zu nehmen als jene, welche für Volksschulen und Volksschullehrer vorgeschrieben ist.

Das sind die Rechte des Staates mit ihren notwendigen Beschränkungen, wenn von Lehr- und Lernfreiheit in einem Lande die Rede sein soll.

Jedes Überschreiten dieser Beschränkungen führt zum Staatsmonopol des Unterrichts und zu einer geistigen Knechtung des Volkes. In diesem Staats-Unterrichtsmonopol stecken wir aber noch überall mehr und weniger.

Schon die Lernfreiheit ist monopolisiert zum Vorteile des Staates.

Eine Beschränkung der Lernfreiheit ist die gesetzliche Pflicht des Besuches der Staatsuniversitäten, um zu den Prüfungen zur Erlangung von Staatsämtern zugelassen zu werden. Da fragt der Staat den Aspiranten nicht nur, was er weiß, sondern wo und wie er es gelernt hat, und wenn er auch das zum Examen geforderte Wissen im höchsten Grade besitzt, wird er schon allein um deswillen abgewiesen, weil er es nicht auf dem vorgeschriebenen Wege erlernt hat. Solche Bestimmungen beeinträchtigen die Lernfreiheit. Sie geben den Staatsschulen und der Wissenschaft, welche der Staat protegiert, ein Monopol. Nicht die Wahrheit ist hier, um mit von Ladenberg zu reden, die Grenze, sondern der Nutzen der protegierten Staatsschule.

Eine Beschränkung der Lernfreiheit ist ferner jedes Privileg der Staatsanstalten bezüglich der vorgeschriebenen Prüfungen... Lernfreiheit ist nur dann vorhanden, wenn allgemeine und gemischte Prüfungskommissionen bestehen; wenn nicht mehr wie bisher der Nachweis des vorschriftsmäßigen Grades des Wissens, welcher Zweck des Examens ist, den Schülern der Staatsschulen erleichtert, den Schülern der Privatschulen aber erschwert wird.

Die vielfachen Beschränkungen der Lernfreiheit in unseren jetzigen Verhältnissen lernen wir aber erst in ihrem vollen Umfange kennen, wenn wir gleichzeitig auch die Beschränkung der Lehr-, der Unterrichtsfreiheit ins Auge fassen.

Lernen kann man in der Regel nicht ohne Lehrer und Schule. Jede unberechtigte Hemmung der Lehr- und Unterrichtsfreiheit, jede unberechtigte Erschwerung der Gründung von Privatschulen ist daher eine Beschränkung der Lernfreiheit.

Auch die Lehrfreiheit ist monopolisiert zum Vorteile der Staatsschule. Artikel 22 der preußischen Verfassungsurkunde bestimmt: „Unterricht zu erteilen und Unterrichtsanstalten zu gründen und zu leiten steht jedem frei, wenn er seine sittliche, wissenschaftliche und technische Befähigung den betreffenden Staatsbehörden nachgewiesen hat." Dieser Artikel spricht einen Grundsatz aus, welcher, richtig angewendet, durchaus berechtigt ist, welcher aber auch jedem Mißbrauche Tür und Tor öffnet. Alles kommt hier darauf an, welche Anforderungen bezüglich dieser wissenschaftlichen und technischen Befähigung gestellt werden. Wenn hier nicht die rechte Grenze gezogen wird, so hat der Staat eine Handhabe, um jede Lehr- und Lernfreiheit illusorisch zu machen und das Staatsmonopol des Unterrichtes zur ausschließlichen Geltung zu bringen. Bezüglich der „wissenschaftlichen und technischen" Befähigung hat nämlich der Staat nur das Recht, von dem Privatlehrer den Nachweis jener Kenntnisse zu fordern, welche für die Volksschule vorgeschrieben sind. Wenn der Lehrer diesen Nachweis liefert, so hat er damit seiner Pflicht gegen den Staat genügt. Ob die Privatschule über dieses Maß hinausgeht und einen höheren Unterricht erteilt, fällt nicht unter die Kontrolle des Staates, weil es sich dabei um Kenntnisse handelt, deren Aneignung der Freiheit des einzelnen ganz überlassen ist. Wenn die Schüler einer Privatschule sich um eine Stelle bewerben, für welche der Staat ein gewisses Maß höherer Kenntnisse fordert, so ist letzterer durch das Examen gegen alle Benachteiligung seiner Interessen durch mangelhafte wissenschaftliche Bildung auf Privatschulen hinreichend sicher gestellt, und es bedarf dazu keiner höheren Prüfung der Lehrer der Privatschule selbst. Überdies wird jede Privatschule im Interesse ihrer Selbsterhaltung, um nämlich die Konkurrenz mit anderen Anstalten, namentlich den Staatsschulen zu bestehen, dahin streben müssen, in ihren wissenschaftlichen Leistungen hinter anderen Anstalten derselben Stufe nicht zurückzubleiben. Wenn daher der Staat von Lehrern an Privatschulen, die über die Volksschule hinausgehen, auch den Nachweis einer höheren wissenschaftlichen und technischen Befähigung fordert, wenn er für sie dieselben Anforderungen stellt wie für die Lehrer an den höheren und mittleren öffentlichen Schulen, so beschränkt er die Lehrfreiheit in einer unberechtigten Weise, so handelt er nicht mehr nach einem „dringenden Interesse“ des Staates, sondern im Interesse des Staatsunterrichtsmonopols. Solchen Anforderungen kann die Privatschule, die auf Privatmittel angewiesen ist, nur in den seltensten Ausnahmefällen genügen. Die Vorteile, welche der Staat dem Lehrer bietet, kann die Privatschule ihm nicht bieten, und ein Lehrer, welcher alle Staatsprüfungen zum Nachweise seiner Qualifikation bestanden hat, wird daher stets die Staatsschule der Privatschule vorziehen. Es genügt, nur die Pensionierungsansprüche der öffentlichen Lehrer zu erwähnen, um sich hievon zu überzeugen. Wo daher solche Anforderungen an die Privatschule und an die Privatlehrer gestellt werden, wird die Staatsschule faktisch bald das Monopol des Unterrichtes und der Wissenschaft besitzen.

Was aber von einem solchen Unterrichtsmonopol des Staates zu halten ist, darüber wollen wir die Worte von Robert von Mohl[1]) anführen: „Der Staat der Gegenwart verlangt kein Monopol der Bildung und Erziehung für sich. Ein solches würde unmittelbar zu dem Systeme einer Nationalerziehung führen, welches jeden einzelnen lediglich nur als einen Bestandteil des politischen Ganzen und als ein Mittel zur Erreichung der Zwecke desselben auffaßt, keiner Eigentümlichkeit der Anlage und Verhältnisse Rechnung trägt und keine individuellen Wünsche und Bedürfnisse in Betreff geistiger Tätigkeit zuläßt. Ein solches System ist die härteste Sklaverei, insoferne sie nicht bloß leibeigen macht, sondern die ganze Entwickelung der geistigen Tätigkeit und die höheren menschlichen Zwecke dem Staate zum Opfer bringt." In diesem Urteil über das Unheil und das Verderbnis des Staatsmonopols im Unterrichtswesen stimmen wir von Mohl vollkommen bei; leider können wir uns aber der Ansicht nicht anschließen, daß der Staat der Gegenwart kein Monopol der Bildung und Erziehung für sich in Anspruch nimmt. Das mag von den Altliberalen wahr gewesen sein, der moderne Liberalismus strebt dagegen mit vereinter Kraft auf dieses Staatsmonopol der Bildung und der Wissenschaft hin.

Der § 20 der preußischen Verfassung: „Die Wissenschaft und ihre Lehre ist frei", ist daher in Wirklichkeit noch eine leere Phrase. Wir haben weder

---

1) Politik, Bd. 2, S. 89.

wahre Lern- noch wahre Lehrfreiheit. Die bestehenden Verhältnisse konnten wir daher mit Recht „ein gemäßigtes Unterrichtsmonopol des Staates" nennen, und wir sind auf dem offenen Wege zu dem absoluten Staatsunterrichtsmonopol. Das ist die Hauptgefahr der Gegenwart. Der Liberalismus will uns und das deutsche Volk „seeleneigenhörig" machen. Er allein will in der Staatsschule herrschen, und durch Staatsschule und Schulzwang will er seine Doktrin unter dem Aushängeschild der Wissenschaft dem deutschen Volke gewaltsam aufzwingen. Diese, wie Mohl sagt, „härteste Sklaverei", welche „nicht bloß leibeigen macht, sondern die ganze Entwickelung der geistigen Tätigkeit und die höheren menschlichen Zwecke dem Staate zum Opfer bringt", ist kein Phantom mehr, sondern sie bedroht das deutsche Vaterland in unmittelbarer Nähe. Möchte alles, was noch Liebe zur Wahrheit und zur Freiheit hat, sich in Deutschland vereinigen, um sich dieser Seelensklaverei des Liberalismus zu widersetzen.

Die Verfassungsformen.

Alles menschliche Leben bedarf einer Form, um sich zu verwirklichen. So bedarf auch das Leben eines Volkes für den ganzen Umfang der in der menschlichen Natur liegenden Kräfte und Beziehungen äußerer Formen, und zwar, weil der Mensch überall zur Verwirklichung seiner Bestimmung auf die Verbindung mit anderen angewiesen ist, genossenschaftlicher Formen, in welchen sein ganzes gesellschaftliches Leben, alle seine vielfachen Beziehungen zu den Mitmenschen sich gestalten und ordnen. Diese genossenschaftlichen Formen oder Verfassungen im allgemeinsten Sinne dieses

Wortes sind nun von größter Bedeutung für die höchsten Güter eines Volkes, ähnlich wie der Leib für die Tätigkeit der Seele. Insbesondere hängt die Freiheit, die geordnete Freiheit, ganz wesentlich von den Verfassungsformen eines Landes auf allen Gebieten des staatlichen und gesellschaftlichen Lebens ab. Wenn daher das deutsche Reich wieder eine Heimatsstätte deutscher Freiheit werden soll, so muß es auch entsprechende Verfassungsformen haben, eine rechte Ordnung für Staat und Gesellschaft.

Auf keinem Gebiete besteht aber eine größere Täuschung und Verwirrung als auf diesem. Wie der liberale Begriff von Freiheit zur vollen Unfreiheit führt, weil die bloß abstrakte individuelle Freiheit, ich möchte sagen die elementare unorganische Freiheit, immer in ihr Gegenteil umschlägt, — ähnlich wie der auf sich angewiesene Arbeiter bei der schrankenlosesten individuellen Freiheit dennoch ein Sklave des Kapitals wird — so ist auch der liberale Begriff von freiheitlichen Verfassungsformen ein sehr trügerischer und wird leicht ein Deckmantel für die Unterdrückung der wahren Freiheit. Überdies gibt es kein anderes Gebiet, auf dem so viele Trümmer vergangener Zeiten aufgehäuft sind, und wo der Neubau ein so dringendes Bedürfnis ist. So groß aber dieses Bedürfnis ist, so schwierig ist die Aufgabe, die gänzlich zerstörte gesellschaftliche Ordnung, welche früher alle Teile des Volkes umfaßte und sie in ein organisches Verhältnis zur staatlichen Ordnung brachte, wieder herzustellen und in feste, dauernde Verfassungsformen zu bringen.

Kein Mensch ist imstande, diese Gestaltungen für die Zukunft vorauszusehen. Es möge daher genügen, unsere jetzige Lage in dieser Hinsicht und die Ursachen derselben ins Auge zu fassen und einige leitende Gedanken für das Verfassungswerk in der Richtung unseres Programms auszusprechen.

Der Mensch ist nicht nur, wie Aristoteles sagt, ein staatliches Wesen, das heißt: seine Natur verlangt nicht nur einen Verband, in welchem die Idee des Staates verwirklicht ist, sondern er ist auch ein religiöses Wesen, er ist auch ein gesellschaftliches Wesen, er ist auch ein wirtschaftliches Wesen, er ist auch ein auf die Familie angewiesenes Wesen, das heißt: seine Natur verlangt Verbindungen, in welchen die Idee der Religion, die Idee der Gesellschaft, die Bedürfnisse des Erwerbes, die Idee der Familie verwirklicht sind. Alle diese Verbindungen mit ihren vielfachen Gliederungen verlangen eine gewisse Verfassung und alle diese Verfassungen müssen wieder wie viele Glieder eines Körpers in der rechten Wechselbeziehung, in der rechten Über- und Unterordnung zueinander stehen. Eine solche mannigfaltige organische Gliederung finden wir in der Natur. Sie soll auch in den menschlichen Beziehungen vorhanden sein.

An der Herstellung dieser notwendigen Verfassungsform arbeiten nun die verschiedenen Völker, aber mit sehr verschiedenem Erfolge. Der Unterschied zwischen den antiken und modernen Völkern auf der einen Seite und den Völkern des Mittelalters auf der andern Seite besteht wesentlich darin, daß jene fast nur eine staatliche Verfassung kannten, während diese neben der staatlichen Ordnung und Verfassung auch eine Ordnung und Verfassung des ganzen gesellschaftlichen Lebens des Volkes in allen seinen Verzweigungen besaßen. Die vollendetste Verfassungsform, welche bisher aus dem Leben eines Volkes hervorgewachsen ist, war wohl, ihrer Grundidee nach, die des alten Deutschen Reiches. Da waren alle Bedürfnisse des staatlichen, religiösen, geistigen und wirtschaftlichen Lebens in einen überaus reich gegliederten Organismus zusammengefaßt und wenigstens annähernd befriedigt.

Aber die Baumeister an diesem herrlichen Reichsbau waren keine guten Baumeister; das Deutsche Reich seiner Anlage und Idee nach war zu groß für die deutschen Kaiser, Fürsten und Stände, sie haben sich ihrer Aufgabe nicht würdig und gewachsen erwiesen.

Drei Ursachen haben hauptsächlich zusammengewirkt, um die mittelalterlichen Staats- und Gesellschaftsformen zu zerstören.

Die erste war der Geist des Egoismus, welcher sich der Fürsten und der hohen und niederen Stände bis zu den Zünften herab bemächtigte. Ähnlich wie jetzt eine einseitige Richtung dahin geht, die ganze Idee des Staates in die der Erwerbsgenossenschaft aufzulösen, den Staat in eine Art Produktivgesellschaft umzugestalten, so suchte man damals den Staat und die Gesellschaft unter den Begriff des Privateigentums zu bringen und sie ganz nach den Regeln eines egoistischen Privatrechts auszubeuten. Der Gemeinsinn schwand so immer mehr und jeder suchte aus seiner Stellung möglichst großen Gewinn auf Kosten des Ganzen zu ziehen. Was ursprünglich Pflicht gewesen war, wurde nur mehr als Recht aufgefaßt und das Recht in der eigennützigsten Art des Eigentumsrechtes.

Die zweite Ursache, in enger Verbindung mit der vorigen, war die Unterlassung des Fortbaues der bestehenden gesellschaftlichen Ordnung nach den wechselnden Bedürfnissen des Volkes. Statt die sich im Laufe der Zeit neugestaltenden Verhältnisse mit kluger Voraussicht in die vorhandene Verfassung organisch einzugliedern, statt die alten Organe des ganzen gesellschaftlichen Lebens nach den neu sich bildenden Bedürfnissen auszudehnen, schlossen sie sich vielmehr immer enger und egoistischer ab. Namentlich durch das Wachsen der Städte und durch die allmähliche Umgestaltung der früheren unfreien Stände auf dem Lande in freie entstanden ganze Volksklassen, insbesondere der Arbeiterstand, welche keinen Platz in dem alten Bau, in der alten Gliederung der Gesellschaft hatten und dadurch in eine gewisse feindliche Stellung zu ihr gerieten. Nichts ist gefährlicher für ein Staatswesen, als wenn in demselben sich zahlreiche Elemente vorfinden, welche mit ihm keine rechte Fühlung, keine rechte Verbindung haben, gewissermaßen in einem lebendigen Organismus unorganische Teile sind.

Die dritte Ursache endlich, welche diese Zerstörung bewirkte, war der Geist des Absolutismus, welcher sich der Regierungen, sowohl der monarchischen, wie der radikalen und liberalen, bemächtigte. Zum innersten Wesen dieses staatlichen Absolutismus gehört es, daß er den Menschen, um wieder auf den Ausspruch des Aristoteles zurückzukommen, nur als ein staatliches Wesen auffaßt und deshalb auch nur eine Form für die Verbindung der Menschen untereinander duldet, nämlich die staatliche. Die Stände des Mittelalters wollten in ihrer späteren Entartung Staat und Gesellschaft in die Form des Privateigentums bringen. Der Sozialismus will Staat und Gesellschaft in die Form einer Wirtschaftsgenossenschaft gießen, der Absolutismus will dagegen die gesamte Gesellschaft für den Staat konfiszieren, alle Menschen in Individuen und Atome auflösen unter dem Vorwande der wahren Befreiung; sie frei machen von der Kirche, frei von jeder korporativen Genossenschaft, frei von der Zunft, frei von der Gemeinde, frei von der Familie, und das so isolierte, also möglichst schwach gemachte Individuum dem allein zu Recht bestehenden allgewaltigen Staatsverbande gegenüberstellen. Das ist so recht die menschenbeglückende Freiheitsidee des Absolutismus.

Diese absolutistische Idee ist nun der eiserne Hammer geworden, mit dem zuerst die absolutistischen Monarchen und Reichsfürsten die alte gesellschaftliche Ordnung der mittelalterlichen Staaten zertrümmert haben. Was aber der monarchische Absolutismus von den alten Verfassungen noch übrig gelassen hat, das hat der gesinnungsverwandte radikale Absolutismus in der französischen Revolution und der Liberalismus vernichtet. Dieses Zerstörungswerk ist fortgesetzt bis in unsere Tage. Die liberale Volkswirtschaftslehre hat alle alten Ordnungen, in denen sich die Erwerbstätigkeit des Volkes ausgestaltet hatte, vernichtet. Dieselbe Lehre mit ihrer unbeschränkten Freizügigkeit, mit ihrem unbeschränkten Niederlassungsrecht, mit ihrer unbeschränkten Gewerbefreiheit, mit ihrem Grundsatz über den Unterstützungswohnsitz usw., hat auch die Gemeinde als korporativen Verband formell vernichtet und sie in einen beliebigen staatlichen Verwaltungsbezirk umgewandelt. Auch der Verband der Familie, welcher seine Festigkeit ganz aus der christlichen Ehe schöpft, soll durch die Zivilehe gelockert und dadurch das Geschlecht der eigentlichen Proletarier ermöglicht werden; denn der Mensch, welcher noch eine Familie und eine Heimatsgemeinde hat, ist kein wahrer Proletarier, er wird es erst, wenn er ohne Familie und Heimat dasteht, wenn er so recht der Alleweltsmensch geworden ist. Schließlich bleibt nur noch der Verband der Kirche übrig, und soeben sammelt der Liberalismus alle seine Kräfte, um gegen ihn Sturm zu laufen.

Das ist nun unsere Lage, und darin wurzeln fast

alle politischen und sozialen Schwierigkeiten der Zeit, alle Probleme, welche gelöst werden müssen. Wie namentlich die soziale Frage im engern Sinne mit dieser Auflösung der ganzen gesellschaftlichen Ordnung innig zusammenhängt, ergibt sich schon aus dem Gesagten und wird noch später näher hervorgehoben werden. Wenn wir die vielen korporativ gestalteten Organe, in denen das gesamte Leben eines Volkes früher, wenn auch vielfach notdürftig untergebracht war, mit einem großen Gebäude mit vielen Abteilungen vergleichen, wo alles seinen Platz hatte, so könnte man nach diesem Werke der Zerstörung sagen, daß wir gewissermaßen für unser soziales Leben obdachlos geworden sind. Man hat die alte Wohnung, worin sich das Volk zur Befriedigung seiner geistigen und wirtschaftlichen Bedürfnisse eingerichtet hatte, niedergerissen, ehe eine bessere gebaut war. Nur der Staat überdacht das ganze Volk, und unter seinem Schutze soll alles wie in einem einzigen Raume untergebracht werden. Alles in allem gesagt: durch die Zerstörung der alten gesellschaftlichen Ordnung, welche überall mit der staatlichen Ordnung wie zu einem Ganzen innig verwachsen war, ist das Volk desorganisiert, und der Staatsverband allein steht dieser desorganisierten Volksmasse gegenüber. Das ist unsere Lage.

Es ist aber leichter niederreißen als aufbauen. Das erfahren wir jetzt, und das wird man immer mehr erfahren. Die Folgen dieser revolutionären Zerstörungen durch den monarchischen und liberalen Absolutismus, welche den natürlichen Entwickelungsgang der europäischen Nationen vollständig unterbrochen haben, werden sich wohl noch in großen und krampfhaften Katastrophen längere Zeit hindurch offenbaren. Vielleicht müssen wir in der Zwischenzeit noch allerlei

Experimente durchmachen, welche den Mangel einer gesellschaftlichen Ordnung durch Palliativmittel ersetzen wollen .

Die wahre Aufgabe für die Zukunft, die einzige Lösung der gesellschaftlichen Kalamitäten ist dagegen ebenso leicht auszusprechen, wie schwer zu lösen. Wie das Übel in der Desorganisation der Gesellschaft und in der Isolierung des Staates liegt, so liegt das einzig durchgreifende Heilmittel in der Reorganisation der Gesellschaft und in der organischen Verbindung der reorganisierten Gesellschaft mit dem Staate. Aber das Wie dieses Aufbaues ist schwer zu bestimmen. Maschinen lassen sich schaffen, lebendige Organe aber lassen sich nicht schaffen, sie müssen wachsen. So läßt sich auch ein solcher gesellschaftlich-staatlicher Verfassungsbau nicht a priori ins Leben rufen, er muß aus dem Leben eines Volkes wieder herauswachsen.

Was aber eine politische Partei bei diesem Prozeß der Reorganisation des Staates und der Gesellschaft tun kann, läßt sich vielleicht in folgenden drei Gedanken zusammenfassen:

Erstens muß sie das Übel recht erkennen und zur Verbreitung dieser Erkenntnis unter den Zeitgenossen möglichst beitragen. Nur wenige von ihnen haben einen klaren Begriff davon, daß in der Vernichtung der alten gesellschaftlichen Ordnung und ihrer religiösen Grundlage der Hauptsitz aller politischen und sozialen Übel steckt. Sie kennen nur die Fehler und Ausartungen der gesellschaftlichen Ordnungen der früheren Zeit, ohne von den so berechtigten Ideen, welche ihnen zugrunde lagen, auch nur eine Ahnung zu haben. Diese Einsicht muß erst wieder verbreitet werden, ehe eine Erkenntnis der rechten Heilmittel möglich ist.

Zweitens müssen die vielen Keime einer Rekonstruktion der gesellschaftlichen Ordnung, welche überall wie von selbst hervorsprossen, nach Kräften gepflegt werden. In dieser Hinsicht ist die Natur der Dinge stärker als alle doktrinären Phrasen. Während man noch mit Geringschätzung auf das Mittelalter hinblickt, sind wir doch schon mitten in einer Entwickelung begriffen, welche manche Ähnlichkeit mit ihm hat. Was ist dieses mächtige Streben nach genossenschaftlichen Verbindungen auf allen Gebieten des geistigen, gesellschaftlichen und materiellen Lebens anders als eine natürliche Reaktion gegen jene Zerstörung der Gesellschaft, die der Absolutismus an uns geübt hat? . . .

Endlich drittens ist es eine Aufgabe, die letzten Reste gesellschaftlicher Organisationen, die aus einer früheren Zeit noch übrig sind, vor weiterer Zerstörung zu schützen und sie der Zukunft zu bewahren. Die mächtigste Körperschaft, welche sich in ihrer Organisation noch erhalten hat, ist die Kirche; sie ist, Gott sei Dank! durch ihre göttliche Stiftung unzerstörbar und enthält zugleich alle die sittlich-religiösen Kräfte, welche zu einer organischen Gliederung und Verfassung der Gesellschaft im Sinne geordneter Freiheit und der freien Selbstverwaltung notwendig sind. Aber auch die christliche Familie steht noch als ein fester Organismus da und leistet den Zerstörungsversuchen starken Widerstand. Auch die Gemeinde, welche formell fast als selbständiger Organismus vernichtet ist, leistet noch Widerstand. Selbst die alten Stände haben sich noch einen gewissen Zusammenhang, der in der Natur der Dinge liegt, bewahrt, und andere Stände suchen sich zusammenzutun und zu bilden, wie der Bauernstand. Was daher von diesen alten gesellschaftlichen Ordnungen noch übrig ist, muß treu bewahrt werden. Es sind das wertvolle Bausteine für den künftigen Neubau der Gesellschaft.

Schlußwort.

Ob es gelingen wird, die großen Ideen von Gerechtigkeit, Freiheit und Ordnung, wie sie aus dem Christentum entsprungen sind und sich in den christlichen Völkern entwickelt haben, im Deutschen Reiche zu verwirklichen und demselben eine ihnen entsprechende staatliche und gesellschaftliche Verfassung zu geben, das hängt von der Stellung ab, welche das Deutsche Reich zum Christentum und zur Kirche nehmen wird.

Nur christliche Völker können freie Völker mit wahrhaft freien Institutionen sein. Das lehrt uns die Geschichte der Staaten des Altertums und aller nicht christlichen Völker. Das römische Reich war die eiserne Herrschaft der Stadt Rom und ihrer Bürger über die Welt. Die griechischen Republiken waren gleichfalls die Herrschaft einzelner Volksklassen über ihre Sklaven und über alle Völker, welche sie sich im Kriege unterwarfen. Die Idee der Freiheit und Gerechtigkeit für alle war ihnen gänzlich fremd; wir verdanken sie dem Christentum, oder richtiger, wir verdanken sie dem Sohne Gottes, der vom Himmel auf die Erde herabgestiegen ist, um den Menschen mit der Erlösung auch die wahre Freiheit, zunächst die Freiheit von der Lüge und der Sünde, die sittliche Freiheit, dann aber auch infolge davon die Freiheit auf allen andern Gebieten des menschlichen Lebens wieder zu bringen. Das Mittelalter arbeitete daran, die großen christlichen Ideen auch in den bürgerlichen und staatlichen Verhältnissen zu verwirklichen. Daraus ist die wunderbare Organisation des Staates und der Gesellschaft der christlichen Völker des Mittelalters hervorgegangen. Wir haben in unserer Schrift einige der Gründe angegeben, welche diese Entwickelung freiheitlicher Verfassungsformen zuerst aufgehalten und dann nach und nach wieder zerstört haben.

Der Grund aber, warum nur christliche Völker freie Völker mit wahrhaft freiheitlichen Institutionen sein können, liegt darin, daß nur das Christentum in seinen Lehren, in seinen Vorschriften und in seinen Gnaden jene sittliche Kraft dem Volke mitteilt, ohne welche allgemeine Freiheit unter den Menschen unmöglich ist. Nur die dem Christentum entspringende sittliche Kraft vermag nämlich den Mißbrauch der Freiheit selbst abzuwenden, dessen Möglichkeit überall eintritt, wo Freiheit besteht, und welcher um so gefährlicher wird, je größer die Freiheit ist. Wo dieses Korrektiv der Freiheit, welches ihren Gebrauch regelt und ordnet, in der Gesinnung des Volkes fehlt, da führt ihr Mißbrauch immer zu dem andern Korrektiv, welches dann allein übrig bleibt, nämlich zur despotischen Staatsgewalt und zur Zerstörung aller freiheitlichen Institutionen im Volke. Nicht minder aber bedürfen die Träger der Staatsgewalt dieser sittlichen Kraft, welche nur das Christentum verleiht, um ihnen die Achtung vor den Rechten, vor der Freiheit des Volkes zu bewahren und sie vor dem Mißbrauch der Gewalt zu schützen. Wo dieses starke sittliche Korrektiv in der Gesinnung der Inhaber der Staatsgewalt fehlt, da bleibt gegen den Mißbrauch der Gewalt gleichfalls kein anderes Korrektiv übrig als revolutionäre Bewegungen. Mißbrauch der Freiheit und infolgedessen harter Despotismus; Mißbrauch der Gewalt und infolgedessen Revolution — das ist so ziemlich das wechselnde Bild in der Geschichte aller Völker, in welchen das Christentum nicht durch seine sittigende Kraft Freiheit und Gewalt in ihren rechten Grenzen erhält.

Am wenigsten aber können konstitutionelle Formen allein ohne diese sittlichen Lebenskräfte uns die wahre Freiheit und freiheitliche Institutionen gewähren. Das beweisen alle Länder, Frankreich an der Spitze, in denen der Konstitutionalismus längere Zeit seine Herrschaft geübt hat. Der Konstitutionalismus kann vielmehr, wie wir gesehen, unter Umständen sogar zur schlimmsten Unterdrückung der Freiheit führen durch das ihm anklebende Prinzip der Herrschaft der Majorität. Aus demselben Grunde schließt der reine Konstitutionalismus in dem Maße, wie er sich von der Religion trennt, auch die größten Gefahren für die Sittlichkeit des Volkes in sich. Die Mittel, welche sowohl die Staatsgewalt wie die Parteien vielfach anwenden, um die Majorität, von der ja in diesem Systeme alles abhängt, an sich zu reißen, dieser Einfluß der Beamten, diese Agitationen der Presse, diese Bestechungen, diese alle Leidenschaften anregenden Wahlversammlungen entsittlichen das Volk. Dadurch gefährdet aber der Konstitutionalismus gleichfalls die Freiheit, welche ohne Sittlichkeit nicht lange bestehen kann.

Die Zukunft des Deutschen Reiches hängt daher von der Stellung ab, welche dasselbe zur Religion, zum Christentum, zur Kirche einnehmen wird. Das war auch der einfache Sinn der Worte des Heiligen Vaters, als er jenes Bild aus dem Propheten Daniel von dem Steine, der sich ohne Menschenhand loslöst und herabstürzend die Bildsäule zerstört, auf das Deutsche Reich anwandte. Er wollte damit nichts anderes sagen, als was die Heilige Schrift von ihrem ersten bis zu ihrem letzten Blatte bestätigt, daß „wenn der Herr das Haus nicht baut, die Baumeister umsonst bauen[1])." Im Hinblicke auf diese Wahrheit und auf manche Vorkommnisse im Deutschen Reiche wollte er warnen vor einer Richtung, die durch die ganze Zeit geht, die Staat und Kirche feindlich gegenüberstellen will und in ihren Folgen noch verderblicher

1) Ps. 126, 1.

für den Staat selbst als für die Kirche ist. In den Worten des Papstes lag nicht entfernt der Gedanke, daß das, was dieses prophetische Wort enthält, am Deutschen Reiche in Erfüllung gehen werde. Das hat eine servile und boshafte Presse, welche die Pflichten des Oberhauptes der Kirche und die Größe eines Mannes, der, entblößt von aller irdischen Macht, nicht aufhört, Fürsten und Völker schlicht und einfach die Wahrheit zu sagen und sie vor Fehlgriffen zu warnen, nicht versteht, in die Worte des Papstes hineingelegt. Wie man den Mund des Priesters zubinden möchte, damit er nicht mehr die Wahrheit spricht, so will man auch die Wahrheit aus dem Munde des Hohenpriesters nicht mehr vernehmen. Was aber der Papst hier gesagt hat, das wiederholt die Religion, das muß jeder Christ bestätigen, daß jedes Reich zugrunde gehen wird, welches sich von der Religion und vom Christentum trennt. Nicht weil der Papst in feindseliger Gesinnung wünscht, daß das Deutsche Reich Schaden leide, hat er diese Worte gesprochen, sondern vielmehr, damit es nicht geschehe, damit man die Wege verlasse, welche unfehlbar zur Beschädigung und zum Verderben des Reiches führen müssen.

Die Verblendung ist weit gediehen. Noch in diesen Tagen nimmt die halbamtliche „Provinzial-Korrespondenz" bei ihrem Rückblick auf das vorige Jahr keinen Anstand zu sagen: „Ja, der Papst nahm ausdrücklich Gelegenheit, eine entschieden feindliche Politik des römischen Stuhles gegen das Deutsche Reich und die Zuversicht auszusprechen, daß das Steinchen sich von der Höhe loslösen werde, das den Fuß des Kolosses zerschmettern solle. Die Regierung und die Volksvertretung konnte je länger je weniger in Zweifel darüber sein, daß es sich von römischer Seite um einen einheitlich geleiteten Kampf gegen die staatliche Souveränität handle usw."

Von diesem „einheitlich von Rom aus geleiteten Kampf“ habe ich auch bei meinem Aufenthalt in Berlin schon manches gehört. Es bleibt uns nur übrig, solchen Hirngespinsten die Wahrheit entgegenzustellen, daß das Verhalten aller Bischöfe, aller Priester und des ganzen katholischen Volkes in Deutschland diese Anschuldigung Lüge straft. Eine gegen das Reich oder gegen die weltliche Souveränität gerichtete Leitung von Rom ist unmöglich, weil sie mit allen Grundsätzen der Kirche, ja mit allem, was der Papst selbst gesprochen, im Widerspruch stehen würde. Wenn sie aber möglich wäre, so würde kein Bischof, kein Priester und kein Katholik in Deutschland einer solchen Leitung Folge leisten. Die Meinung, daß die Pflicht, auch solchen Anweisungen des Papstes, wenn wir das Unmögliche für möglich annehmen wollen, zu folgen, in der Lehre von der Unfehlbarkeit des Papstes liege, ist eben auch nur ein Hirngespinst unserer Gegner. Es kann doch unmöglich in dem wahren Interesse des Deutschen Reiches liegen, sich in namenloser Verblendung dort Feinde des Deutschen Reiches hervorzuzaubern, wo man nur Männer und ein braves Volk vor sich hat, welche entschlossen sind, alle ihre Pflichten gegen Staat und Fürsten in unverbrüchlicher Treue zu erfüllen.

Wir stehen jedenfalls vor einem entscheidenden Zeitpunkte. Gott hat es zugelassen, daß das Deutsche Reich eine Macht und eine Stellung gewonnen hat, wie sie selten Menschenhänden anvertraut worden ist. Welcher Segen könnte für Deutschland und selbst für die Völker weit über Deutschlands Grenzen hinaus sich an den rechten Gebrauch dieser Macht knüpfen! Wehe denen, welche die Schuld tragen, wenn statt dessen alle jene beklagenswerten Zustände in unserem Vaterlande eintreten, die aus religiösen Kämpfen und aus jeder Abschwächung der christlichen Gesinnung im Volke notwendig entspringen!

Wenn aber statt des Friedens uns zerrüttende religiöse Kämpfe beschieden sind, so liegt der Grund derselben nicht in einer Feindschaft des Papstes gegen Kaiser und Reich, nicht in der Staatsgefährlichkeit der katholischen Kirche und ihrer Lehren, sondern in dem verbrecherischen Streben, den alten Streit zwischen Katholiken und Protestanten nicht mit geistigen Waffen, nicht auf dem Boden der Parität und Freiheit, sondern durch gewaltsame Unterdrückung der katholischen Kirche in Deutschland und unter Benützung der augenblicklichen Verlegenheiten des Heiligen Vaters und der Verrätereien einiger Katholiken zu Ende zu führen. Das ist der wahre Sinn aller jener Maßregeln, welche die nationalliberale Partei von dem Reiche fordert: die Verfolgung und die gewaltsame Unterdrückung der katholischen Kirche. Die Pforten der Hölle werden sie aber nicht überwinden.

(Aus der Schrift „Die Katholiken im Deutschen Reiche".)

Hirtenbrief über die Wahlen zum deutschen Reichstag.

(13. Februar 1871.)

In den nächsten Tagen werden die Wahlen zu dem deutschen Reichstag stattfinden.

Ich halte es für meine Pflicht, die hochwürdige Geistlichkeit und alle meine Diözesanen, welche das Recht haben, an diesen Wahlen teilzunehmen, auf die hohe Wichtigkeit derselben aufmerksam zu machen.

In den schweren Leiden, welche der gegenwärtige Krieg über unser deutsches Vaterland gebracht hat, ist uns der Trost geworden, den größten Teil desselben zu einer politischen Einheit zurückgeführt zu sehen. Wir haben eine Gesamtverfassung und eine oberste Autorität, welcher die gemeinsamen deutschen Angelegenheiten anvertraut sind. Aber die äußere Einheit und Kraft, welche das deutsche Volk durch Wiederherstellung eines Reiches und einer kaiserlichen Macht gewonnen hat, wird ihm nur dann zum Heile gereichen, wenn es zugleich die Grundlage seiner alten deutschen Kraft heilig hält und stärkt: die Gerechtigkeit und Gottesfurcht.

Wer es daher ehrlich und ernst meint mit der Zukunft des deutschen Vaterlandes, der wird darauf hinwirken, daß die Angelegenheiten des neuen Reiches nur von solchen Männern geleitet werden, welche die Religion in Ehren halten und sich in allen Dingen von den Grundsätzen leiten lassen, welche Gott durch das Gewissen und durch den Glauben uns vorgeschrieben hat.

Die Verfassung des deutschen Reiches gibt den Abgeordneten des Reichstages einen großen und gewichtigen Einfluß auf die Gesetzgebung wie auf die Verwaltung der gemeinsamen Angelegenheiten. Es kann der Reichstag daher dem Volke einen unberechenbaren Schaden zufügen, wenn falsche und verderbliche Grundsätze in ihm die Herrschaft haben, und es kann umgekehrt seine Wirksamkeit von außerordentlichem Nutzen sein, wenn in ihm gute und gerechte Grundsätze zur Geltung kommen.

Jene Gefahr aber liegt überaus nahe. Es gibt in Deutschland weit verbreitete Parteien, welche unter dem Namen freisinniger und liberaler Bestrebungen alle bestehenden Einrichtungen nach den Grundsätzen der Gottlosigkeit und des Unglaubens umzuändern suchen. Sie führen die Freiheit im Munde, üben aber in der Wirklichkeit die ärgste Tyrannei. Sie versprechen Fortschritte auf allen Gebieten, in Wahrheit aber gehen sie darauf aus, dem deutschen Volke die Gesittung und Gesinnung zu rauben, die es in seiner von dem Lichte des Christentums geleiteten Entwickelung sich erworben und gegen so vielfache Gefahren zum großen Teile sich bewahrt hat.

Diese Parteien, welche von jeher die nationalen Bestrebungen im eigenen Interesse auszubeuten bemüht waren, zeigen eine große Rührigkeit. Wenn es ihnen gelingt, den Reichstag durch ihre Kandidaten zu beherrschen, so wird derselbe statt des Friedens eine Reihe von Zwistigkeiten, statt des Rechtes alle möglichen Gewalttätigkeiten, statt neuer Ordnung unabsehbare Verwirrung über unser Vaterland bringen.

In dem deutschen Volke und namentlich auch in euerer Mitte, geliebte Diözesanen, ist christlicher Sinn genug vorhanden, um die Verwerflichkeit solcher Parteibestrebungen zu erkennen. Aber es bedarf einer gleich großen Tätigkeit, um denselben entgegenzutreten und wenigstens dahin zu wirken, daß sie in dem Reichstag nicht die Majorität erhalten.

Was auf dem nächsten Reichstag verhandelt werden wird, läßt sich heute nicht bestimmen. Es ist aber kaum zu bezweifeln, daß alle jene großen Grundfragen, welche seit langer Zeit in unseren Ständekammern und Landtagen verhandelt wurden, auch dort zur Sprache kommen.

Da wird es dann von großer Wichtigkeit sein, daß wahrhaft rechtliche Männer über diese unsere höchsten Interessen sprechen und Beschlüsse fassen; daß dieselben nach den Grundsätzen des Christentums und nicht nach den Grundsätzen des Unglaubens behandelt werden; und daß der Einfluß der Religion auf alle bürgerlichen Verhältnisse nicht zerstört, sondern neu gekräftigt werde.

Ob dieses oder jenes der Fall sei, das wird von den Wahlen abhängen, zu denen ihr berufen seid.

Es handelt sich aber nicht bloß darum, daß die Fragen des bürgerlichen Lebens nach den Grundsätzen des Rechtes und der Religion behandelt werden. Es handelt sich um die Verteidigung der christlichen Religion selbst. Die Parteien, welche das bürgerliche Leben durch neue Gesetze der Religion entfremden wollen, möchten eben diese Gesetze benutzen, um das religiöse Leben selbst zu unterdrücken. Sie hassen die katholische Kirche, ihre Diener und die Autorität der von Christus gestifteten Kirche. Darum gehen sie darauf aus, der Kirche ihre heiligsten und notwendigsten Rechte zu nehmen und ihre freie Bewegung zu hemmen. Sie wollen namentlich der Kirche und allen christlichen Konfessionen das Recht nehmen, ihre eigenen Schulen zu haben; sie wollen den religiösen Charakter der Ehe zerstören; sie wollen die Genossenschaften unterdrücken, welche die Ausübung der Werke christlicher Frömmigkeit und Barmherzigkeit zum Zwecke haben; sie wollen die Religion aus dem Leben verdrängen, und nur der religiöse Indifferentismus, d. h. die Gleichgültigkeit gegen die positiven Lehren der Religion, soll noch ein Recht haben, zu bestehen.

Auch der Reichstag wird diesen Bestrebungen nicht verschlossen bleiben. Wie ehedem in dem Parlament zu Frankfurt und wie jüngst im preußischen Landtage, werden die unerbittlichen Feinde der Kirche ihre Stimme wieder erheben und sich bemühen, während das alte Deutschland auf dem einen christlichen Glauben gegründet war, das neue Deutschland auf den faulen Grund des religiösen Indifferentismus aufzubauen.

Unsere Gefahr ist aber um so größer, da aus diesem neu zu bildenden Deutschland fast zwölf Millionen Katholiken ausgeschieden sind, welche zu Österreich gehören, so daß die deutschen Katholiken, welche im alten Deutschland mehr als die Hälfte aller Einwohner ausmachten, jetzt nur wenig über ein Drittteil gegen fast zwei Drittteil Protestanten bilden. Es ist daher von der größten Bedeutung, daß wir Abgeordnete wählen, welche nicht nur jenen feindlichen Bestrebungen entgegentreten, sondern die überdies Gesetze fordern, welche unser Gewissen für die Zukunft beruhigen und uns die Garantie bieten, daß wir Katholiken auch in dem neuen Deutschland unbeirrt und ungeschmälert nach unserm heiligen katholischen Glauben leben und nicht in unsern heiligsten Interessen von dem Belieben einer feindseligen Majorität abhängen werden. Diese Gesetze müssen deshalb auch in die Grundverfassung des neuen Reiches aufgenommen werden, da sonst alle unsere katholischen Interessen, ja die Existenz der katholischen Kirche in Deutschland, wenn sie auch heute noch nicht angetastet wird, von den Launen und den Schwankungen derselben Majorität abhängen würde.

Wählet darum, wo immer es möglich ist, katholische Männer zu Reichstags-Abgeordneten; nicht Namen-Katholiken, sondern aufrichtige und wahre Katholiken; Männer, welche treue Söhne der Kirche und des Vaterlandes sind. Wenn ihr in der Lage seid, nichtkatholischen Kandidaten eure Stimmen zu geben, so verschaffet euch wenigstens Gewißheit darüber, daß sie rechtlich und billig denkend genug sind, um auch eure religiösen Rechte gegen ungerechte gewalttätige Angriffe zu schützen. Niemals aber gebet eure Stimme einem Kandidaten, von dem ihr wisset, daß er ein Feind der katholischen Kirche und ein Verächter des positiven christlichen Glaubens ist. Ihr würdet sonst für alles Verderben verantwortlich sein, welches solche Männer der ganzen Zukunft unsers deutschen Vaterlandes, euch und euren Nachkommen, zufügen würden.

Wenn ich auf diese Weise euch auffordere, bei den Reichstagswahlen die Interessen eurer Religion wahrzunehmen, so dürfet ihr euch nicht beirren lassen durch die Einrede, der Reichstag sei ja keine religiöse Versammlung, er habe sich mit politischen und bürgerlichen Dingen zu befassen, welche die Kirche nichts angehen, und es sei überflüssig, ja sogar schädlich, bei den Abgeordneten zum Reichstag auf die Religion zu sehen.

Diejenigen, welche so zu sprechen pflegen, sind weit entfernt, nach ihren Worten zu handeln. Sie gerade beurteilen alle politischen Dinge nach ihren religiösen Sympathien oder vielmehr ihren irreligiösen Antipathien.

Selbst bei Gemeinderatswahlen verfährt diese Partei, wie ihr selbst nur zu oft erfahren habet, nach religiösen Parteizwecken, und die tüchtigsten Männer werden von ihnen ausgeschlossen, bloß weil sie christliche oder wie man sagt ultramontane Gesinnungen haben. Diese Leute haben also am wenigsten das Recht, mir und euch zu sagen, wir sollten in bürgerlichen und nationalen Dingen nicht an die Religion denken.

Was aber das Verhältnis der politischen Fragen zu den religiösen selbst betrifft, so ist es allerdings richtig, daß dieselben zum Teil sich nicht berühren. So ist z. B. die Frage, wie man die Zölle und Steuern zu erheben habe, gewiß unabhängig von der Religion. Aber neben diesen rein bürgerlichen und den rein geistlichen Fragen gibt es eine Menge von Angelegenheiten, welche in beide Gebiete tief eingreifen. Dieses ist z. B. der Fall in den Fragen über die Ehe und die Erziehung. Aber nicht bloß in diesen besonderen Punkten, sondern in allen großen Grundfragen des bürgerlichen Lebens wird die Religion, welche mit Recht und Sittlichkeit unzertrennbar verbunden ist, sich eben so offenbaren müssen, wie sich der mit Gewalttätigkeit und Ungerechtigkeit verwachsene Unglaube geltend macht.

Dieser Gegensatz wird in allen politischen und nationalen Fragen in den Vordergrund treten. Ihm gegenüber tritt der Unterschied, welcher uns Katholiken von den gläubigen Protestanten scheidet, zurück. Dem modernen Unglauben gegenüber, welcher die Grundlagen alles Rechtes und aller Moral bedroht, müssen alle zusammenstehen, die an Christus und einen lebendigen Gott glauben und eine ewige Seligkeit hoffen. Mögen daher unsere katholischen Wahlkreise eifrige Katholiken zu Vertretern auswählen und protestantische Wahlkreise gläubige Protestanten in den Reichstag senden. Dann wird es gelingen, dem neuen deutschen Reiche Gesetze zu geben, die einen wahren und bleibenden Frieden unter den christlichen Konfessionen begründen, die dem deutschen Volke seine christliche Gesinnung, Gottesfurcht und Sittlichkeit bewahren und dadurch feste Grundlagen für die wahre Größe Deutschlands und die Zukunft dieses neuen Reiches sind.

Ein großer und ernster Augenblick ist es, geliebte Diözesanen, in welchem ihr das Recht der Wahl zu üben habet, entscheidend für das Wohl des Vaterlandes wie für das Gedeihen des kirchlichen Lebens. In einem solchen Augenblicke gleichgültig bleiben, hieße eine doppelte Pflicht vernachlässigen. Nicht bloß diejenigen, welche schlecht wählen, auch diejenigen, welche ohne dringenden Grund von der Wahl sich enthalten, werden sich eine Verantwortung zuziehen. Ich ermahne euch daher aufs dringendste, auf eine gute Wahl bedacht zu sein und euch dabei nur von solchen Personen beraten zu lassen, welche als gewissenhafte und christliche Männer euer Vertrauen verdienen.

Leichenrede

am Grabe der am 18. September 1848 zu Frankfurt a. M. gewaltsam Ermordeten und der im Kampfe gegen die Aufständischen Gefallenen.

(21. September 1848.)

Wir sind, meine christlichen Brüder, in der Nähe der Gruft angekommen, die bestimmt ist, die Männer aufzunehmen, die wir in unserer Mitte hierher geleitet haben. Es ist in der Tat ein Trauerweg, den wir heute miteinander gewandert sind, es ist ein Trauerdienst, den wir zu erfüllen im Begriffe stehen. Es bedarf nicht der Worte, um uns in diesem Augenblicke, bei dieser Handlung mit dem feierlichsten Ernste, mit der tiefsten Rührung zu erfüllen. Die schaudervolle Tat, die vor unseren Augen vollbracht worden, die Schlachtopfer, die infolge dieser Tat gefallen sind und nun hier zu unseren Füßen liegen, die besonderen Beziehungen, in denen wir zu diesen Männern stehen, die teils unsere Freunde, teils jene braven deutschen Krieger sind, welche ihren Leib und ihr Leben für uns eingesetzt, um die drohende Gefahr von uns, vom gesamten deutschen Vaterlande abzuwenden, alles das bringt übergewaltig ein auf unsere Seele, so daß es der Worte nicht mehr bedarf, um uns tief zu erschüttern. Noch vor einigen Tagen standen diese Männer in der Vollkraft ihres Lebens in unserer Mitte — und nun liegen sie da als Leichen vor uns!

Und in welchem Zustande ist die Gestalt des Mannes, der dort an der Stelle vor mir liegt? Meine christlichen Brüder, ich bin wohlvertraut mit allen Schrecknissen, welche die Todesstunde mit sich führt. Es ist mein täglicher Beruf, den Menschen auf ihrem letzten ernsten Lebenswege zur Seite zu stehen, in der Todesstunde ihnen mit dem Troste der Religion zu Hilfe zu eilen, nach dem Tode ihnen die Augen zuzudrücken. Ich erschrecke nicht vor der erstarrten Leiche mit dem gebrochenen Auge und der eisigen Kälte. Als ich aber die Leiche dieses Mannes[1]) aufsuchte, um mich an ihrer Seite niederzuknien und für die abgeschiedene Seele mein Gebet zu verrichten, da durchbebte ein kalter Schauer meine Glieder und meine Seele. Er schien mir nicht von Menschenhand ermordet, sondern von den Zähnen und Klauen wilder Tiere zerrissen zu sein. Auf dieser Leiche ruhte nicht jener Ausdruck eines sanften ruhigen Schlafes, den wir so gerne bei dem Verstorbenen antreffen, der die zurückgebliebenen Freunde mit Trost und Frieden erfüllt; auf seiner Brust klaffte nicht eine offene, eine edle Wunde, wie sie die Brust des Kriegers ziert, der im Kampfe mit einem edlen Feinde sein Leben dahingegeben: nicht so fand ich die Leiche dieses Mannes, nicht so war sein Tod gewesen. Ohne Waffen, mit der an ihm bekannten Furchtlosigkeit und mit dem festesten Vertrauen zum Volke hatte er sich an jenem verhängnisvollen Tage in Begleitung seines älteren Freundes[2]), der da neben ihm liegt, zu Pferde vor das Tor hinausgewagt, und da hat man sie, die Wehr- und Waffenlosen, in großer Zahl meuchlings überfallen, man hat sie gehetzt, verfolgt, aus ihrem Verstecke herausgerissen, den einen noch am Hause zerschlagen und erschossen, den anderen unter furchtbaren Mißhandlungen weit in das Feld hinausgeschleppt und ihn dort in entsetzlicher Weise ermordet, man hat ihn zerschossen, zerschlagen, zerrissen, zerschnitten!!! Das ist der Zustand der Leichen dieser Männer.

Und wer waren denn die Männer, die man so be-

---

1) Felix Fürst von Lichnowsky.
2) General von Auerswald.

handelte? Waren es schandvolle Missetäter, die dem Kerker entsprungen, und die ihr Leben längst verwirkt hatten? Waren es Feinde des deutschen Volkes, die den gerechten Haß des Volkes auf sich geladen? Nein, meine christlichen Brüder, nichts von all dem! Es waren Männer, die Gott mit den edelsten Gaben des Geistes und des Herzens ausgestattet hatte. Sie haben mit festem Mute und hoher Begeisterung für ihre beste Überzeugung gekämpft, auf dem Schlachtfelde mit ihrem tapferen Schwerte, im Rate der Völker mit ihrem Geiste, und selbst ihre Gegner achteten in ihnen würdige Söhne des deutschen Vaterlandes. Endlich war ihnen noch die höchste Ehre zuteil geworden. Als das deutsche Volk aufgefordert wurde, seine edelsten und vertrautesten Männer hierher zu senden, da wählte es auch sie. Unter den 45 Millionen Deutscher gehörten auch sie zu den 600 Auserwählten, denen der Auftrag geworden ist, den erhabenen Riesenbau eines einigen starken deutschen Vaterlandes aufzuführen; und wir haben gesehen, wie sie an diesem Bau mitgearbeitet, wir haben sie als höchst einsichtige, tatkräftige Bauleute kennen gelernt. Sie haben mit Ehren ihre Stellen eingenommen, mit Ehren die Würde getragen, die ihnen das Volk auferlegt, sie haben sich wert gezeigt, deutsche Volksvertreter zu sein, vom deutschen Volke geehrt und geachtet zu werden.

Wie konnte denn aber an solchen Männern eine solche Tat vollbracht werden? Bei allen Völkern der Erde ist ja der Vertreter des Volkes eine unverletzliche Person. Wie konnte in unserem teuren Vaterlande, in unserem edelmütigen Deutschland, an deutschen Volksvertretern ein so übergrausenhafter Mord begangen werden? Welche Untat haben diese Männer noch zuletzt begangen, daß man sie so schmachvoll mißhandelt und hingeschlachtet hat? Haben sie das Wohl des Volkes verraten, haben sie den Volksvertretern Hohn gesprochen, haben sie sich den Beschlüssen der Nationalversammlung widersetzt, sind sie von der deutschen Nationalversammlung für vogelfrei erklärt worden? Nein, meine christlichen Brüder, und abermals nein, nichts von dem allen! Sie sind hingeschieden, hochgeachtet von dem Volke, das sie gewählt, hochgeachtet und geliebt von der Versammlung der deutschen Volksvertreter; und ihr ganzes Verbrechen hat nur darin bestanden, daß sie Männer waren, daß sie nach freier, unabhängiger Überzeugung geredet und gestimmt, daß sie in Übereinstimmung mit der Mehrzahl der deutschen Nationalversammlung gehandelt haben.

Ja, wir können uns den ganzen Umfang der Verruchtheit jener Tat nicht verhehlen, und wenn Männer aus anderen Ländern hier zu uns hintreten und fragen, wen wir denn hier auf deutscher Erde eingesenkt haben, so müssen wir mit schamrotem Antlitze und tränendem Auge antworten: Hier ruhen zwei der edelsten Männer, der edelsten Söhne des deutschen Vaterlandes, die von deutscher Hand waffenlos und hilflos meuchlings ermordet sind, weil sie es gewagt haben, auf der ersten deutschen Nationalversammlung nach ihrem besten Gewissen und Erkennen zu reden und zu stimmen!

Und in welcher Zeit, in welchem Lande ist diese Tat verübt? In einer Zeit, die sich stolz über die Vergangenheit erhebt, welche sie eine Zeit der Finsternis, der Barbarei, der tiefsten Versunkenheit nennt, die von sich selbst sagt, sie sei die Zeit der Humanität, des Lichtes, der Aufklärung; sie ist verübt in einem Lande, das von sich sagt, es sei die Heimat der höchsten Gedanken, Ideen und Bestrebungen der Menschheit, es sei der Zentralpunkt, von wo aus sich wahre Aufklärung und Humanität nach aller Welt hin verbreiten werde.

Endlich stelle ich in Gegenwart dieser Leichen die ernste, die gewichtige Frage: Wer sind denn die Mörder dieser unserer Freunde? Fürchtet nicht, meine christlichen Brüder, daß ich diesen heiligen Ort durch Worte des Hasses entweihen werde; fürchtet nicht, daß ich in Gegenwart dieser Männer, die im Frieden entschlafen, Unfrieden in euren Seelen erregen werde; fürchtet nicht, daß ich zum Verräter an meinem hohen Berufe werde, dessen schönstes Ziel es ist, die Menschen in Liebe zu vereinen. Aber ich will die Wahrheit, die ganze unverkümmerte Wahrheit, denn nur die Wahrheit führt zur wahren Versöhnung, zum wahren Frieden; ich will insbesondere hier die Wahrheit, um unser gutes deutsches Volk von der Schmach zu befreien, als sei aus *ihm* diese Tat hervorgegangen: und so frage ich abermals, wer sind die Mörder unserer Freunde? Sind es etwa jene, die ihnen die Kugeln durch die Brust geschossen, die mit der Sense ihnen die Schädel gespalten? Und ich sage unbedenklich, nein, sie sind es nicht! Die *Gedanken* sind es, die auf Erden die guten und die bösen Taten gebären — und die Gedanken, die diese Taten hervorgerufen, ruhen nicht in unserem Volke.

Ich kenne auch das deutsche Volk. Ich kenne es zwar nicht aus den Volksversammlungen, ich kenne es aber aus seinem Leben. Ich lebe mit und unter dem Volke, ich kenne es in seinen Leiden, in seinen Schmerzen. Es fließen nicht viele Tränen in *dem* Volke, dessen Leitung mir anvertraut ist, die es mir nicht klagt, die ich nicht mit ihm teilte und zu lindern suchte. Ich habe mein ganzes Leben dem Dienste des armen Volkes gewidmet, und je mehr ich es kennen gelernt, desto mehr habe ich es lieben gelernt; ich weiß, wie große, edle Anlagen unser deutsches Volk von Gott erhalten hat. Nein, ich rufe es abermals, und o möchte meine Stimme zugleich mit der Kunde von dieser Tat in alle Welt hinausschallen, nein nicht unser edles, biederes deutsches Volk ist es, aus dem diese entsetzliche Tat hervorgegangen. Von ihm gelten die Worte unseres Erlösers: „Es hat nicht gewußt, was es getan." Aber die Mörder sind jene Männer, die dahin streben, im Volke den Glauben an den allmächtigen Gott zu vertilgen; es sind jene Männer, die Christus, das Christentum, die Kirche vor dem Volke verhöhnen, verspotten, verlachen und mit ihrem niedrigen Geifer beflecken; es sind jene Männer, welche die beseligende, frohe Botschaft von der Erlösung der Menschheit im Herzen des Volkes zu vertilgen streben; es sind jene Männer, welche den Umsturz nicht nur als eine traurige Notwendigkeit unter besonderen Umständen anerkennen, sondern welche den Umsturz zum Prinzip erheben und das Volk von Umsturz zu Umsturz hinreißen, bis in die Familie, bis zu dem Stuhle, auf dem Vater und Mutter nebeneinander sitzen; es sind jene, die dem Volke den Glauben nehmen, daß es die Pflicht des Menschen sei, sich selbst zu beherrschen, seine Leidenschaften zu bezwingen, sich dem höheren Gesetze der Sitte und der Tugenden zu unterwerfen, und welche dagegen die Leidenschaften zur Herrschaft bringen wollen und das Volk damit entzünden; die Mörder sind jene Männer, die sich selbst zu den Lügengötzen des Volkes machen wollen, daß es vor ihnen niederfalle und sie anbete.

Nun aber tritt an diesen Gräbern ein Gedanke an meine Seele heran, den ich euch, meine christlichen Brüder, zum Schluß noch mitteilen muß. Ich sehe in der Welt auf der einen Seite ein gewaltiges Ringen und Drängen und Streben nach den höchsten Idealen, welche die Menschenseele zu fassen vermag, und auf der anderen Seite sehe ich ein Aufkeimen so niederträchtiger Leidenschaften, wie sie kaum je in der Menschheit dagewesen; ich höre den Ruf nach einem allgemeinen Frieden, — und wessen Seele möchte nicht jubelnd darin einstimmen, — und ich sehe die Menschen sich immer mehr zerteilen, zertrennen und zerklüften, den Vater vom Sohne, den Bruder von der Schwester, den Freund vom Freunde; ich höre den Ruf nach Gleichheit unter den Menschen, welche uns die Botschaft des Heils schon seit Jahrtausenden gelehrt, und ich sehe ein wahnsinniges Streben des einen über den andern sich zu erheben; ich höre den schönen erhabenen Ruf nach Brüderlichkeit und Liebe, der so ganz ein Ruf ist, vom Himmel uns zugetragen, und ich sehe den Haß und die Verleumdung und die Lüge unter den Menschen verbreitet; ich höre den Hilferuf für unsere armen leidensvollen Mitbrüder, — und wer, der sich nicht beide Augen ausgerissen, kann es leugnen, daß die Not unter unseren armen Mitbrüdern entsetzlich ist, und wer, der sich das Herz nicht aus der Brust gerissen, stimmt nicht aus voller Seele ein in diesen Hilferuf? — und ich sehe die Habgier und den Geiz zunehmen, die Genußsucht immer wachsen, ich sehe Menschen, die sich „Männer des Volkes" nennen, nichts anders treiben, als die Not vermehren, die Arbeitslust untergraben und ihre armen verführten Mitbürger auf die Taschen ihrer Mitmenschen hetzen, während sie selbst nicht daran denken, ihren Säckel den Armen zu öffnen; ich sehe sie die Christenlehre zerstören, die da befiehlt, mit dem eigenen Säckel anzufangen, die da predigt: Willst du vollkommen sein, so verkaufe, was du hast, und gib es den Armen; ich höre den Ruf nach Freiheit, und ich sehe da Menschen gemordet, die es gewagt haben, ein freies Wort zu sprechen; ich höre den Ruf nach Einheit, und ich sehe den einen Stamm des Volkes mit dem andern in blindem unversöhnlichen Hader; ich höre den

Ruf nach Humanität, und ich sehe eine Brutalität, die mit Schauder erfüllt.

O ja, ich glaube an die Wahrheit aller dieser erhabenen Ideen, welche die Welt jetzt bewegen, mir ist keine zu hoch für die Menschen, ich glaube, daß es die Aufgabe der Menschheit ist, sie alle zu erfüllen; ich liebe die Zeit schon deshalb, weil sie so gewaltig nach der Erfüllung dieser Ideen ringt, so weit ich sie von ihrer Erreichung auch noch entfernt sehe; aber, und das ruft uns das Grab unserer Freunde in Verbindung mit so viel anderen Erscheinungen der Gegenwart zu, es gibt nur ein Mittel, um diese erhabenen Ideen zu verwirklichen, und das ist, daß wir uns wieder hinwenden zu dem, der sie der Welt zugetragen hat, zu dem Sohne Gottes, Jesus Christus. Christus hat uns alle jene Lehren verkündet, welche uns die Menschen, die von ihm abgefallen sind und ihn verhöhnen, jetzt als ihr Werk, als ihre Lehre anpreisen; aber er hat sie nicht bloß gelehrt, er hat sie auch in seinem Leben geübt, und er hat uns den einzigen Weg gezeigt, um sie in unser Leben einzuführen. Er ist der Weg, die Wahrheit und das Leben, außer ihm ist Irrtum, Lüge und Tod. Mit ihm vermag die Menschheit alles, das Höchste und Idealste, ohne ihn vermag sie nichts. Mit ihm, in der Wahrheit, die er gelehrt, auf dem Wege, den er gewiesen, können wir die Erde zum Paradiese machen, können wir unseren armen leidenden Brüdern ihre Tränen trocknen, können wir Liebe, Eintracht und Brüderlichkeit, wahre Humanität in vollendeter Weise begründen, können wir, ja ich behaupte es aus der tiefsten Überzeugung meiner Seele, selbst Gemeinschaft der Güter und den ewigen Frieden herstellen und zugleich die freiesten sozialen und politischen Institutionen schaffen, ohne ihn werden wir mit Schmach, Schande und Elend zugrunde gehen, ein Spott und ein Hohn für die Nachwelt. Das ist die Wahrheit, die uns aus diesen Gräbern entgegentönt, die der Verlauf der Weltgeschichte bestätiget. — Möchten wir sie beherzigen!

Endlich, meine christlichen Brüder, erinnere ich euch daran, daß nach dem Tode ist das Gericht, und ich bitte euch deshalb, der Seelen unserer verstorbenen Freunde und unserer edlen Beschützer in unserem Gebete eingedenk zu sein, auf daß sie Gnade finden am Throne Gottes! Amen.

Politische Polemiken.

Brief an die Redaktion des „Pfälzer Boten" in Heidelberg.

Mainz, 14. März 1871.

Da ich gewiß annehmen kann, daß ein großer Teil meiner Wähler[1]) Ihr geehrtes Blatt liest, so bitte ich um einen Raum für diese Zeilen, um allen meinen geehrten Wählern meinen freundlichsten Dank für ihr Vertrauen auszusprechen. Möge es mir vergönnt sein, ihm zu entsprechen und etwas zum Gedeihen unseres deutschen Vaterlandes beitragen zu können. Es ist mir schwer geworden, ein solches Mandat zu übernehmen und mich dadurch meiner bischöflichen Tätigkeit, welche mir Gott zunächst als Berufspflicht auferlegt hat, auf einige Zeit zu entziehen. Dieser Reichstag kann aber für die Zukunft Deutschlands so wichtig werden, daß ich deshalb die vielfachen Anforderungen, welche aus den verschiedensten Wahlkreisen an mich ergangen sind, nicht ganz ablehnen zu dürfen glaubte.

---

1) Des Reichstagswahlkreises Walldürn-Tauberbischofsheim. D. H.

Ich benutze zugleich diese Gelegenheit, um einigen Verdächtigungen, welche von zwei Hauptorganen der deutschen Presse verbreitet wurden, entgegen zu treten. Dadurch bin ich auch in der Lage, meinen geehrten Wählern in wenigen Grundzügen die Richtung meiner Tätigkeit zu bezeichnen.

Die „Nordd. Allg. Ztg." behauptet Nr. 61 in ihrem politischen Tagesberichte, die Frage bei den Wahlkämpfen zum Reichstage sei gewesen: „deutsch oder nichtdeutsch, einverstanden mit der Einigung Deutschlands unter dem Kaisertume der Hohenzollern oder unzufrieden mit dem Gange der Geschichte." Auf diese Frage habe der Ausfall der Wahlen eine Antwort gegeben, wie sie deutlicher und unzweideutiger nicht gewünscht werden könne. Dann werden die Abgeordneten angegeben und für Baden „12 Nationale gegen 2 Klerikale" verzeichnet. Endlich fügt das Blatt im Hinblick darauf, daß die in Süddeutschland gewählten nationalen Abgeordneten durchgängig der liberalen Partei angehören, offenbar zur Beruhigung kleiner auftauchender Bedenken, eine Liebenswürdigkeit gegen diese süddeutschen Liberalen hinzu. Man müsse sie nämlich ja nicht mit der preußischen Fortschrittspartei oder mit den aus dieser hervorgegangenen Nationalliberalen der alten Provinzen vergleichen. Sie seien viel liebenswürdiger und hantierlicher, wie das bereits die Erfahrung mit den Liberalen der neuerworbenen Provinzen erwiesen habe.

Ob die zuletzt ausgedrückten Hoffnungen sich bestätigen werden, wird die Zukunft lehren. Ebenso übergehe ich die Bezeichnung „Klerikale" für die Wahl des katholischen Volkes; das gehört zu dem intoleranten Sprachgebrauche der protestantischen Presse, jede Kundgebung des katholischen Volkes als klerikal zu bezeichnen.

Dagegen ist es eine grobe Unwahrheit, gegen die ich mit aller Entschiedenheit protestiere, wenn die „Nordd. Allg. Ztg.“ den Ausfall der Wahlen nach den Rubriken: „deutsch oder nichtdeutsch ɀc.“ klassifiziert. Selbst die patriotische Partei in Bayern, obwohl ich den Weg, den sie einschlug oder auf den sie gedrängt war, in mehr als einer Beziehung nicht für den richtigen halte und das Auftreten mancher Mitglieder derselben beklage, darf nicht ohne Ungerechtigkeit als „nichtdeutsch“ bezeichnet werden. Dagegen alle Wahlen, welche nicht in nationalliberalem und fortschrittlichem Sinne stattgefunden haben, als undeutsch oder als Opposition gegen das Kaisertum der Hohenzollern zu bezeichnen, ist eine freche Parteilüge, die wir mit Indignation zurückweisen. Wir fordern die „Nordd. Allg. Ztg.“ namentlich auf, aus allen Kundgebungen der katholischen Volkspartei in Baden bei Gelegenheit der Wahlen zum Reichstage eine einzige anzuführen, welche ihre Behauptung rechtfertigen könnte.

Eine ähnliche Entstellung bringt Nr. 70 der Augsburger „Allg. Ztg.“. Sie führt dort aus einem Erlasse von mir[1]) über die Wahlen zum Reichstage die Worte an: „Es ist von der größten Bedeutung, daß wir Abgeordnete wählen, welche nicht nur jenen feindlichen Bestrebungen entgegentreten, sondern die überdies Gesetze fordern, welche unser Gewissen für die Zukunft beruhigen und uns die Garantie bieten, daß wir Katholiken auch in dem neuen Deutschland unbeirrt und ungeschmälert nach unserm heiligen katholischen Glauben leben und nicht in unseren heiligsten Interessen von dem Belieben einer feindseligen Majorität abhängen werden. Diese Gesetze müssen deshalb auch in die Grund-

1) Hirtenschreiben vom 13. Febr. 1871; vgl. S. 181 ff.

verfassung des neuen Reiches aufgenommen werden." An diese Worte knüpft nun die „Allg. Ztg." die Bemerkung: „Also nicht bloß um die Abwehr feindlicher Bestrebungen handelt es sich, wie Ketteler offen zugibt, sondern um neue Gesetze, welche der katholischen Kirche mehr Rechte und eine bessere Stellung schaffen sollen, als sie bisher in den deutschen Landen schon besaß; denn wenn ihm die seitherigen Rechte und die seitherige Stellung genügten, so brauchte er ja keine neuen zu fordern. Was soll's nun mit diesen neuen Rechten? Was kann damit gemeint sein? Verkürzt war die katholische Kirche bisher wahrlich in keinem deutschen Staat, wenn man ihre Stellung mit der anderer Korporationen und der einzelnen Staatsbürger vergleicht. Wird jetzt für sie mehr verlangt, so ist das eben nur der erste Schritt zur Gründung der Herrschaft der katholischen Kirche im Staat und über den Staat, d. h. zur Einführung des Ultramontanismus in das Staatsrecht des deutschen Reiches. Dazu braucht man freilich christlich-katholische Abgeordnete in dem Sinn, wie der Ultramontanismus dieses Wort versteht, nämlich Männer, welche die Herrschaft der katholischen Hierarchie als etwas Gutes und Gerechtes, ja als göttliche Ordnung ansehen."

Ich bin immer von neuem erstaunt, wenn ich diese ungerechten Entstellungen unserer Gesinnung und unserer Bestrebungen betrachte, obwohl ich allmählich durch eine lange Erfahrung daran gewöhnt sein sollte. Ich frage mich dann immer: Sind denn unsere Gegner so von Vorurteilen und falschen Voraussetzungen eingenommen, daß sie gar nicht mehr unsere Bestrebungen billig und ehrlich beurteilen können, oder sind sie selbst so unehrlich und ungerecht, daß sie uns gar nicht mehr billig und gerecht beurteilen wollen? Darin hat die

„Allg. Ztg." freilich unwiderleglich Recht, daß, wenn uns die seitherigen Rechte und die seitherige Stellung überall genügten, wir dann keine neuen Rechte zu fordern brauchten. Dagegen ist nichts einzuwenden. Wie kann man aber alles, was seit zwanzig Jahren die Katholiken bezüglich der gesetzlichen Stellung der Kirche in Deutschland gefordert haben, so mißverstehen, daß man uns des Bestrebens der Herrschaft der katholischen Kirche im Staate und über den Staat beschuldigen kann! Es ist ja gar nicht möglich, ausdrücklicher und feierlicher zu erklären, als es in dieser ganzen Periode von allen Katholiken geschehen ist, daß sie nur ehrliche und wahre Parität verlangen, daß sie auf jede Ausnahmegesetzgebung verzichten, daß sie nur für sich verlangen, was sie geradeso auch für die Protestanten fordern. Darüber kann niemand mehr zweifelhaft sein, der gerecht urteilen kann und urteilen will. Insbesondere habe ich, so lange ich im öffentlichen Leben für die Rechte der Kirche einzutreten verpflichtet war, nie etwas anderes gefordert als die Bestimmungen der preußischen Verfassung. Dafür habe ich schon im Jahre 1848 auf der deutschen Nationalversammlung gekämpft, dafür habe ich seitdem ohne Unterlaß gewirkt, dafür haben fast alle Katholiken gestritten, die an dem öffentlichen Leben Anteil genommen haben. Es lautet ja auch in der Tat fast wie ein Hohn, wenn man uns Katholiken in unserer bedrängten Stellung in Deutschland die Absicht zur Last legt, eine Ausnahmestellung für die katholische Kirche zu erwirken. Mögen unsere Gegner anfangen gerecht zu sein und wahr, mögen sie aufhören, uns schmählich zu verdächtigen — das ist die erste Bedingung des Friedens in Deutschland.

Zum Schlusse will ich meinen verehrten Wählern den Hauptgrundsatz aussprechen, von dem ich bei allen nicht rein materiellen Fragen auf dem Reichstage meinen Standpunkt nehmen werde. Ein sehr verehrter Redner hat kürzlich die Richtung der Partei, welche uns entgegensteht, in dem Satze zusammengefaßt: „Freiheit auf Zwang gegründet, die mit Gewalt das, was sie für Recht hält, den widerstrebenden Völkern aufzwingen will.“ Das ist in der Tat der Zentralgedanke der Fortschrittspartei und überhaupt des modernen Liberalismus; „Freiheit auf Zwang gegründet,“ das ist der innere Widerspruch, in dem sich diese Partei bewegt. Sie hat ihre Doktrinen über Kirche, über Christentum, über Schule, über Erziehung, über Ehe usw.; diese Doktrinen sind ihr an sich gewisse, unfehlbare Sätze, die sie durch Zwangsgesetze dem Volke auflegen will — und das nennt sie ihre Freiheit. Dieser Freiheit, auf Zwang gegründet, die wahre, die deutsche Freiheit entgegenzustellen, Freiheit im Sinne geordneter Selbstbestimmung und freier Unabhängigkeit für den einzelnen Menschen wie für die großen sittlichen, religiösen und wirtschaftlichen Korporationen — das ist die große Aufgabe, die uns gegeben ist. Das ist die deutsche Freiheit im Gegensatze zu dem Trugbilde der „Freiheit auf Zwang“, das uns hauptsächlich aus Frankreich durch die französische Revolution importiert worden ist. Die Freiheit des Liberalismus ist allgemeine Staatszwangsjacke. Sie würde jedes deutsche Wesen bis auf den Grund vernichten. Ich hoffe, daß alle christlichen und deutschen Männer, die mich gewählt haben, mit mir einverstanden sind, wenn ich das mir anvertraute Mandat vor allem dazu benütze, um für diese wahre deutsche Freiheit zu kämpfen, wo immer ich Gelegenheit dazu finde. Zu dieser Freiheit gehört selbstverständlich auch die Freiheit des katholischen Volkes, nach seinem Glauben zu leben, mag das dem Liberalismus gefallen oder nicht.

An die Redaktion der „Germania".

(Jahrgang 1871 Nr. 71.)

Mainz, 26. März 1871.

Die „Norddeutsche Allgemeine Zeitung" handelt mir gegenüber in Nr. 72 wie Kinder, welche die Unwahrheit geredet haben und dann, statt ihr Unrecht einfach anzuerkennen, durch neue Unwahrheiten sich immer tiefer in dieselbe verwickeln. Sie hatte in Nr. 61 behauptet, daß bei der Wahl zum Deutschen Reichstag „deutsch oder nichtdeutsch" das Losungswort gewesen sei. Die Wahlen der Katholischen Volkspartei in Baden wurden dann wie fast alle konservativen Wahlen in Süddeutschland im Gegensatz zu den Wahlen der Fortschrittspartei als „nichtdeutsch" bezeichnet. Härter, ungerechter und verletzender konnte gewiß in diesem Augenblicke nicht über die Wähler wie über die Gewählten abgeurteilt werden. Mitten in dieser nationalen Erhebung wagt man uns den Schandfleck einer undeutschen Gesinnung anzuheften! Statt nun auf meinen Protest hiergegen jene kränkende unwahre Behauptung zurückzunehmen, fügt sie neue Unwahrheiten hinzu. Sie behauptet, „die Parteistellung dieses Einen (des Herrn Bischofs von Mainz) hielten wir für so klar, so fest begründet, daß hier von unserer Seite die Möglichkeit eines Irrtums nicht vorausgesetzt werden konnte. Unser Urteil über die politische Parteistellung des Herrn Bischofs von Mainz gründet sich auf seine politische Vergangenheit, und wenn es ihm gefällig wäre, mit uns durch sein „Deutschland nach dem Kriege von 1866" einen Spaziergang zu unternehmen, so würde sich zeigen, wer von uns in seinen politischen Ansichten einen Wechsel gemacht haben muß, wir, die wir Herrn von Ketteler als klerikal, als in Opposition gegen das Kaisertum der Hohenzollern stehend betrachten mußten, oder er, der Herr Bischof, der heute diesen Vorwurf mit „Indignation" zurückweist."

Wenn nun die „Norddeutsche Allgemeine Zeitung" sich darin gefällt, alle Deutsche, welche die Ereignisse vom Jahre 1866 ihrer Grundsätze und ihres Pflichtgefühles wegen nicht billigen konnten, als Männer zu bezeichnen, welche in ihrer Gesinnung und in ihrer Bestrebung „nichtdeutsch" sind, so mag sie das tun. Dann habe ich auch gegen diese Bezeichnung aus ihrem Munde bezüglich meiner Person nichts mehr zu erinnern. Ihr Urteil ist dann in meinen Augen lediglich ein Beweis, wie wenig sie selbst Grundsätze zu würdigen versteht und Männer, die nach Grundsätzen handeln. Wenn dagegen die „Norddeutsche Allgemeine Zeitung" behaupten will, daß meine „politische Parteistellung" und insbesondere meine Broschüre „Deutschland nach dem Kriege von 1866" den Beweis liefere, daß ich auch nach den Ereignissen dieses Jahres „als in Opposition gegen das Kaisertum der Hohenzollern stehend" betrachtet werden müsse, und daß ich deshalb auch jetzt noch zu dieser Opposition gehöre, oder aber meine Grundsätze geändert habe, so ist das gerade Gegenteil von dem allem wahr. Ich habe vielmehr eben in dieser Broschüre, unmittelbar nach den Ereignissen im Jahre 1866, meine Ansicht dahin ausgesprochen, daß die deutsche Idee jetzt nicht mehr ausführbar sei, daß eine Dreiteilung Deutschlands mit einem Südbunde zum Verderben Deutschlands führen müsse, und daß daher jetzt nichts mehr zum Heile Deutschlands übrig bleibe als „ein deutscher Bundesstaat unter Führung des Königs von Preußen mit Wahrung der rechtmäßigen Selbständigkeit der deutschen Fürsten und Länder im engen und unauflöslichen Bündnisse mit Österreich.“ Diese Gestaltung allein könne unter den bestehenden Tatsachen „die Hoffnungen aufrichtiger Vaterlandsfreunde erfüllen“, und von Deutschland „eine schmachvolle Abhängigkeit vom Auslande abwenden.“ (Seite 82.) Ich bin also in der Tat so glücklich, heute auf demselben Standpunkte wie damals zu stehen, wenn ich rückhaltlos die Grundlagen des neuen deutschen Reiches anerkenne und dem Deutschen Kaiser dieselbe Treue entgegenbringe, die ich des Gewissens halber stets meinem rechtmäßigen Fürsten erwiesen habe.

Auf die Wortspielereien des gedachten Blattes über die Unterscheidung zwischen den Begriffen Unwahr oder Falsch lasse ich mich nicht ein. Die Sache ist mir viel zu ernst, um hier mit Worten zu spielen. Das, was die „Norddeutsche Allgemeine Zeitung“ gesagt hat, ist nicht wahr, und das, was nicht wahr ist, nenne ich unwahr. Die „Norddeutsche Allgemeine Zeitung“ möge es anders nennen.

Übrigens täte sie besser, jetzt an dem inneren Frieden Deutschlands mitzuarbeiten, als eine gehässige Polemik aufzunehmen, welche vor und während des Krieges von einer feindlichen Presse zur Verdächtigung der Katholiken geführt worden ist. In der Stellung, welche dieses Blatt einnimmt, sollte es zur inneren Versöhnung mitwirken und die gewählten Vertreter des deutschen Volkes mit Wohlwollen empfangen, statt sie zu verdächtigen und zu beschimpfen; denn der Vorwurf einer undeutschen Gesinnung ist Schimpf, nicht mehr und nicht weniger.

An die Redaktion der „Germania".

(Jahrgang 1871 Nr. 146.)

Mainz, 30. Juni 1871.

Bei meiner Rückkehr von einer amtlichen Reise finde ich von verschiedenen Seiten den Wunsch ausgesprochen, daß ich das Schreiben des Kardinals Antonelli vom 5. Juni bezüglich seiner Äußerung über die Zentrumsfraktion im Reichstage seinem Wortlaute nach veröffentlichen möge. Ich nehme keinen Anstand, demselben zu entsprechen.

Veranlaßt wurde ich, den Kardinal Antonelli um Auskunft über seine angebliche Mißbilligung der Haltung der Zentrumsfraktion zu bitten, durch das Schreiben des Reichstagsabgeordneten Grafen Frankenberg an seine Wähler vom 17. Mai, worin es heißt: „Kardinal Antonelli hat Gelegenheit ergriffen, um seine Mißbilligung des Vorgehens der Zentrumspartei im Deutschen Reichstage auszudrücken. Dem Ausspruche des berühmten Ministers Sr. Heiligkeit habe ich natürlich nichts hinzuzufügen." Bis dahin hatte ich geglaubt, die Gerüchte von einer Mißbilligung der Zentrumsfraktion von seiten des Kardinals Antonelli ignorieren zu sollen. Sie trugen zu offenbar den Stempel innerer Unwahrscheinlichkeit, um Beachtung zu verdienen. Die Behauptung des Grafen Frankenberg veränderte aber die Sachlage. So sonderbar es auch jedermann vorkommen mußte, daß ein Mann, der sich nicht gescheut hatte, soeben im Reichstage eine die Würde des päpstlichen Stuhles auf das tiefste verletzende Äußerung zu tun, sich jetzt auf den Ausspruch „des berühmten Ministers Sr. Heiligkeit" berufen konnte, so mußte doch seine Behauptung die öffentliche Meinung irre führen. Auf meine desfallsige

Anfrage erhielt ich dann folgendes Schreiben vom 5. Juni:

„Aus Ihrem Schreiben vom 28. Mai d. J. habe ich ersehen, daß durch die Gegner der Kirche in deutschen Zeitungen verbreitet wurde, es sei die Handlungsweise der katholischen Fraktion im Deutschen Reichstage von mir „getadelt" worden. Daß dies geschehen, hat mich nicht wenig betrübt. Damit Sie aber deutlich und klar erkennen, wie die Sache sich zugetragen hat, will ich Ihnen mitteilen, daß ich auf Grund von Zeitungsnachrichten, welche im allgemeinen berichteten, es sei von einigen Katholiken im Reichstage der Antrag eingebracht worden, sich der Angelegenheiten des Apostolischen Stuhles anzunehmen, in einer Unterredung mit dem bayerischen Gesandten und zeitweiligen Geschäftsträger des Deutschen Reiches geäußert habe, ich erachte die Absicht, den Reichstag zu einer Meinungsäußerung über eine zum Schutze der weltlichen Herrschaft der Kirche zu beschließende Intervention zu veranlassen, nur für verfrüht. Es hätten dieselben nämlich dieser Absicht Folge gegeben bei Beratung der auf die kaiserliche Thronrede zu gebenden Antwort. Hieraus läßt sich ermessen, daß ich in jener Unterredung durchaus nicht das Bestreben der katholischen Abgeordneten getadelt habe, das Wohl der Kirche zu fördern und die Rechte des Heiligen Stuhles zu schützen, indem es durchaus nicht zweifelhaft sein kann, daß dieselben mitten unter den Versuchen, welche man gemacht hat, sie einzuschüchtern, jede geeignete Gelegenheit ergreifen würden, ihrer Gewissenspflicht zu genügen, wozu die Wahrung und die Verteidigung der Religion und der Rechte ihres Oberhauptes gehört."

„Indem ich usw."

Aus vorstehendem Briefe geht unzweifelhaft hervor,

1. daß Kardinal Antonelli nicht die Absicht hatte, in jenem Gespräche einen „Tadel“ über die Handlungsweise der katholischen Abgeordneten überhaupt auszusprechen, und daß die Zeitungsnachrichten, welche dies behaupteten, ihn mit Schmerz erfüllten;

2. daß der Kardinal über die Absichten der katholischen Abgeordneten nur aus allgemeinen Zeitungsnachrichten Kenntnis hatte;

3. daß er lediglich auf diese Zeitungsnachrichten hin sich gesprächsweise geäußert hat, ein Antrag beim Reichstage, sich für eine Intervention zu gunsten der weltlichen Herrschaft des Papstes auszusprechen, scheine ihm in dem fraglichen Augenblicke nicht zeitgemäß;

4. daß der Kardinal sich in dem Irrtum zu befinden scheint, als ob etwas Ähnliches bei der Adreßdebatte von katholischen Abgeordneten beantragt worden sei, was eben in keiner Weise geschehen ist; und

5. daß abgesehen davon, der Kardinal so weit davon entfernt war, eine Geltendmachung der Interessen der Religion und des päpstlichen Stuhles zu tadeln, daß er sie vielmehr für eine „Gewissenspflicht“ erklärt.

Es bedarf hiernach keiner weiteren Ausführung, daß es völlig ungerechtfertigt ist, jene Äußerung des Kardinals Antonelli in dem Gespräche mit dem Grafen Tauffkirchen in dem Sinne einer Mißbilligung des Verhaltens der Zentrumsfraktion zu deuten. Was Kardinal Antonelli nicht eigentlich tadelte, sondern lediglich als „verfrüht“ bezeichnete, hat die Zentrumsfraktion absolut nicht getan. Keines ihrer Mitglieder hat den Versuch gemacht, den Reichstag zu einer Meinungsäußerung für eine Intervention zu gunsten der weltlichen Herrschaft des Papstes zu veranlassen. Was dagegen Antonelli als selbstverständliche Gewissenspflicht aller Katholiken im Reichstage bezeichnet hat, wovon sie sich durch keine Art Einschüchterung abhalten lassen dürfen, ganz das hat die Zentrumsfraktion getan. Sie befindet und befand sich also in vollkommener Übereinstimmung mit der Anschauungsweise des Kardinals Antonelli.

Wenn aber der Kardinal Antonelli sich einigermaßen über die Intentionen der Zentrumsfraktion im Irrtum befand, so ist er deshalb wahrlich wohl zu entschuldigen. Fürst Bismarck hat ja in seinem Schreiben vom 19. Juni an den Grafen Frankenberg, welches die schmerzlichste Sensation im katholischen Deutschland hervorrufen muß, keinen Anstand genommen, auszusprechen, daß der parlamentarische Einfluß der Fraktion des Zentrums tatsächlich in derselben Richtung ins Gewicht gefallen sei, wie die parlamentarische Tätigkeit der Elemente, welche die von Sr. Heiligkeit dem Papste mit Sympathie begrüßte Herstellung des Deutschen Reiches prinzipiell anfechten und negieren, und daß er sogar die Gesandtschaft des Deutschen Reiches in Rom beauftragt habe, sich zu überzeugen, ob die Haltung dieser Partei, welche sich selbst als den speziellen Verteidiger des römischen Stuhles bezeichnet, den Intentionen Sr. Heiligkeit entspreche. Da ist es freilich nicht zu wundern, wenn es in dem Schreiben weiter heißt, daß der Kardinal-Staatssekretär dem Grafen Tauffkirchen darüber keinen Zweifel gelassen habe, daß die Haltung der Partei an der höchsten geistlichen Stelle der katholischen Kirche nicht gebilligt werde. Wenn der Gesandte des Deutschen Reichs im Auftrage des Reichskanzlers Fürst Bismarck dem Kardinal Antonelli erklären mußte, es existiere im Reichstag eine Partei, größtenteils aus Katholiken gebildet, deren Tätigkeit mit dem Wirken jener Männer zusammenfalle, welche die Herstellung des Deutschen Reichs prinzipiell anfechten und negieren, so mußte der Kardinal die Haltung einer solchen Partei mißbilligen.

Eine solche Partei würde auch ich nicht nur mißbilligen, ich würde sie verabscheuen und verachten. Ich weise aber mit tiefster Entrüstung die Anschuldigung zurück, welche der deutsche Gesandte im Auftrage des Reichskanzlers Fürsten Bismarck nach Inhalt seines Schreibens an den Grafen Frankenberg vom 19. Juni dem Kardinal Antonelli in offizieller Weise hat mitteilen lassen.

Wir sind ähnliche Vorwürfe von einer überaus feindlichen Tagespresse einigermaßen gewöhnt; daß sie aber jetzt sogar von einer Stelle erfolgen, die hoch über diesen Regionen der Parteileidenschaften stehen sollte, muß uns mit schmerzlichem Erstaunen erfüllen.

Solche Erfahrungen werden uns aber nicht abhalten, auf die Zukunft zu vertrauen und an dem großen Werke der Einigung Deutschlands ruhig fortzuarbeiten. Es wird schon von selbst die Zeit kommen, wo sich ein billigeres Urteil über die Bestrebung jener Männer Bahn brechen wird, welche nie die Prinzipien der Wahrheit und Gerechtigkeit für den scheinbaren Nutzen augenblicklicher Erfolge aufgeben können.

Die Grundlagen der Gesellschaft.

Die großen sozialen Fragen der Gegenwart.

Predigten gehalten im Dome zu Mainz.

Erste Predigt.

(19. November 1848.)

Heute ist diesem Hause Heil widerfahren. Luk. 19, 9.

An dem heutigen Tage, meine christlichen Brüder, wo sich uns so viele Jahrhunderte vor Augen stellen, die seit der Einweihung der alten Kirchen dieser Stadt zu Wohnungen des lebendigen Gottes verflossen sind; wo wir mit Rührung auf die lange Reihe der Geschlechter eurer Voreltern hinblicken, die in einem Glauben, einer Hoffnung, einer Liebe hier ein- und ausgewandelt sind, und euch als ihr bestes Erbstück denselben Glauben überantwortet haben, in dem sie glücklich gelebt und freudig gestorben sind; wo wir dagegen nicht ohne Furcht in die Zukunft blicken, uns fragend, ob auch ihr und eure Kinder in gleicher Treue diese Gotteshäuser demselben Glauben erhalten werdet, so daß auch die spätesten Geschlechter noch das Kirchweihfest wie wir hier feiern können: da gewährt der Gedanke den besten Trost, daß zwar die Gotteshäuser dem Willen der Menschen unterworfen sind, die ihre Bestimmung wechseln können, daß aber die Kirche, der wir angehören, jene Kraft, wodurch sie auf Erden besteht, nicht den Menschen verdankt, sondern Gott und seinem eingebornen Sohne Jesus Christus, dem alle Gewalt gegeben ist, im Himmel und auf Erden.

Der Fortbestand der katholischen Kirche auf Erden ist also nicht dadurch gefährdet, daß die Gewalthaber und Völker der Erde sich wider sie empören, und nicht dadurch gesichert, daß Fürsten und Völker sie beschützen, sondern sie lebt und besteht auf Erden durch den allmächtigen Willen dessen, der einst sprach: „Es werde!" und der mit diesem Worte die Welt aus dem Nichts ins Dasein rief; der dann in der Gestalt des Menschen die Worte gesprochen: „Du bist Petrus, und auf diesen Felsen will ich meine Kirche bauen, und die Pforten der Hölle werden sie nicht überwältigen;"[1]) der endlich seiner Kirche die Verheißung gegeben: „Himmel und Erde werden vergehen, aber meine Worte werden nicht vergehen."[2]) Ob daher die Diener der Kirche wie einst die Apostel und nach ihnen so viele Glaubensboten ohne alle weltliche Macht und Größe, ohne Haus und sichere Stätte, mit einem Kleide, ohne Stab und Schuhe, ohne Gold und Silber,[3]) einherwandern, oder ob die Ehrfurcht der Völker ihnen Paläste baut und sie mit irdischer Macht und Herrlichkeit umgibt, das mehrt und mindert nicht die Festigkeit des Felsens, auf dem die Kirche erbaut ist. Über die Kirche Christi haben die Menschen keine andere Gewalt als jene, die sie über Christus selbst hatten. Sie konnten versuchen, Christus zum Könige auszurufen, und hinwiederum konnten sie ihn verfolgen, verhöhnen, mit dem Narrenmantel bekleiden, ihn ans Kreuz schlagen; daß er aber aus eigener

---

1) Matth. 16, 18. — 2) Luk. 21, 33. — 3) Matth. 10, 9. 10.

Kraft vom Tode auferstehe, konnten sie nicht verhindern, daß sein Reich auf Erden fortbestehe, nicht wehren. So auch mit der Kirche Christi. Die Menschen können die Schätze der Erde ihr opfern und ihr einen Sitz neben dem Throne der Könige errichten, wie es unsere Vorfahren getan; und sie können ihr alles Irdische rauben, sie verspotten und erniedrigen, wie es jetzt geschieht; aber die göttliche Kraft, die in dem gekreuzigten Christus lebte, können sie auch der gekreuzigten Kirche nicht rauben, und in dieser Kraft wird sie fortbestehen und dauern bis an das Ende der Tage.

In diesem Glauben und Vertrauen nennt sich die Kirche die *katholische*, d. h. die allgemeine. Sie glaubt eine göttliche Hinterlage unabänderlicher Wahrheit zu besitzen, höher als alle denkbaren Bildungsstufen des menschlichen Geistes; sie glaubt eine göttliche Lebenskraft zu bergen, mächtiger als alle denkbaren Entwicklungen und Verderbnisse des menschlichen Lebens. Gäbe es bis an das Ende der Welt eine Wahrheit, die höher ragte als die der katholischen Kirche, gäbe es eine Tugend, die vollendeter wäre als jene, welche die katholische Kirche zu erzeugen vermag, gäbe es ein Verderben, eine Versunkenheit, die *sie* nicht zu heilen vermöchte, dann wäre ihr Glauben Lüge, ihr Vertrauen Torheit, sie wäre nicht Gotteswerk, sie wäre Menschenwerk.

Bis auf den heutigen Tag hat die Kirche die Probe ihres göttlichen Ursprunges bestanden, und die Geschichte beweist, daß sie noch vor keinem höheren Gedanken, vor keiner höheren Macht erlegen ist. Sie hatte den Auftrag, ihre Wahrheit als die schlechthin allgemeine und ewige allen Völkern zu verkünden: „Gehet hin in die ganze Welt und verkündiget das Evangelium allen Geschöpfen.“[1]) Ohne alle weltlichen Mittel, ohne Beihilfe

1) Mark. 16, 15.

menschlicher Bildung und Gelehrsamkeit, lediglich im Vertrauen auf die innere göttliche Kraft ihrer Lehre, hat sie diesen Auftrag erfüllt. Sie hat den Raum und die Zeit durchschritten bis auf den heutigen Tag, sie hat ihr Evangelium jeglichem Geschöpfe gepredigt, sie hat alle Völker der Erde aufgesucht, sie ist vor die Könige wie vor die Bettler hingetreten, hat dem stolzen Gelehrten wie dem unwissenden Kinde ihre Wahrheit verkündet, und bei der unendlichen Mannigfaltigkeit und Verwirrung der menschlichen Geistesrichtungen, die sie angetroffen, hat sie in der menschlichen Seele das alles verbindende, das eine und allgemein Wahre wiedergefunden, und konnte zu allen Zeiten und an allen Orten so oft entzückt ausrufen: O menschliche Seele, die du von Natur aus christlich bist![1]) Bei ihrem Rundgange um die Welt hat die Kirche mit allen geistigen Kräften in der Menschheit ihre Kraft gemessen, tausendmal haben ihre Feinde gejubelt, und wie sie einst Christus, so riefen sie jetzt seiner Kirche zu: „Bist du der Sohn Gottes, so steige herab vom Kreuze!"[2]) Bist du Gottes Werk, so erhebe dich aus dem Abgrunde, wohin wir dich geschleudert! — und das Rad der Zeit ging weiter, und die Kirche war von dem scheinbaren Tod durch unsichtbare Macht wieder auferstanden, die Feinde der Kirche aber waren verschwunden, und man wußte die Stätte nicht mehr, wo sie gestanden.

Auch jetzt befinden wir uns wieder in einem solchen Zeitpunkte der Geschichte. Zahlreicher und mächtiger als je umstehen die Feinde der Kirche das Kreuz, an welches sie dieselbe geschlagen, und Spott, Hohn, Lüge und Ungerechtigkeit sind die Stricke und Nägel, wodurch man sie so fest an den Balken zu befestigen wähnt, daß sie

---

1) Tertullian. Apolog. c. 17. — 2) Matth. 27, 40.

nimmermehr ihren Händen entgehen soll. Selbst das Volk und die Armen sind vielfach in die Reihe der Kirchenfeinde getreten, und unter ihren eigenen Kindern zählt sie ihre erbittertsten Feinde. Wird die Kirche auch jetzt sich wieder erheben; wird sie abermals von dem Scheintode auferstehen; wird sie dem hereinbrechenden Unglauben gegenüber noch imstande sein, den alten Gottes- und Christusglauben unserer Väter aufrecht zu erhalten; wird sie dem überflutenden sittlichen Verderben gegenüber noch vermögen, die hohe christliche Sittenreinheit wieder herzustellen; wird sie in der allgemeinen Not und Hilflosigkeit noch Rat, Hilfe und Trost zu erteilen wissen? Wir antworten furcht- und zweifellos, ja! und sind bereit, diesen Glauben mit jedem Blutstropfen in unseren Adern zu bekennen, und mit uns sprechen das Ja viele Millionen Katholiken auf der weiten Erde. Daher die Ruhe, die Zuversicht aller glaubensfesten Katholiken in dieser sturmbewegten Zeit. Während turmhoch die Wellen gehen und alles zu verschlingen drohen, steht der gläubige Katholik ruhig und fest, an den Felsen gelehnt, den die Pforten der Hölle nicht zu zerstören vermögen.

Dieser fromme Glaube genügt aber nicht in dieser Zeit, er muß seine Wahrheit durch Taten beweisen! Eben jetzt, wo die Kirche von aller weltlichen Macht verlassen ist, muß sie ihre innere göttliche Kraft offenbaren; jetzt muß sie der Welt beweisen, daß in ihr dieselbe Kraft wirksam ist, die das Werk Christi beschützte, als er selbst hilflos am Kreuze hing, die das Christentum zum Siege führte, als es in den ersten Jahrhunderten von allen irdischen Gewalten auf den Tod bekämpft wurde; jetzt muß sie aus der Hinterlage ihres verhöhnten Glaubens der Welt eine Wahrheit verkünden, die gleich der Sonne die Nebel zerstreut, die der

Lügengeist verbreitet; jetzt muß sie aus derselben Hinterlage eine Kraft des Lebens, der Liebe und der Tugend entfalten, welche alle Wunden heilt, die das Laster auf Erden geschlagen.

Welche Wege die Kirche in dieser doppelten Richtung, der Verkündung der Wahrheit und der Entwicklung des Lebens, einschlagen wird, um die unermeßliche Aufgabe zu lösen, die ihr in der Gegenwart gestellt ist, bleibt dem Auge des einzelnen verborgen. Der Heilige Geist, der ihr verheißen ist, wird sie dabei leiten und führen. Mir sei es nur vergönnt, im Verfolge des ausgesprochenen Gedankens, an einer Lehre, die mit der wichtigsten Frage der Gegenwart, der sozialen, innig zusammenhängt, nämlich an der Kirchenlehre vom Rechte des Eigentums, nachzuweisen, wie erhaben die Kirche mit ihrer Lehre über den gewöhnlichen Zeitmeinungen dasteht, und welche Mittel sie besitzt, um die Übel der Zeit zu heilen.

Die Besitzenden und Nichtbesitzenden stehen sich feindlich gegenüber, die massenhafte Verarmung wächst von Tag zu Tag, das Recht des Eigentums ist in der Gesinnung des Volkes erschüttert, und wir sehen von Zeit zu Zeit Erscheinungen auftauchen gleich Flammen, die bald hier, bald dort aus der Erde hervorbrechen — Vorboten einer allgemeinen Erschütterung, die bevorsteht. Auf der einen Seite sehen wir ein starres Festhalten am Rechte des Eigentums, auf der anderen ein ebenso entschlossenes Leugnen jedes Eigentumsrechtes, und wir suchen ängstlich nach einer Vermittelung zwischen diesen schroffen Gegensätzen. Unter diesen Umständen wollen wir die Lehre der katholischen Kirche vom Rechte des Eigentums darlegen, wie sie der heilige Thomas von Aquin schon vor sechshundert Jahren entwickelt hat. Vielleicht werden wir finden, daß der Menschengeist, vom Glauben geführt, schon vor einem Jahrtausende uns für unsere Zustände Wege vorgezeichnet hat, die der vom Glauben getrennte und sich selbst überlassene Menschengeist vergeblich zu entdecken strebt.

Um zu dem vollen Ausdrucke der Kirchenlehre vom Rechte des Eigentums zu gelangen, zieht der heilige Thomas zunächst das Verhältnis Gottes zu seinen Geschöpfen in nähere Untersuchung. Wir wollen dem heiligen Manne bei dieser Erörterung folgen.

Der heilige Thomas stellt hier den Gedanken an die Spitze, daß alle Kreaturen, und also auch alle irdischen Güter, ihrer Natur und ihrem Wesen nach nur Gott gehören können. Dieser Satz folgt mit Notwendigkeit aus dem Glaubenssatze, daß Gott alles außer ihm aus dem Nichts erschaffen hat. Gott ist also der wahre und ausschließliche Eigentümer aller Geschöpfe, und dieses Recht Gottes ist — weil mit dem Dasein der Geschöpfe selbst verknüpft — unveräußerlich; und keine Verteilung, kein Besitz, keine Gewohnheit, kein Gesetz kann dieses wesentliche Recht Gottes beschränken. Hier hat folglich Gott alles Recht, der Mensch gar keines. Außer diesem wesentlichen vollen Eigentumsrechte, welches nur Gott zustehen kann, unterscheidet aber der heilige Thomas noch ein Nutzungsrecht, und nur in bezug auf diese Nutzung räumt er den Menschen ein Recht über die irdischen Güter ein. Wenn daher überhaupt von einem natürlichen Eigentumsrechte der Menschen die Rede ist, so kann damit nie ein volles und wahres Eigentumsrecht gemeint sein, was durchaus nur Gott zustehen kann, sondern immer nur ein Recht der Benutzung. Daraus folgt aber ferner, daß auch das Nutzungsrecht nie als ein unbeschränktes, als ein Recht, mit den irdischen Gütern anzufangen, was der Mensch will, aufgefaßt werden kann und darf, sondern immer nur als das Recht, die Güter so zu benutzen, wie Gott es will und festgesetzt hat. Der Mensch muß die Ordnung, die Gott in der Benutzungsweise festgesetzt, anerkennen, und hat nimmer das Recht, den Gebrauch der irdischen Güter dem Zwecke zu entziehen, wozu sie Gott bestimmt hat. Dieser erste Zweck aller irdischen Güter ist aber ebenso in der Natur selbst wie in dem Worte ausgedrückt, das Gott nach der Erschaffung zu den Menschen gesprochen hat: „Siehe, ich habe euch gegeben alles Kraut, das sich besamet auf Erden, und alle Bäume, die in sich selbst Samen haben nach ihrer Art, daß sie euch zur Speise seien."[1])

Gott hat also, so beschließen wir diese Gedanken mit den Worten des heiligen Thomas, das Obereigentum aller Dinge. Er hat aber in seiner Vorhersehung einige derselben zum leiblichen Unterhalte der Menschen bestimmt, und deshalb hat auch der Mensch ein natürliches Eigentumsrecht, nämlich das Recht, sie zu benutzen. Aus dieser Auffassung ergeben sich uns zwei wichtige Folgerungen.

Erstens die katholische Kirche hat in ihrer Lehre vom Eigentume nichts gemein mit jener Auffassung des Eigentumsrechtes, die man gewöhnlich in der Welt antrifft, und dergemäß der Mensch sich als den unbeschränkten Herrn seines Eigentums ansieht. Nimmermehr kann die Kirche dem Menschen das Recht zuerkennen, mit den Gütern der Welt nach Belieben zu schalten und zu walten, und wenn sie vom Eigentume der Menschen spricht und es beschützt, so wird sie immer die drei, ihren Eigentumsbegriff wesentlich konstituierenden Momente vor Augen haben, daß das wahre und volle Eigentumsrecht nur Gott zusteht, daß dem Menschen nur ein Nutzungsrecht eingeräumt worden, und daß der Mensch

---

1) Gen. 1, 29.

verpflichtet ist, bei der Benutzung die von Gott gesetzte Ordnung anzuerkennen.

Zweitens ergibt sich, daß diese Lehre vom Rechte des Eigentums nur da möglich ist, wo ein lebendiger Gottesglaube sich findet, da sie in Gott, in seinem Willen, in seiner Ordnung wurzelt und begründet ist. Erst seit jene Männer, die sich die Volksfreunde nennen, obwohl sie nur an dem Verderben des Volkes arbeiten, und ihre geistigen Vorfahren den Gottesglauben in der Menschheit erschüttert haben, konnte auch die gottlose Lehre, wodurch der Mensch sich selbst zum Gott seines Eigentums macht, mehr und mehr verbreitet werden. Von Gott getrennt, sahen die Menschen sich selbst als die ausschließlichen Herren ihres Eigentums an und betrachten es nur als Mittel zur Befriedigung ihrer immer wachsenden Genußsucht; von Gott getrennt machten sie den Lebensgenuß und die sinnliche Freude zum Ziele ihres Daseins und die Güter zum Mittel, um dieses Ziel zu erreichen, und so mußte sich eine Kluft zwischen Reichen und Armen bilden, wie sie die christliche Welt noch nicht gekannt hat. Während der Reiche in überreizter, raffinierter Sinnlichkeit Unermeßliches verschwendet, läßt er arme Mitbrüder in der Entbehrung des Notwendigsten dahinschmachten, und entzieht ihnen, was Gott zur Nahrung der Menschen bestimmt hat. Auf dem so mißbrauchten und gegen die natürliche und übernatürliche göttliche Ordnung verwendeten Eigentume liegt ein schwerer Fluch, ein Berg von Ungerechtigkeit. Nicht die katholische Kirche, sondern der Unglaube und die Gottlosigkeit haben diesen Zustand hervorgerufen, und so wie sie die Arbeitslust bei dem Armen vernichteten, so zerstören sie bei dem Reichen den Geist der werktätigen Liebe.

Die bisher entwickelte Lehre, die sich uns als eine notwendige Folgerung aus der Betrachtung des Verhältnisses zwischen Gott und seinen Geschöpfen ergab, bildet nun die eigentliche Grundlage für die Bestimmung des wahren christlichen Eigentumsrechtes. Von dieser Grundlage aus müssen wir aber noch tiefer in den Gegenstand eindringen. Das Eigentumsrecht der Menschen ist, wie wir sahen, lediglich ein dem Menschen von Gott eingeräumtes Recht, die Güter der Erde in der von ihm vorgeschriebenen Ordnung zu benutzen, in der Absicht, daß alle Menschen aus den Erdengütern ihre notwendigen Leibesbedürfnisse erhalten. Dieser Wille Gottes kann nun in doppelter Weise erreicht werden. Die Menschen können entweder das ihnen übertragene Eigentums- oder richtiger Nutzungsrecht gemeinschaftlich ausüben, wie es der Kommunismus will, um gemeinschaftlich die Güter der Erde zu verwalten und die Nutzungen zu verteilen; oder sie können dieselben geteilt besitzen, so daß dem einzelnen Menschen das Eigentumsrecht über einen bestimmten Teil der Güter der Erde zusteht, mit der Befugnis, die daraus gezogenen Früchte zu genießen.

Auch die Frage, welche dieser beiden Benutzungsweisen für den Menschen bestimmt sei, zieht der heilige Thomas zur Untersuchung und löst dadurch ein Problem, das erst sechshundert Jahre nach ihm die Welt bewegen sollte. Wir wollen auch bei dieser Untersuchung ihm folgen. An dem Nutzungsrechte, das dem Menschen zusteht, unterscheidet er zwei Momente, erstens das Recht der Fürsorge und Verwaltung, zweitens das Recht des Fruchtgenusses. Die Einteilung rechtfertigt sich von selbst. So wie uns von der Natur die Dinge geboten werden, sind sie zur Befriedigung unserer Bedürfnisse nicht geeignet. Sie müssen zunächst zum Genusse vorbereitet, also verwaltet und bearbeitet werden.

In bezug auf die Verwaltung und Fürsorge behauptet nun der heilige Thomas, müsse das Eigentumsrecht der einzelnen Menschen über die

Güter der Erde anerkannt werden, und zwar aus drei Gründen. Erstens werde nur in dieser Weise für die gute Verwaltung der irdischen Güter selbst gesorgt; denn jeder sorge besser für das, was ihm selbst gehöre, als was er mit anderen gemeinschaftlich besitze. Jedermann, fügt er hinzu, fliehe die Arbeit und überlasse, was allen gemeinschaftlich obliege, gerne dem anderen, wie es unter einer zahlreichen Dienerschaft zu geschehen pflege. Es ist nicht schwer, die volle Wahrheit dieser Behauptung einzusehen. Würden alle Güter gemeinschaftlich verwaltet oder nach Jahren oder Zeiträumen verteilt, oder fiele nur das Recht der Vererbung weg, so würde jede gute Verwaltung vernichtet, jede Verbesserung unmöglich gemacht, und selbst die Triebfeder zu neuen Erfindungen würde im Geiste der Menschheit erlahmen. Jeder würde sich auf den anderen verlassen, die natürliche Trägheit im Menschen hätte ihr Gegengewicht verloren, würde bald zur Herrschaft gelangen und zur Entwertung der Erdengüter selbst führen.

Zweitens, sagt der heilige Thomas, könne nur durch Anerkennung des Eigentumsrechtes der einzelnen Menschen die Ordnung, die zur gedeihlichen Verwaltung der Erdengüter notwendig sei, aufrecht erhalten werden, denn es werde allgemeine Verwirrung entstehen, wenn jeder für alles zu sorgen habe. Auch diese Wahrheit scheint unbestreitbar. Es gibt eine unermeßliche Mannigfaltigkeit in der Abstufung der Beschäftigung der Menschen, und sie alle müssen sich einer großen Ordnung einfügen, wenn für alle Bedürfnisse so gesorgt werden soll, wie es Gott in der Natur dem Menschen anbietet. Würde diese Ordnung gestört, so wäre das Wohlsein der Menschen gefährdet. Zu dieser allgemeinen Ordnung und Ausgleichung der Arbeit trägt aber gerade das Familieneigentum wesentlich bei, indem es den Lebensberuf der Familienglieder im großen und ganzen mitbestimmt und ein plötzliches Schwanken und Übergehen großer Massen von einer Arbeit und Lebensweise zur anderen verhindert. Welch' heillose Verwirrung in der Arbeit würde entstehen, wenn durch die immerwährend wiederkehrende Teilung dieses mächtige Band der Ordnung zerrissen wäre!

Endlich drittens, sagt der heilige Thomas, könne nur bei anerkanntem Eigentumsrechte der einzelnen der Friede unter den Menschen erhalten werden, da ja die Erfahrung lehre, wie leicht gemeinschaftlicher Besitz zu Streit und Zank führe. Tief und wahr ist auch dieser Grund. Wenn jetzt schon Geschwister sich nicht einigen können, welche die Erbschaft ihres Vaters teilen wollen, wenn die Bewohner eines Hauses sich entzweien, die nur die Luft in demselben Hause und das Wasser in demselben Brunnen unter sich zu teilen haben, was würde aus der Menschheit werden, wenn jeder Besitz, jede Arbeit immer wieder geteilt werden sollte? Die ganze Menschheit würde in Streit und Hader auseinander reißen.

Der heilige Thomas hält also, aus diesen drei unwiderleglichen Gründen, das Eigentumsrecht der einzelnen, in Bezug auf die Fürsorge und Verwaltung, aufrecht, und steht also insoweit übereinstimmend mit dem Gebote Gottes: Du sollst nicht stehlen! und mit der Lehre der katholischen Kirche dem Kommunismus unserer Tage streng und unversöhnlich gegenüber. Der Kommunismus in dem Sinne, daß die Güter der Erde immer wieder geteilt werden sollen, widerspricht dem Gesetze der Natur, weil er die gute Verwaltung der Erdengüter und damit die Erreichung ihres natürlichen Zweckes vernichten, Unordnung und Feindschaft verbreiten, mithin die Bedingungen des menschlichen Lebens aufheben würde.

In bezug auf den zweiten Moment, der in dem **Benutzungsrechte** der Menschen gelegen ist, nämlich auf das Recht, die aus der Verwaltung der irdischen Güter gewonnenen Früchte zu genießen, stellt der heilige **Thomas** dagegen einen ganz anderen Grundsatz auf. Diese Früchte soll der Mensch nach seiner Lehre niemals als sein Eigentum, sondern als ein Gemeingut aller betrachten[1]), und er soll daher gerne bereit sein, sie anderen in ihrer Not mitzuteilen. Deshalb sage der Apostel: „den Reichen dieser Welt gebiete, . . . gerne zu geben und mitzuteilen[2])."

Wie wir also vorher die christliche Lehre dem falschen Kommunismus entgegentreten sahen, so sehen wir sie hier nicht minder entschieden der falschen Lehre vom Rechte des Eigentums sich widersetzen und den wahren Kommunismus aufstellen. Gott hat die Natur erschaffen, um alle Menschen zu ernähren, und dieser Zweck

---

1) In der Originalausgabe von 1848 findet sich hierzu folgende Anmerkung:

„Ein Freund des Verfassers, der den Druck gegenwärtiger Predigten besorgte und Gelegenheit hatte wahrzunehmen, wie diese Stelle bei einigen, freilich ohne Grund, Mißverständnisse und Bedenken erregte, erlaubt sich hier eine Anmerkung zu machen. Der Prediger nimmt in dieser ganzen Predigt nicht den juristischen, sondern den moralischen Standpunkt ein, und von diesem aus lehrt er — mit der katholischen Kirche — daß jeder die Pflicht habe, den Ertrag seines Eigentums nicht ausschließlich zum eigenen, sondern zum gemeinen Besten zu verwenden. Diese Pflicht ist aber eine moralische, eine Liebespflicht, nicht aber eine Zwangspflicht. Wäre sie das, dann hörte ja das Verdienst der Liebe auf. Gott hat aber die Welt auf die Liebe gegründet, die erbaut, während das starre Recht zerstört". D. H.

2) 1. Tim. 6, 17. 18.

muß erreicht werden. Deshalb soll jeder die Früchte seines Eigentums wieder zum Gemeingute machen, um, so viel an ihm liegt, zur Erreichung dieser Bestimmung beizutragen.

Wir haben nun den Gedanken des heiligen Thomas über das Recht des Eigentums, in dem wir zugleich die Lehre der katholischen Kirche zu erkennen glaubten, so gut wir vermochten, vollständig auseinandergesetzt, und es scheint uns kaum einer Erwähnung zu bedürfen, wie erhaben diese Lehre über den beiden unversöhnlichen und unwahren Gegensätzen dasteht, die jetzt in der Welt über das Eigentumsrecht im Kampfe liegen.

Die falsche Lehre vom starren Rechte des Eigentums ist eine fortgesetzte Sünde wider die Natur, indem sie kein Unrecht darin sieht, das zur Befriedigung der ungemessensten Habsucht, der ausschweifendsten Sinnenlust zu verwenden, was Gott zur Nahrung und Bekleidung aller Menschen bestimmt hat; indem sie die edelsten Gefühle in der Menschenbrust unterdrückt und eine Härte, eine Gefühllosigkeit gegen das Elend der Menschen erzeugt, wie sie kaum unter den Tieren sich vorfindet; indem sie einen fortgesetzten Diebstahl für Recht erklärt: denn, wie ein heiliger Kirchenvater sagt, nicht bloß der ist ein Dieb, der fremde Güter stiehlt, sondern auch der, der fremde Güter für sich zurückbehält. Der berüchtigte Ausspruch: das Eigentum ist Diebstahl! ist nicht bloß eine Lüge, er enthält, neben einer großen Lüge, zugleich eine furchtbare Wahrheit. Mit Spott und Hohn wird er nicht mehr beseitigt. Wir müssen die Wahrheit an ihm vernichten, damit er wieder ganz zur Lüge werde. So lange er noch ein Teilchen Wahrheit an sich hat, vermag er die Ordnung der Welt über den Haufen zu stürzen. Wie aber ein Abgrund den andern ruft, so ruft eine Sünde gegen die Natur die andere hervor.

Aus dem entstellten Eigentumsrechte ist die falsche Lehre des Kommunismus hervorgegangen. Auch sie ist eine Sünde gegen die Natur, indem sie, unter einem menschenfreundlichen Scheine, das gerade Gegenteil, das tiefste Verderben über die Menschheit bringen, den Fleiß, die Ordnung, den Frieden auf Erden vernichten, einen Kampf aller gegen alle hervorrufen und so die Bedingungen des menschlichen Daseins vernichten würde.

Leuchtend steht über beiden Lügensätzen die Wahrheit der katholischen Kirche. Sie erkennt in beiden Ansichten das Wahre an und vereinigt es in ihrer Lehre, sie verwirft in beiden das Unwahre. Sie anerkennt bei den Menschen überhaupt kein unbedingtes Eigentumsrecht über die Güter der Erde, sondern nur ein Nutzungsrecht in der von Gott festgestellten Ordnung. Sie schützet dann das Eigentumsrecht, indem sie behauptet, daß zum Zwecke der Fürsorge und Verwaltung, im Interesse der Ordnung und des Friedens, die Teilung der Güter, wie sie sich unter den Menschen entwickelt hat, anerkannt werden muß; sie heiligt den Kommunismus, indem sie die Früchte des Eigentums wieder zum Gemeingute aller macht.

Ich kann diesen Gegenstand nicht verlassen, ohne zum Schlusse darauf hinzuweisen, wie harmonisch diese Auffassung vom Rechte des Eigentums in einen höheren Plan der göttlichen Vorsehung eingreift, und wie so alles Einheit und Einklang in der göttlichen Ordnung ist. Der Mensch soll auf Erden den Willen Gottes erfüllen. Mit dem Erkenntnisvermögen soll er die Gedanken Gottes in sich aufnehmen, mit dem Willen soll er sie nach seinem Vermögen in die Tat übersetzen. Das Denken und Wollen des Menschen soll dem Gebete entsprechen: Dein Wille geschehe. Um aber dem Menschen die Würde und das Verdienst der Selbstbestimmung zuzuwenden, hat Gott ihm den freien Willen gegeben, so daß der Mensch nur dann menschlich handelt, und sein Handeln nur dann moralischen Wert hat, wenn er aus seiner Selbstbestimmung das Werk Gottes auf Erden vollendet. Selbst Gott achtet die Freiheit der Menschen und will sie auch dann nicht zerstören, wenn er sie zu seinem Verderben gebraucht.

Wenden wir diese Sätze auf unsere Lehre vom Rechte des Eigentums an. Gott hat die Erde mit ihren Erzeugnissen erschaffen, damit der Mensch seinen Leibesunterhalt aus ihr erhalte. Gott hätte diesen Zweck durch Anordnung einer Naturnotwendigkeit bei Verteilung der Güter erreichen können; das lag aber nicht in seiner erhabenen Absicht, er wollte hier dem freien Willen und der Selbstbestimmung des Menschen den schönsten Spielraum eröffnen; er wollte sein Werk den Menschen übergeben, vermenschlichen, damit der Mensch durch Übung der Werke Gottes vergöttlicht werde. Er ordnete deshalb eine ungleiche Verteilung der Güter in bezug auf Besitz und Verwaltung an, um so den Menschen zum Ausspender seiner Gaben an seine Mitbrüder zu machen. So sollte der Mensch hineingezogen werden in das Leben jener Liebe, in der Gott für uns sorgt, und indem er in derselben Liebe die Güter spendete, in der Gott sie für alle Menschen bestimmt hat, sollte der Mensch der liebevollen Gesinnung Gottes teilhaftig werden. Wenn bei der Verteilung der Güter der Erde nichts mehr von dem freien Willen der Menschen abhinge, wenn darin alles Naturnotwendigkeit wäre, oder wenn diese Fürsorge durch Polizeimaßregeln oder Staatsgesetze erzwungen werden könnte, so wäre die schönste Quelle der edelsten Gesinnung in der Menschheit verstopft. Denn wahrhaftig, meine christlichen Brüder, das Leben in den Werken der selbstaufopfernden Barmherzigkeit und Liebe ist ein vergöttlichtes Leben. Betrachtet ein solches Dasein in dem schwachen Geschöpfe einer barmherzigen Schwester, und ich frage euch, ob nicht ein solches Leben mehr Mut, Würde, Schönheit und Liebe darbietet als das Leben vielleicht einer ganzen großen Stadt. O möchten wir zu diesem schönen Leben der Liebe zurückkehren; möchten wir in diese Liebe alles aufnehmen, was unser bedarf; möchten wir durch die Kraft der Liebe die Welt uns unterwerfen und sie zu dem Kreuze zurückführen, von dem sie sich entfernt hat; möchte die alte Bonifatiusstadt Mainz uns auf diesem Wege der tätigen christlichen Liebe voranleuchten! Dann und nur dann behalten wir unseren Glauben, denn der Christusglaube kann nur bestehen, wo die Christusliebe mit ihm verbunden ist. Noch einmal, meine christlichen Brüder, lasset uns durch die Werke der Liebe die Welt überwinden und sie zum katholischen Glauben zurückführen! Amen.

Zweite Predigt.

(3. Dezember 1848.)

Und da wir die Zeit erkennen,
so ist nun die Stunde da, vom
Schlafe aufzustehen.
Röm. 13, 11.

Seit der Apostel Paulus diese Worte in seinem Briefe an die Römer niedergelegt, pflegt die Kirche sie alljährlich den Gläubigen beim Eintritte in die schöne Adventszeit, die wir mit dem heutigen Tage eröffnen, zuzurufen. Viele haben zu aller Zeit auf den Ruf der Kirche gehört, sind vom Schlafe erwacht, haben abgelegt die Werke der Finsternis und der Lüste, angetan die Waffen des Lichtes und unseren Herrn Jesus Christus.

Viele dagegen haben fort und fort dem Rufe der Kirche ihr Ohr und ihr Herz verschlossen, sind beharrt im Schlafe und in den Werken der Finsternis, des Fleisches und der Wollust. Auch wir, meine christlichen Brüder, sind in der Reihenfolge der Zeiten und der Geschlechter, nach der Vorherbestimmung Gottes, berufen, heute diesen Ruf der Kirche zu vernehmen, und viele unter uns vielleicht zum letzten Male. O möchten wir ihn zum Heile unserer Seele vernehmen! Immer ernster und drohender werden die Zeiten, immer unheilschwangerer die Wolken, die sich über unserem Haupte zusammenziehen, immer mahnender, bittender wird der Ruf der Kirche wie der Ruf einer Mutter, die ihre Kinder in großer Gefahr sieht; und wie sie heute schon[1]) durch den Mund aller katholischen Bischöfe des gesamten deutschen Vaterlandes so erschütternde Worte zu euch gesprochen, so bedient sie sich jetzt meiner unwürdigen Stimme, um euch die Worte des Apostels zuzurufen: „Und da wir die Zeit erkennen, so ist nun die Stunde da, vom Schlafe aufzustehen."

In diesen Worten des Apostels scheinen mir zwei Gedanken zu liegen. Wir sollen erstens die Zeit, in der wir leben, genau erkennen, und diese Erkenntnis soll uns zweitens antreiben, das bisherige Leben ohne Christus zu verlassen und ein neues Leben in Christus zu beginnen. Wir wollen bei diesen Gedanken in unserer heutigen Betrachtung stehen bleiben, und erstens sehen, wohin die Menschheit ohne Christus in der Gegenwart geraten ist, und zweitens, welche Mittel wir in Christus haben, um die Übel der Zeit zu heilen.

Man kann, meine christlichen Brüder, von der jetzigen Zeit nicht reden und noch weniger ihre Lage in

---

1) An diesem Tage war nämlich das Hirtenwort der in Würzburg versammelt gewesenen Bischöfe an die Gläubigen verlesen worden.

15*

Wahrheit erkennen, ohne immer wieder auf unsere sozialen Verhältnisse und insbesondere auf die Spaltung zwischen Besitzenden und Nichtbesitzenden, auf den Zustand unserer armen Mitbrüder, auf die Mittel, hier zu helfen, zurückzukommen. Mag man auch auf die politischen Fragen, auf die Gestaltung des Staatslebens, ein noch so großes Gewicht legen, so liegt dennoch nicht in ihnen die eigentliche Schwierigkeit unserer Lage. Mit der besten Staatsform haben wir noch keine Arbeit, noch kein Kleid, noch kein Brot, nach kein Obdach für unsere Armen. Im Gegenteile, je mehr die politischen Fragen ihrer Lösung entgegengehen, desto offenbarer wird es werden, was so viele noch nicht erkennen wollen, daß dies nur der kleinste Teil unserer Aufgabe gewesen, desto gebieterischer wird die soziale Frage in den Vordergrund treten und eine Lösung verlangen. Die politische Bewegung findet ihre ungeheure Teilnahme beim ärmeren Volke lediglich durch die Trostlosigkeit und Unnatürlichkeit seiner Nahrungsverhältnisse. Während es den Führern und Verführern des Volkes großenteils nur darum zu tun ist, die Staatsgewalt an sich zu reißen, hofft das arme Volk auf Verbesserung seiner materiellen Bedürfnisse. Bisher glaubt das Volk noch den Verheißungen seiner Leiter, es glaubt durch neue Staatsformen aus seiner drückenden Lage erlöst zu werden. Hat es sich erst von seinem Irrtume überzeugt, hat es erst erkannt, daß weder Preßfreiheit, noch Assoziationsrecht, noch freies Wahlrecht, noch Volksversammlungen, noch schöne Redensarten, noch Volkssouveränität im Stande sind, die Hungrigen zu speisen, die Nackten zu kleiden, die Betrübten zu trösten, den Kranken zu helfen, so wird es Rache nehmen an seinen Verführern und in Verzweiflung die Hand ausstrecken nach einem anderen Rettungsanker in seiner Not und Bedrängnis. Es scheint sogar die Aufgabe der Epoche der Weltgeschichte, in welcher wir leben, zu sein, der Welt den Beweis zu liefern, daß alle Staatsformen nicht imstande sind, die Wohlfahrt der Menschheit zu begründen, und daß es dazu einer anderen und höheren Kraft bedarf. Wenn die Ereignisse der Gegenwart und der nächsten Zukunft uns nur diesen Beweis unwiderleglich liefern, so wollen wir die Zeit trotz aller Trübsale glücklich preisen. Wollen wir also die Zeit erkennen, so müssen wir die soziale Frage zu ergründen suchen. Wer sie begreift, der erkennt die Gegenwart; wer sie nicht begreift, dem ist Gegenwart und Zukunft ein Rätsel.

Um das richtige Verständnis unserer sozialen Verhältnisse anzubahnen, habe ich euch vor einigen Wochen die Lehre des Christentums vom Rechte des Eigentums vorgetragen und zugleich nachgewiesen, wie gerade diese Lehre in der jetzigen Zeit von zwei entgegengesetzten Seiten gänzlich entstellt und verkannt ist, und wie ihre Verkennung notwendig zu den Verwickelungen führen mußte, in denen wir uns befinden. Ich wiederhole diese Lehre in einigen Sätzen, um von ihr aus dann tiefer in das Verständnis der Zeit einzudringen. Nach der Lehre, die wir an der Hand des heiligen Thomas von Aquin aufstellten, hat Gott, der alle Dinge aus dem Nichts erschaffen, der Natur und dem Wesen nach ein ausschließliches Eigentumsrecht über alle seine Geschöpfe, sowohl über die Menschen als auch über die Güter der Welt. Dieses Eigentumsrecht Gottes, weil mit der Natur des Geschöpfes notwendig verknüpft, kann durch keinen Besitz, keine Gewohnheit, kein Recht der Menschen je beschränkt werden. Der Mensch hat nur insofern ein Recht, als Gott es ihm einräumt. Gott hat nun nach der Weisheit seiner Vorsehung die Güter der Erde zum Gebrauche der Menschen bestimmt, und es ist sein Wille, daß diese Erdengüter vornehmlich dazu dienen, allen Menschen die Befriedigung ihrer notwendigen Leibesbedürfnisse möglich zu machen. Das sogenannte Eigentumsrecht der Menschen ist also in Wahrheit nichts anderes als ein Nutzungsrecht mit der natürlichen von Gott auferlegten Pflicht, die Früchte des Eigentums nach seinem Willen zu verwenden. Wir erkannten ferner, daß dieses Eigentums- oder richtiger Nutzungsrecht notwendig zwei andere Rechte in sich schließt: erstens das Recht der Verwaltung, wodurch die Güter der Erde zum Genusse vorbereitet werden sollen, zweitens das Recht des Fruchtgenusses, und gelangten zu dem Schlusse, daß wenn die Absicht Gottes, daß alle Menschen aus den Gütern der Erde die Befriedigung ihrer materiellen Bedürfnisse erlangen, erreicht werden soll, in bezug auf die Verwaltung notwendig das Eigentumsrecht des einzelnen anerkannt werden muß, da sonst jede gute Verwaltung aufhören, Unordnung und Unfriede entstehen und dadurch die Bedingungen des materiellen Wohlseins der Menschen zerstört werden würden; daß aber in bezug auf den Fruchtgenuß jeder Mensch sein Eigentum wieder als Gemeingut betrachten und gerne bereit sein muß, zur Erfüllung des Willens Gottes, daß jeder Mensch aus der Natur das Notwendige empfange, mitzuwirken.

Bevor ich nun weiter gehe, meine christlichen Brüder, erinnere ich euch daran, daß Gott uns zur Erkenntnis der Wahrheit eine zweifache Offenbarung hat zuteil werden lassen, eine natürliche und eine übernatürliche. Zu den natürlichen Wahrheiten gelangen wir durch den Gebrauch der natürlichen Kräfte unserer Seele, des Verstandes und der Vernunft, zu den übernatürlichen durch die gläubige Annahme dessen, was er uns durch seine Gesandten hat sagen lassen, und durch die Beihilfe der Gnaden, die uns Christus verdient hat. Da beide Offenbarungen von Gott ausgehen, und Gott die Wahrheit ist, so können sie sich nicht widersprechen, sondern sich nur bestätigen und ergänzen. Wenden wir diese Sätze auf die Lehre vom Rechte des Eigentums an, die ich die christliche genannt habe, so können wir sie mit demselben Rechte das Naturrecht des Eigentums nennen; denn wenn ich auch zu ihrer Bestätigung einige Worte der übernatürlichen Offenbarung anführe, so habe ich mich dennoch zu ihrer Entwicklung lediglich auf dem Gebiete natürlicher Gründe bewegt. Wer die Lehre von Gott, dem allmächtigen Schöpfer Himmels und der Erde, anerkennt, wer ferner zugibt, daß die Natur die Bestimmung hat, alle Menschen zu ernähren, der muß, nicht nur wenn er christlich, sondern wenn er vernünftig denken will, der gesamten Lehre beistimmen, die ich vorgetragen habe. Diese beiden Wahrheiten sind aber gleichfalls solche, die wir aus der natürlichen Offenbarung, aus dem Gebrauche unserer Vernunft schöpfen, denn nur der Tor spricht in seinem Herzen: Es ist kein Gott!

Von diesem Standpunkte aus sind also die beiden Lehren, die wir vom Rechte des Eigentums in der Welt antreffen, nicht bloß Sünden gegen das Christentum, sondern auch Sünden gegen das Naturgesetz. Nicht bloß unchristlich, sondern unnatürlich ist jene Lehre, die den Menschen zum Gott seines Vermögens macht und ihn berechtigt, jene Früchte seines Eigentums, die er seinen armen Mitbrüdern zuwenden sollte, zur Befriedigung seiner Lüste und seiner ausschweifenden sinnlichen Vergnügungen anzuwenden; nicht bloß unchristlich, sondern auch unnatürlich ist ferner jene Lehre von der Gütergemeinschaft, die auch in Betreff der Verwaltung eine Gemeinschaft der Güter erstrebt und zur Zerstörung der Güter selbst, zur Vernichtung jeder guten Verwaltung, zum Umsturze aller Ordnung und jeglichen Friedens führen und somit den natürlichen Zweck der Güter vereiteln würde, und wir begreifen leicht, wie aus so unsinnigen Lehren, aus einer solchen Verkennung der natürlichsten Wahrheiten, die heillose Verwirrung und Spannung hervorgehen mußte, in der wir uns befinden.

So weit erkennen wir, meine christlichen Brüder, die Zeit und die soziale Lage der Gegenwart. Sie ist eine notwendige Folge der widernatürlichen Auffassung des Rechtes des Eigentums, und diese ist eine notwendige Folge der Verkennung unseres Verhältnisses zu Gott, der Schwächung des lebendigen Gottesglaubens. Aber noch eine Erkenntnis fehlt uns, wenn wir die Zeit wahrhaft begreifen wollen. Ich frage nämlich, wie ist es denn möglich, daß solche Lehren entstehen können und sich fort und fort verbreiten, die mit den natürlichsten Wahrheiten so sehr im Widerspruche stehen? Wie ist es möglich, daß wir auf der einen Seite Reiche und Besitzende sehen, die in Verleugnung der einfachsten Naturgesetze und ohne im Gewissen erschüttert zu werden, ihr Vermögen vergeuden, während sie Arme verhungern, arme Kinder verwildern lassen? wie ist es möglich, daß uns noch der Überfluß schmeckt, während unsere Brüder am Notwendigsten Mangel leiden? wie ist es möglich, daß wir an Trink- und Tanzgelagen noch Freude finden, und daß uns dort das natürliche Menschenherz nicht berstet und zerreißt, wenn wir der armen Kranken gedenken, die in der Fieberglut ihre Arme nach Labung ausstrecken und niemand finden, der sie ihnen reiche? wie ist es möglich, daß wir noch mit Freuden in den Straßen der großen Städte einherwandern, wo wir auf jedem Schritt und Tritt arme Kinder, die wie wir Menschen Ebenbilder Gottes sind, antreffen, die im tiefsten sittlichen und leiblichen Verderben heranwachsen, in der

Geburt, in der Jugend und im Alter Opfer der schmachvollsten Leidenschaft? wie ist es möglich, daß natürliche Menschen so unnatürlich unmenschlich werden können? Und auf der anderen Seite, wie ist es möglich, daß die Armen und ihre gottlosen Verführer, gleichfalls allem natürlichen Rechte und aller natürlichen Einsicht entgegen, der unsinnigen Lehre von der falschen Gütergemeinschaft huldigen und von ihr Rettung hoffen, während sie so handgreiflich die ganze Menschheit in das Verderben stürzen würde?

Auf diese Fragen gibt es nur eine Antwort, und zwar mit jener Lehre des Christentums, von der ein tiefer christlicher Denker sagt,[1]) daß sie zwar dem Verstande unbegreiflich, aber zugleich so notwendig wahr sei, daß ohne ihre Annahme der Mensch sich selbst ein Geheimnis bleibe, nämlich mit der Lehre von der Erbsünde und ihrer Fortpflanzung über das gesamte Menschengeschlecht. Gewiß, fährt jener Denker fort, nichts stößt schroffer zurück als die Lehre von der Erbsünde, und dennoch ohne dieses Geheimnis, welches unter allen das unbegreiflichste des Christentums ist, bleiben wir uns selbst immerfort ein Geheimnis. Die Erbsünde ist den Menschen eine Torheit; gut, wir geben es zu. Man sollte dieser Lehre die Unbegreiflichkeit nicht vorwerfen, denn wir gestehen es, daß sie dem Geiste des Menschen unergründbar ist. Aber diese Torheit ist weiser als alle Weisheit der Menschen: was an Gott töricht ist, ist weiser als die Menschen[2]). Denn wie können wir sonst den Menschen begreifen? Sein ganzer Zustand hängt von diesem Geheimnisse ab.

Auch wir stehen mit diesem Dilemma vor der Frage, die uns beschäftigt. Was Pascal in der angeführten

1) Pascal, Pensées III, 8. — 2) 1 Kor. 1, 24.

Stelle auf den einzelnen Menschen angewendet, wende ich auf die Geschichte der Menschen in jeder einzelnen Epoche und auf die Zustände an, die uns umgeben. Wer das Geheimnis von der Erbsünde verwirft, weil er es nicht verstehen kann, dem bleibt die Menschengeschichte ein unverstandenes Geheimnis. Weil er alles verstehen will, versteht er nichts; unter dem Vorwande, in allem vernünftig sein zu wollen, ist er in allem unvernünftig. Wer dagegen im Glauben und in Demut das Geheimnis von der Erbsünde annimmt, dem ist nichts mehr Geheimnis, er versteht sich selbst und die Geschichte der Menschheit. Der Gegenstand, den wir behandeln, bestätigt diese Wahrheit. Nur die Lehre von der Erbsünde verbreitet uns wahres Licht über unsere Zustände. Nach ihr sind die Menschen von Gott abgefallen, und als Folge dieses großen Abfalles sind die natürlichen Kräfte, die im Menschen lagen, verschlechtert worden. Die Erkenntniskraft des menschlichen Geistes ist verdunkelt, der menschliche Wille ist zum Bösen hingeneigt, die dreifache böse Lust und der Satan haben einige Herrschaft über den Menschen erhalten, und nur durch die Gnade, welche die Erlösung in Christus den Menschen darbietet, vermag er seine ursprüngliche Bestimmung wieder zu erreichen.

Diese Grundlehre des gesamten Christentums vermag allein uns zu erklären, wie selbst die natürlichsten Wahrheiten verkannt, die heiligsten Gefühle verleugnet werden können, wie der Mensch so unmenschlich zu werden vermag. So lange das Christentum die Menschen trug, ihren Verstand erleuchtete, ihren Willen zum Guten stärkte, so lange das Christentum den ganzen natürlichen Menschen durchdrang, waren solche Lehren vom Rechte des Eigentums gar nicht möglich, eine solche Trennung zwischen Arm und Reich undenkbar. Was aber aus der Menschheit ohne Christus und jene Gnade, von der der Apostel sagt, daß sie bestimmt sei, alles, was im Himmel und auf Erden ist, zu erneuern,[1]) wird, zeigt uns die ganze Weltgeschichte und vor allem die soziale Lage, in der wir uns befinden. Nicht die Vernunft herrscht jetzt über die Menschen und ihr geselliges Verhältnis, sondern die Leidenschaft, und nicht aus der Vernunft, sondern aus den niedrigsten Leidenschaften sind die Lehren vom Rechte des Eigentums hervorgegangen, die ich angeführt habe.

Das wollen nun die Kinder der Welt freilich nicht anerkennen. Sie verlachen die Lehre von der Erbsünde und ihren Folgen, sie leugnen den Ursprung und die Kraft der Leidenschaften und behaupten, daß sie nur Folge der Unwissenheit und Unkenntnis seien. Nach ihrer Meinung soll eine bessere Einrichtung der Schule hinreichen, um die Herrschaft der Leidenschaften zu zerstören, und unter der verbesserten Schuleinrichtung verstehen sie hauptsächlich Trennung der Schule von der Kirche und Verbreitung der sogenannten allgemeinen Menschenbildung. Wie die Blume sich aus sich selbst entwickelt, so müsse auch die herrliche Menschennatur nur zur wahren Selbstentfaltung angeleitet werden, und dann würden Leidenschaften, Laster und Verbrechen von selbst auf Erden verschwinden und die wahre Bruderliebe zurückkehren.

Das ist die Lehre, die jetzt auf allen Dächern gepredigt, die als die höchste Weisheit ausgegeben wird. Ich aber frage dagegen, gibt es wohl eine Behauptung, die handgreiflicher jeder Wahrheit mit beiden Fäusten in das Gesicht schlägt als diese? Wäre sie wahr, so müßte es folgerecht zwei Klassen von Menschen auf Erden geben: erstens die Menschen mit der allgemeinen Men-

1) Ephes. 1, 10.

schenbildung, und diese bildeten das Geschlecht ohne Leidenschaft, ohne Laster und Verbrechen, das nur dem Gebote der höheren Vernunft gemäß handelte; und zweitens jene ohne allgemeine Menschenbildung, die dann allen Leidenschaften und allen Lastern hingegeben sein müßten. Ich frage nun: ist das wahr, oder gibt es eine größere Lüge als diese? Wie ist es möglich, solche Behauptungen noch in einer Zeit aufzustellen, wo die genauesten statistischen Ermittelungen in Frankreich und Deutschland es herausgestellt haben, daß weder das Maß der Geistesbildung noch das Maß des Wohlstandes irgend einen Einfluß auf die Zahl der Verbrechen üben, die in einem Lande begangen werden.

Doch wozu solche Beweise, da die tägliche Erfahrung deutlicher redet als alle statistischen Tabellen. Ist der Geizige, der Schätze auf Schätze sammelt, ist der Jüngling, der alle Länder durchwandert, alle Sprachen erlernt, alle Völker kennt und Tausende seinen Lüsten opfert, ohne seiner armen Mitbrüder zu gedenken, ist die Jungfrau, die in den Gesellschaften glänzt, die ihren Leib zu dem goldenen Kalbe macht, das sie verehrt, und dem sie Gold und Edelsteine opfert, während sie gefühllos ihre arme Mitschwester erfrieren läßt — sind diese alle etwa noch zu christlich erzogen, und fehlt ihnen die allgemeine Menschenbildung? Wo ist die allgemeine Menschenbildung, die den Geizigen mildtätig macht, die den liederlichen Jüngling, das eitle Mädchen mit Liebe zum Nebenmenschen erfüllt, wo ist die Lehrweise, das Lehrbuch, das imstande wäre, den Geist der christlichen Entsagung, Selbstverleugnung in die Herzen der Menschen einzupflanzen? Zeiget es mir, zeiget mir das Geschlecht mit wahrer Nächstenliebe, das ihr ohne Christentum durch eure Weltweisheit gebildet, und ich will mit euch das Christentum über Bord werfen. Solange ich aber sehen werde, daß alle Weisheit, alle Wissenschaft, alle Weltbildung zusammengenommen nicht imstande ist, ein einziges Fünklein christlicher Liebe auf Erden zu entzünden, nicht imstande, ein einziges Leben der Liebe zu gestalten, einen einzigen Geizigen von seinem Geize zu heilen, werde ich feststehen in dem Glauben, daß die Menschheit in Sünde gefallen und nur durch das Christentum wieder hergestellt werden kann. Von Christus ist die Welt abgefallen, die Erlösung in Christus hat sie abgewiesen, der Herrschaft ihrer Leidenschaften ist sie verfallen, das ist der letzte, tiefste und wahrste Grund unserer sozialen Leiden und Zustände. Nicht weil er ungelehrt ist und der allgemeinen Menschenbildung entbehrt, sondern weil er der Habgier und Genußsucht als elender Sklave dient, deshalb verachtet der Reiche das Gebot Gottes, daß er von seinem Überflusse den Armen mitteile; und nicht, weil er in der Schule seine Lektion nicht gut gelernt hat, sondern weil er der Trägheit als Sklave dient, deshalb streckt der Arme seine Hand nach fremdem Gute aus und verachtet das Gebot Gottes: „Du sollst nicht stehlen." Von sündhaften Trieben und Leidenschaften geführt, sind die Menschen nicht mehr imstande, die einfachsten Naturwahrheiten anzuerkennen, wo diese sich ihren Leidenschaften entgegenstellen. Der Abfall vom Christentum ist der Grund unseres Verderbens, ohne diese Erkenntnis gibt es keine Rettung. Wie der einzelne Mensch nur dann zu seiner wahren Erhebung gelangen kann, wenn er in tiefer Selbsterkenntnis es erfahren, daß er aus eigener Kraft die hohe Aufgabe seines Daseins nicht zu erreichen vermag, so wird die Welt aus ihrer jetzigen trostlosen Lage nur dann sich wieder erheben, wenn sie in wahrer Welterkenntnis zu der Überzeugung gelangt ist, daß sie aus eigener Kraft die hohe Aufgabe nicht zu lösen vermag, die sie lösen muß, wenn sie nicht in Barbarei zugrunde gehen will.

Da wir nun so die Zeit erkannt haben; da wir die sozialen Zustände zum großen Teile als eine notwendige Folge der unnatürlichsten und unwahrsten Auffassungen vom Rechte des Eigentums und diese Geistesverirrung als eine Folge des Abfalles von Christus, wodurch die sinnlichen Triebe und Leidenschaften über den Verstand herrschend geworden, erfaßt haben, so ist nun die Stunde da, vom Schlafe zu erwachen, und uns bleibt noch die Aufgabe, die Mittel aufzusuchen, wodurch wir aus dem sozialen Verderben uns erheben können. Im allgemeinen habe ich dieses Mittel schon dadurch ausgesprochen, daß ich sagte, der Abfall vom Christentume habe das Verderben über uns gebracht, die Rückkehr zum Christentume könne uns nur helfen. Es bleibt mir nur übrig, im einzelnen noch nachzuweisen, wie ohnmächtig die Welt in Lehre und Leben, und wie mächtig das Christentum in Lehre, Leben und Gnadenmitteln ist, um die sozialen Übel zu heilen.

Wir wollen zuerst die Ohnmacht der Welt und die Macht des Christentums in der Lehre den sozialen Zuständen gegenüber betrachten.

Ich habe schon seit längerer Zeit mit Aufmerksamkeit vieles gelesen, was die Welt in Vorschlag bringt, um der drohenden Massenverarmung zu steuern, und gestehe, noch nichts gefunden zu haben, was im ganzen und großen helfen könnte. So lange die Verfasser noch bei den allgemeinen Redensarten stehen bleiben, worin sie ihre Vorschläge einkleiden, sollte man glauben, sie seien die Volksbeglücker, die das Geheimnis der Brotvermehrung aufgefunden; geht man dann aber zu ihren praktischen Vorschlägen über, so kann man sich des Mitleids nicht erwehren. Der eine will helfen durch eine bessere Verteilung der Steuern, der andere durch verschiedene Arten von Sparkassen, der dritte durch Organisation der Arbeit, der vierte durch Auswanderung, dieser durch Schutzzölle, jener durch Freihandel, der eine durch Freiheit der Gewerbe, durch Teilung von Grund und Boden, der andere durch das gerade Gegenteil, wieder andere durch Einführung der Republick, womit alle Not gehoben und das Paradies auf Erden verwirklicht sei. Diese Vorschläge haben nun mehr und weniger Wert, und einige können nützlich wirken; um aber unsere sozialen Übel zu heilen, sind sie nichts als ein Tropfen im Meere. Das sehen auch viele ein, und sie schlagen, als letztes Mittel, die allgemeine Teilung der Güter vor. Ob wir dieses Mittel noch versuchen werden, steht dahin, aber gewiß ist, daß es nicht dazu dienen würde, die Armen reich, sondern alle arm zu machen. Für jeden aber, der sich ein freies Auge bewahrt hat, steht es fest, daß alle Weltweisheit vor dieser Aufgabe verstummt und unvermögend ist, zu helfen.

Je ohnmächtiger aber die Lehre der Welt ist, um zu helfen, desto mächtiger ist die Lehre des Christentums. Gerade die sozialen Verhältnisse sind es, wo sich uns seine ganze Macht offenbart. Nichts dürfte geeigneter sein, uns gleich in das innere Wesen der Verschiedenheit der Mittel einzuführen, die uns das Christentum und die Welt anbietet, als ein Vorfall aus dem Leben Jesu, den uns der Evangelist Lukas[1]) berichtet. Einer aus dem Volke kam zu Jesus und sprach: „Meister, sag zu meinem Bruder, daß er die Erbschaft mit mir teile." Und Jesus antwortete ihm: „Mensch, wer hat mich zum Richter oder Erbverteiler über euch gesetzt?" Dieser Vorfall veranlaßte den Heiland, seine Umgebung

1) Luk. 21, 13 ff.

vor allem Geize zu warnen, weil das Glück des Lebens nicht im Überflusse zeitlicher Güter zu suchen sei. Er erzählte dann das Gleichnis von dem reichen Manne, der nach ergiebigen Ernten und nachdem er seine Scheuern angefüllt, endlich zu sich sprach: „Meine Seele, du hast großen Vorrat an Gütern auf viele Jahre: ruhe aus, iß, trinke, laß dir wohl sein! Gott aber sprach zu ihm: Du Tor! in dieser Nacht wird man deine Seele von dir fordern: was du nun bereitet hast, wessen wird es sein? So geht es dem, der sich Schätze sammelt, aber bei Gott nicht reich ist."

Sehet, meine christlichen Brüder, so antwortet Christus allen jenen, die mit dem Menschen aus dem Evangelium durch Güterteilung reich werden oder überhaupt durch äußere Mittel die sozialen Zustände bessern wollen. Er will auch eine richtige Verteilung der Güter, aber nicht durch Gewalt, *sondern durch Umänderung der Gesinnung*. Das ist der wesentliche Unterschied der Lehren des Christentums und der Lehren der Welt. Diese hat nur äußere Mittel, die die Quelle des Übels nicht heilen können, das Christentum heilt die Quelle des Übels, die Gesinnung der Menschen. Nicht in der äußeren Not liegt unser soziales Elend, sondern in der inneren Gesinnung. Jener wäre leicht abzuhelfen, wenn nur die Gesinnung eine andere wäre. Die beiden gewaltigen Seelenübel, an denen unsere geselligen Beziehungen krank darniederliegen, sind teils die unersättliche Genuß- und Habgier, teils die Selbstsucht, welche die Nächstenliebe zerstört hat. Diese Krankheit hat die Reichen und die Armen ergriffen. Was vermögen da Steuerverteilungen und Sparkassen, so lange diese Gesinnung fortbesteht? Diesem inneren Verderbnis gegenüber ist die Welt mit allen ihren Lehren gänzlich ohnmächtig, während das Christentum die ganze Macht seiner Lehre eben auf die Gesinnung, auf die innere Besserung der Menschen richtet. Ich will es versuchen, an einigen Stellen der Lehre Jesu nachzuweisen, wie er hierbei von Stufe zu Stufe fortschreitet und von allen Seiten, gleichsam durch alle Tore auf die Seele eindringt, um sie von der zweifachen Krankheit, der Habgier und der Selbstsucht, zu befreien.

In der angeführten Stelle zeigt uns der Heiland die Vergänglichkeit der irdischen Güter, die Torheit des Menschen, der Güter auf Güter häuft, um sie in dem Augenblicke zu verlassen, wo er anfangen will, sie zu genießen. Ähnlich ruft er an einer anderen Stelle: „Sammelt euch auf Erden keine Schätze, die der Rost und die Motten verzehren, und die Diebe ausgraben und stehlen: sondern sammelt euch Schätze im Himmel, die weder Rost noch Motten verzehren, und die die Diebe nicht ausgraben und stehlen; denn wo dein Schatz ist, da ist auch dein Herz[1]).“ Auch hier ist es wieder das Herz mit seiner Habgier und Selbstsucht, das er heilen will. Auch hier zeigt er wieder die Torheit, in den vergänglichen Gütern das Glück zu suchen; aber einen neuen mächtigen Beweggrund fügt er hinzu, indem er auf den Lohn der guten Verwendung der irdischen Güter hinweist.

Doch der Heiland geht weiter. Er weiß, daß erhabene Ideen die Seele des Menschen noch mächtiger ergreifen als der beste Lohn, und stellt der in Habgier versunkenen Seele das hohe Bild der Vollkommenheit vor Augen. „Willst du vollkommen sein,“ so spricht er„ „so gehe hin, verkaufe alles, was du hast, und gib es den Armen, so wirst du einen Schatz im Himmel haben; und folge mir nach Jeder, der sein Haus oder

---

1) Matth. 6, 19—21.

Brüder oder Schwestern oder Vater oder Mutter oder Weib oder Kinder oder Acker um meines Namens willen verläßt, der wird Hundertfältiges dafür erhalten und das ewige Leben besitzen[1])." Das ist eine Lehre, um die Seelenübel zu heilen. Der unersättlichen Habgier des gesunkenen Menschen hält Christus die nackte Armut des erlösten vollkommenen Menschen entgegen. Und mit welchem Erfolge, — das weiß die katholische Kirche aus dem Leben so vieler Heiligen.

Und abermals sehen wir den Heiland weiterschreiten, um die Selbstsucht unseres Herzens zu heilen, indem er spricht: „Du sollst den Herrn, deinen Gott, lieben, aus deinem ganzen Herzen, aus deiner ganzen Seele und aus deinem ganzen Gemüte. Dies ist das größte und das erste Gebot. Das andere aber ist diesem gleich: du sollst deinen Nächsten lieben wie dich selbst[2])." Fragen wir ihn aber, wer der Nächste ist, so führt er uns hin zu dem Menschen voll Wunden, an dem Wege von Jerusalem nach Jericho[3]), und lehrt uns, daß jeder Bettler am Wege, jeder Kranke auf dem Bette unser Nächster ist.

Meine christlichen Brüder, lasset uns einen Tag diese Lehre befolgen, und alle sozialen Übel sind wie mit einem Zauberschlage verschwunden; lasset uns, Reiche und Arme, einen Tag unseren Nächsten lieben wie uns selbst, und das Angesicht der Erde wird erneuert sein. O möchten wir die Lehre Christi begreifen!

Was soll ich aber erst sagen, meine christlichen Brüder, wenn der Heiland ferner zu uns spricht: „Wahrlich, sage ich euch, was ihr einem dieser meiner geringsten Brüder getan habet, das habet ihr mir getan[4])." „Wer euch aufnimmt, der nimmt mich auf; und wer mich auf-

1) Matth. 19, 21. 29. — 2) Matth. 22, 37—39. — 3) Luk. 10, 30 ff. — 4) Matth. 25, 40.

nimmt, der nimmt denjenigen auf, der mich gesandt hat . . Wer einem von diesen Geringsten nur einen Becher kalten Wassers zu trinken reicht, . wahrlich, sage ich euch, er wird seinen Lohn nicht verlieren[1]).“

Wer kann die Kraft, die in diesen Worten liegt, um Habgier und Selbstsucht in uns zu zerstören, schildern; wer vermag anzugeben, wie viele Tränen diese Worte getrocknet haben und fort und fort trocknen werden? Mit diesen Worten hat der Heiland die ganze Schar heiliger Jungfrauen, die im armen Kranken den Heiland lieben, an das Bett derselben gefesselt. Alle Liebe, die die Menschen ihm schulden, hat er so den Armen und Kranken dienstbar gemacht.

Doch der Heiland kannte das Herz des Menschen, er wußte, wie fest in demselben die Habgier und Selbstsucht wurzeln, und welcher Gewaltmittel es bedürfe, um sie herauszureißen. Jenen also, die höheren Beweggründen nicht folgen wollen, hält er das Gericht und die ewige Pein vor Augen. Er öffnet ihnen den Blick in die Stunde des furchtbaren Gerichtes, wo er kommen wird in großer Majestät und Herrlichkeit, wo er die Böcke von den Schafen trennen und zu jenen, die zu seiner Linken stehen, sprechen wird: „Weichet von mir, ihr Verfluchten, in das ewige Feuer, welches dem Teufel und seinen Engeln bereitet worden ist: denn ich war hungrig, und ihr habet mich nicht gespeiset; ich war durstig, und ihr habet mich nicht getränket; ich war ein Fremdling, und ihr habet mich nicht beherberget; ich war nackt, und ihr habet mich nicht bekleidet; ich war krank und im Gefängnisse, und ihr habet mich nicht besucht. Da werden auch sie ihm antworten und sagen: Herr, wann haben wir dich hungrig und durstig oder als Fremdling oder

1) Matth. 10, 40. 42.

nackt oder krank oder im Gefängnisse gesehen und haben dir nicht gedienet? Dann wird er ihnen antworten und sagen: Wahrlich, ich sage euch, was ihr einem dieser Geringsten nicht getan habet, das habet ihr auch mir nicht getan. Und diese werden in die ewige Pein gehen[1])."

Für den aber, der auch dieser Mahnung noch sein Herz verschließen sollte, greift der Heiland zum letzten Mittel, indem er die Schranken vor dem Orte ewiger Qualen hinwegreißt und ihn seinen Blicken vorhält. Er hat uns den reichen Prasser, in reichen Kleidern, bei herrlichen Gastmahlen, und den armen Lazarus, der umsonst seine Hände nach den Brosamen ausstreckt, und dem die Hunde die Geschwüre lecken, auf Erden gezeigt. Er zeigt sie uns nun in der Ewigkeit, den Lazarus in Abrahams Schoß, den reichen Prasser in der Hölle begraben. Wir hören ihn rufen: „Vater Abraham, erbarme dich meiner und sende den Lazarus, daß er seine Fingerspitze ins Wasser tauche und meine Zunge abkühle, denn ich leide große Pein in diesen Flammen. Abraham aber sprach zu ihm: Gedenke, Sohn, daß du Gutes empfangen hast in deinem Leben, und Lazarus hingegen Übles; nun aber wird dieser getröstet, und du wirst gepeinigt. Und über dies alles ist zwischen uns und euch eine große Kluft gesetzt, daß die, welche von hier zu euch hinübergehen wollen, es nicht können[2])."

Das ist, meine christlichen Brüder, eine kurze Zusammenstellung der Lehren, wodurch Christus die Wurzeln aller sozialen Übel in unserer Seele, die Habgier und Selbstsucht, auszureißen sucht. Er führt den Habgierigen und Selbstsüchtigen hin zu jenem Orte der Qualen und zeigt ihnen den reichen Prasser in den

---

1) Matth. 25, 41 ff. — 2) Luk. 16, 24 ff.

Flammen dürsten nach einem Tropfen Wasser; er führt ihn ins Gericht und ruft ihm die Worte in das Ohr: Weiche von mir, du Verfluchter, in das ewige Feuer; er führt ihn zu dem reichen Manne, der viele Güter gesammelt, um sie nun zu genießen, plötzlich aber die Worte hört: Du Tor, noch diese Nacht werden sie deine Seele von dir fordern; er zeigt ihm die Schätze auf Erden, von Rost und Motten zernagt und von Dieben gestohlen; er hält ihm die Wege der Vollkommenheit vor Augen; er lehrt ihn seinen Bruder lieben wie sich selbst, und in jedem Menschen einen Bruder erkennen; er stellt sich selbst an die Stelle des Armen und wendet die Liebe, die die Menschen ihm schulden, den Armen zu.

So mächtig ist die Lehre des Christentums, so ohnmächtig die Lehre der Welt den sozialen Übeln gegenüber. Doch noch mächtiger ist das Christentum, noch ohnmächtiger die Welt *im Leben* zur Heilung dieser Übel.

Um die sozialen Übel zu heilen, genügt es nicht, daß wir einige Arme mehr speisen und kleiden und dem Armenvorstande einige Taler Geld mehr durch unsere Dienstboten zusenden, das ist nur der allerkleinste Teil unserer Aufgabe: sondern wir müssen eine ungeheure Kluft in der Gesellschaft, einen tief eingewurzelten Haß zwischen Reichen und Armen ausgleichen; wir müssen eine tiefe sittliche Versunkenheit bei einem zahlreichen Teile unserer armen Mitbrüder, die allen Glauben, alle Hoffnung, alle Liebe zu Gott und den Nebenmenschen verloren haben, wieder heilen; wir müssen die geistige Armut der leiblich Armen wieder heben. Gerade wie bei dem Reichen, so ruht auch bei dem Armen die Quelle der sozialen Übel in der Gesinnung. Wie die Habgier, die Genußsucht, die Selbstsucht die Reichen von den

Armen abgewendet hat, so hat Habgier, Genußsucht und Selbstsucht, in Verbindung mit äußerer großer Not, den Haß der Armen gegen die Reichen hervorgerufen. Statt in wahren Ursachen und vielfach in dem eigenen Verschulden die Quellen der Not aufzusuchen, sehen sie nur in dem Reichen die alleinige Ursache ihres Elendes. Es geht ihnen, wie es uns Menschen allen so leicht geht: die Splitter bei dem Reichen sehen sie, die Balken in dem eigenen Auge sehen sie nicht; und so erblicken wir denn bei vielen unserer armen Mitbrüder einen furchtbaren Grad sittlichen Verderbens, wo Haß gegen den Mitmenschen, Genußsucht und Habgier, Arbeitsscheu mit schrecklicher äußerer Not Hand in Hand gehen. Gute Lehren und Ermahnungen helfen hier ebensowenig wie einzelne Hilfeleistungen. Diese werden angenommen und verzehrt mit dem Gedanken, daß ihnen noch weit mehr, ja alles gebühre.

Hier wird eine neue Kraft erfordert zur Heilung der Gesinnung, die Kraft des Lebens und der Liebe. Die Armen müssen erst wieder fühlen, daß es eine Liebe gibt, die ihrer gedenkt, ehe sie der Lehre der Liebe Glauben schenken. Wir müssen die Armen und die Armut aufsuchen bis in ihre verborgensten Schlupfwinkel, ihre Verhältnisse, die Quellen ihrer Armut erforschen, ihre Leiden, ihre Tränen mit ihnen teilen; keine Verworfenheit, kein Elend darf unsere Schritte hemmen; wir müssen es ertragen können, verkannt, zurückgestoßen, mit Undank belohnt zu werden; wir müssen uns immer wieder durch Liebe aufdrängen, bis wir die Eisdecke, unter der des Herz des Armen oft vergraben, aufgetaut und in Liebe überwunden haben. Wie Gott den Sünder und uns alle als Sünder nicht nach der Gerechtigkeit behandelt, sondern durch das Übermaß seiner Liebe unsere Lieblosigkeit und Undankbarkeit überwindet, so müssen auch wir Gott nachahmen und unsere Nebenmenschen durch ein Übermaß der Liebe überwinden. Dies ist nach meiner Überzeugung und Erfahrung der einzige Weg, um die Gesinnung der großen Masse der Armen wieder zu bessern.

Und was vermag die Welt dieser Aufgabe gegenüber? Daß der Polizeistaat sie nicht mit seinen Armengesetzen zu lösen vermochte, ist bekannt. Aber was leisten die Volksfreunde dieser Tage auf dem Gebiete des Lebens zu diesem Zwecke? Ich gehe schnell über dieses Bild hinweg, denn es erfüllt mich zu sehr mit Empörung, wie gerade so viele derer, die sich Freunde des Volkes und der Armen nennen, während sie Feinde Christi und seiner Kirche sind, in ihrem Leben sich so armselig erweisen! Was vermögen diese Volksfreunde, um die sozialen Übel zu heilen, um die Armut zu mildern, um die Menschen zu versöhnen? Was vermögen sie? An ihren Früchten sollet ihr sie erkennen? Welches sind denn die Früchte ihrer Liebe zum Volke, die sie im Leben treiben? Finden wir sie in den Hütten der Armen, an den Kranken- und Armenbetten? Sehen wir sie sich selbst arm machen, selbst arm leben, um den Armen zu helfen? Nichts von dem allem! Ihre Volksliebe zeigen sie durch den Haß, den sie unter den Menschen verbreiten; sie machen sich selbst einen bequemen Tag, leben selbst wie die Reichen, sind selbst von allen Lastern und Leidenschaften der Reichen entzündet und wagen es dennoch, die Armen auf die Reichen zu hetzen, die eben nur das tun, was sie selbst tun! Hohle Redensarten über ihre Liebe zum Volke, betrügerische Vorspiegelungen von einem Glücke, wie es auf Erden nicht zu erreichen ist, wütende Schimpfreden über alles, was außer ihnen auf Erden ist, das sind die Lebensfrüchte ihrer Liebe zum Volke, dadurch wollen sie die sozialen

Übel heben, dadurch die Spaltung unter den Menschen ausfüllen, dadurch das sittliche Verderben unter den Armen heilen!

So arm ist die Welt an wahrer Lebenskraft, um die Menschen zu versöhnen und sittliches und leibliches Elend zu stillen! Der Polizeistaat und unsere Volksfreunde, beide kommen nicht über die Redensarten hinaus.

Sehen wir nun auf das Leben Christi. Was er lehrte, das übte er auch in seinem Leben. Der Gottessohn, welch ein Freund der Armut ist er! Arm sind seine Eltern, arm der Ort und die Umgebung seiner Geburt, arm ist er auf der Flucht nach Ägypten, arm in seinem Leben zu Nazareth. Und in seinen Lehrjahren? Die Füchse haben ihre Höhlen, die Vögel ihre Nester; er aber ist ärmer denn sie, er hat nichts, wohin er sein Haupt legen kann. Arme sind es, die er zu seinen Aposteln wählt; Arme, Notleidende, Kranke, Betrübte sind sein täglicher Umgang; sie folgen ihm in die Wüste; er sucht sie auf in ihren Wohnungen, mit ihnen trägt er die Verachtung der Pharisäer, mit ihnen weint er, sie tröstet er. Arm, nackt hängt er endlich am Kreuze. Aus diesem armen Leben des Gottmenschen Jesus Christus hat sich nun in das Leben der Kirche Christi jene Lebens- und Liebeskraft ergossen, die wir in so vielen Gliedern der Kirche anstaunen und bewundern. Man kann Christus nicht lieben, ohne zugleich von seiner Liebe zur Armut und den Armen entzündet zu werden; das ist eine Wahrheit, die sich bis auf den heutigen Tag bewährt hat.

Was sind die Wunderwerke der Nächstenliebe und der Liebe zur Armut, die wir in dem Leben der Heiligen anstaunen, anders als eine Wirkung jenes neuen Liebesfeuers, das Christus vom Himmel in die Welt getragen, und von dem er wollte, daß es zünde. Wer an diesem Feuer sein Herz nicht entzündet, der wird in Ewigkeit weder die Armut noch die Armen wahrhaft lieben. In der Armut Jesu hatte die heilige Königstochter Elisabeth den Geist geschöpft, in dem sie zu Boden sank, als sie einst im vollen Glanze der Welt eine Kirche betrat, und ihre Augen auf das Bild des am Kreuze hängenden Gottessohnes fielen; an dieser Quelle hatte der heilige Franziskus sich so sehr berauscht, daß er sich die Armut zu seiner Braut erwählte. Ja, als er einst nach Rom kam, und vor einer Kirche vorübergehend, viele seiner Mitbrüder in der tiefsten Armut dort vor der Türe liegen sah, harrend einer Liebesgabe, da erfaßte ihn so sehr das Verlangen, mit den Armen Armut und Verachtung zu teilen, daß er mit dem Ärmsten die Kleider tauschte und mehrere Tage unter ihnen zubrachte. Aus dieser Quelle sind die Bettelorden in der katholischen Kirche hervorgegangen, welche die Welt nicht mehr versteht und verlacht, und die dennoch den schönsten Gedanken tragen und erfüllen, den je die Welt getragen und erfüllt hat, der unermeßlich Reiche arm gemacht, um Arme reich zu machen; aus dieser Quelle sind endlich jene barmherzigen Schwestern hervorgegangen, jene Wunderblumen in der Welt, jene Herzen, in welche sich die Liebe Jesu geflüchtet hat, welche Eltern, Brüder, Schwestern, die Welt mit allen Schätzen und Freuden verlassen, um ein ganzes Leben lang am Bette der Armen, Kranken und Sterbenden zuzubringen und Hilfe zu spenden — ein Leben, das in einer Stunde mehr wahre Nächstenliebe und Liebeskraft aufzuweisen hat als das ganze Leben vieler modernen Volksfreunde zusammengenommen; aus dieser Quelle wird endlich die gesamte Menschheit wieder Lebens- und Liebes- und Heilkraft schöpfen, **wenn sie erkannt hat, daß kein anderes Heil uns gegeben ist als in Jesus Christus und der von ihm gestifteten heiligen katholischen Kirche.**

Ich könnte jetzt noch von den Gnaden sprechen, die Christus in die Kirche niedergelegt, um die durch die Sünde verderbten Kräfte im Menschen wieder herzustellen, von den Sakramenten, die die lebendigen Kanäle sind, durch welche uns das Leben aus Christus zuströmt, insbesondere von dem heiligen Altarsakramente, wodurch er so unmittelbar sich selbst und sein von Liebe glühendes Herz in unser Herz legt, um uns in wahrer Liebe und Eintracht zu vereinen und so die Trennung unter den Menschen wieder aufzuheben — aber die Zeit und meine Kraft ist erschöpft.

Meine christlichen Brüder, ich fürchte nicht die sozialen Übel, denn ich weiß, daß die Welt zwar ohnmächtig ist, sie zu heilen, daß aber die Lehre, das Leben und die Gnade Christi stark genug ist, um die Welt aus ihren Angeln zu heben, und alle Tränen bis in das letzte Kämmerlein hinein zu trocknen; ich fürchte nur die Gottlosigkeit, die Ungläubigkeit, die Unchristlichkeit!

Da wir denn nun die Zeit erkannt haben, so lasset uns heute hören auf den Ruf der Kirche, aufwachen vom Schlafe, die Waffen des Lichtes und das Leben Jesu Christi anziehen!

O möchte ich der Liebe Jesu und dem Troste der Armen doch nur **eine** Seele und **ein** Leben heute gewonnen haben! Amen.

Dritte Predigt.

(17. Dezember 1848.)

Johannes antwortete ihnen und sprach: Ich taufe mit Wasser, aber in eurer Mitte steht der, den ihr nicht kennt.
Joh. 1, 26.

Die Betrachtung der sozialen Zustände, in denen wir uns befinden, hat uns zu der Überzeugung geführt, daß der wahre Grund unserer so schwierigen äußeren Lage, der großen Entfremdung der Menschen untereinander, der Kluft zwischen Reichen und Armen, nicht eigentlich in den Vermögensverhältnissen, in der Armut der einen und dem Reichtum der anderen zu suchen sei, sondern vielmehr in der innern Gesinnung liege, aus der jene ersteren Zustände nur als eine Wirkung hervorgegangen. Die Ungleichheit des Vermögens, der Überfluß der einen, die Dürftigkeit der anderen an sich betrachtet, führt durchaus keine Spaltung unter den Menschen herbei, sondern ist vielmehr, bei vorherrschender christlicher Gesinnung, das festeste und schönste Bindemittel der Menschen untereinander, weil sie zur Betätigung der christlichen Liebe, der wahrhaft brüderlichen Gesinnung Gelegenheit gibt. Wer unbefangenen Auges in die Welt hinein zu sehen vermag, kann unmöglich diese Wahrheit verleugnen; er muß es bekennen, daß unsere Krankheit eine innere und keine äußere ist, daß wir an einer Gesinnungskrankheit leiden, und daß insbesondere die unersättliche Hab- und Genußsucht, verbunden mit der schnödesten Selbstsucht, bei Armen und Reichen die Quellen sind, denen wir unsere Zustände verdanken.

Aus dieser einfachen Wahrheit ergab sich uns die ebenso einfache Folgerung, daß alle äußeren Mittel, sie mögen an sich noch so gut, wertvoll und nützlich sein, dennoch nicht imstande sein werden, uns wahrhaft Hilfe zu bringen. Wie der Kranke, der von einer innern Krankheit ergriffen ist, innerer Mittel zur Genesung bedarf, während bloß äußere ihm leicht den Tod bringen können, so bedürfen auch wir innerer Mittel, die unsere Gesinnung umgestalten, während bloß äußere Mittel nur zum größeren allgemeinen Verderben führen können. Die ganze Schwere des Unheiles liegt im Innern des Menschen, deshalb muß von innen heraus auch die Heilung wieder kommen. Worte, die von Gleichheit reden, nützen uns nichts; wir bedürfen einer innern Kraft, die jene Ungleichheit niederreißt, welche die Selbstsucht erzeugt, und die keine äußere Nivellierung erreichen kann; Worte, wodurch wir uns Brüder nennen, sind eitler Klang, wir bedürfen einer wahrhaft brüderlichen Gesinnung; es genügt nicht mehr, von Liebe zu reden, wir bedürfen eines Feuers der Liebe, das imstande ist, unsere kalten, selbstsüchtigen Herzen aufzutauen; uns ist nicht geholfen mit jenen Volksfreunden, die keinen andern Beweis ihrer Liebe zum Volke zutage bringen, als ihren Haß gegen die Reichen, wir bedürfen Volksfreunde, die es verstehen, mit den Armen und Leidenden Armut und Leiden zu teilen, wie es Christus getan und jene, die von seinem Geiste erfüllet waren.

Aber, meine christlichen Brüder, was der Jünger der Liebe klagend ausrief: „Er war in der Welt, und die Welt ist durch ihn gemacht worden, und die Welt hat ihn nicht erkannt; er kam in sein Eigentum, und die Seinigen nahmen ihn nicht auf[1];" und was vor ihm der Täufer gerufen: „Er steht mitten unter euch, den ihr nicht kennt[2];" das können auch wir weheklagend in der jetzigen Zeit ausrufen. Wir haben vor uns den

1) Joh. 1, 10. 11. — 2) Joh. 1, 26.

Schwemmteich, den der Engel ohne Unterlaß bewegt[1]), wir brauchen nur hineinzusteigen, um von unserer Gesinnungskrankheit geheilt zu werden, aber wir wollen es nicht; wir haben in unserer Mitte den Quell des lebendigen Wassers, aber wir verschmähen es, aus ihm zu schöpfen; der Lebensbaum prangt, von Gotteshand gepflanzt, auf Erden, und wir wollen die Früchte an ihm nicht sammeln; der Erlöser von allen unseren Leiden ist in die Welt gekommen, und die Welt ist durch ihn gemacht, und die Seinigen verschmähen das Werk seiner Erlösung.

Aus diesem Abfalle von Christus und der von ihm gestifteten katholischen Kirche ist aber ein anderes großes Übel hervorgegangen, nämlich die Verkümmerung des wahren lebendigen Gottesglaubens. Wollen wir die ganze Aufgabe des Erlösungswerkes in einem Satze zusammenfassen, so sollte es die Menschen lehren, Gott erkennen, und ihnen die Kraft mitteilen, nach dieser Erkenntnis zu leben. Die Worte Jesu Christi: „Auch den Vater kennt niemand als der Sohn, und wem es der Sohn offenbaren will[2])," mußten daher notwendig in vollem Maße in der neueren Zeit, die Christus und seiner Kirche den Rücken gedreht hat, in Erfüllung gehen. Die greuelhafteste Entstellung der wahren Lehre von Gott ist der eigentliche Charakter unserer Zeit und die notwendige Folge des Abfalles von Christus und seiner Kirche.

Bei der Lehre vom Rechte des Eigentums haben wir schon gesehen, welche Zerstörung die Verdunkelung des wahren Gottesglaubens auf diesem Gebiete anrichten mußte. Ohne lebendigen Gottesglauben mußte es zu zwei Extremen kommen, entweder zum Mißbrauche oder zur Zerstörung des Eigentumsrechtes, beide gleich ver-

1) Joh. 5, 4. — 2) Matth. 11, 27.

derblich für die menschliche Gesellschaft. Mit dieser Darstellung haben wir aber nur einen kleinen Teil des Verderbens entwickelt, das aus der geschwächten Gotteserkenntnis über unser gesellschaftliches Leben hereingebrochen ist. Wie ein Gebäude auf den Fundamenten, so ruht das ganze gesellschaftliche Leben auf gewissen Grundwahrheiten, ohne welche es gar nicht gedacht werden kann. Zu diesen Fundamenten des gesellschaftlichen Lebens rechnen wir, außer dem Eigentumsrechte, noch insbesondere die Lehre von der Freiheit des Menschen, von der Bestimmung des Menschen, von der Ehe und Familie. Wenn diese Fundamente in der Wahrheit begründet, wenn sie stark und gesund sind, nur dann kann sich auch das gesellschaftliche Leben stark und gesund entwickeln; sind sie aber erschüttert, so droht es zusammenzubrechen, wie das Haus, dessen Fundamente zerstört sind. Da wir nun den sozialen Zuständen der Gegenwart schon unsere Betrachtung zugewendet und gesehen haben, in welchem Maße der Unglaube die eine Grundlage derselben, das Eigentumsrecht, untergraben hat, so glaube ich die noch übrigen Betrachtungsstunden nicht besser anwenden zu können, als wenn ich die anderen Grundlagen des sozialen Lebens und den Einfluß des Unglaubens auf dieselben einer nähern Prüfung unterwerfe. Wir werden dadurch ein wahres Bild der Gegenwart gewinnen, und der drohende Einsturz des ganzen gesellschaftlichen Gebäudes wird uns mächtiger, als alle Worte, zur Rückkehr zu Christus und seiner Kirche auffordern.

Ich beginne also heute mit der Lehre von der Freiheit des Menschen und ihrem Verhältnisse zu dem Gesetze Gottes. Bevor ich jedoch auf die Lehre von der Freiheit des Menschen näher eingehe, bemerke ich zunächst, daß es mir nicht entfernt einfällt, die politische Freiheit zu berühren und für oder gegen ein politisches System aufzutreten. Seit ich in den Priesterstand eingetreten, habe ich es mir zu einem heiligen Grundsatze für mein ganzes Leben gemacht, keiner politischen Partei mehr anzugehören, weil ich mich allen Menschen, jeder politischen Partei, als Schuldner erkenne, denen ich als Diener des Herrn und Verkünder des göttlichen Wortes, zum Heile der Seelen, meine Kräfte und Dienste zu opfern habe. Bis zu dieser Stunde bin ich diesem Grundsatze treu geblieben und werde nimmermehr davon abweichen.

Die Lehre von der Freiheit des Menschen ist in ihrem innersten Wesen gebunden an die Lehre von Gott. Der Glaube und der Unglaube kommen zu gänzlich entgegengesetzten Auffassungen. Ich muß daher zunächst mit einigen Worten auf die Lehre von Gott übergehen, um demnächst die Lehre von der Freiheit des Menschen richtig darstellen zu können.

Blicken wir auf die Geschichte der Menschheit, so treten uns in bezug auf den Gottesglauben drei Wahrheiten eng verbunden entgegen. Wir sehen erstens den Glauben an einen persönlichen Gott so naturnotwendig mit dem geistigen Leben der Menschen verknüpft, daß wir diesen Glauben überall wiederfinden, wo Menschen leben. Wie der Mensch das Dasein der Sonne nicht leugnen kann, weil er von der Wärme lebt, die von der Sonne ausstrahlt, so kann die Menschheit im ganzen und großen das Dasein Gottes nicht leugnen, weil sie Dasein und Leben von Gott empfängt und in ihrem Wesen an Gottes Willen festgebunden ist. Wir sehen zweitens den Geist des Menschen so sehr zum Irrtume geneigt, das Erkenntnisvermögen so geschwächt und verdunkelt, daß selbst diese erste und notwendigste Wahrheit sich nicht ungetrübt unter den Menschen erhalten konnte, sondern einer fortgesetzten Entstellung ausgesetzt gewesen ist. Wir erkennen endlich drittens, daß die Leidenschaften der Menschen und die Empörung gegen das reine Gesetz Gottes die eigentlichen Quellen sind, aus denen alle Entstellungen der wahren Gotteslehre hervorgegangen sind. Nur aus dem Vereine dieser drei Wahrheiten vermögen wir uns die Erscheinungen in der Geschichte zu erklären. Gäbe es keinen persönlichen, außerweltlichen Gott, so wäre die Tatsache unerklärlich, daß wir den Gottesglauben überall antreffen. Wenn der Satz wahr ist: Ich denke, deshalb bin ich, dann ist auch der Satz nicht minder wahr: Die Menschen denken notwendig einen Gott, deshalb ist er. Die Menschen mögen ringen und sich winden, wie sie wollen; wie sie ihr Dasein nicht zu vernichten vermögen, so auch nicht die Gottesidee, die mit ihrem Dasein wesentlich verknüpft ist.

Nicht minder notwendig ist aber die Annahme einer Verdunkelung und Schwächung des menschlichen Erkenntnisvermögens, die uns nur durch die Lehre von der Erbsünde erklärt wird; denn ohne eine solche Schwächung wäre gleichfalls die Entstellung dieser und so vieler anderen Wahrheiten unerklärlich, ohne sie vermögen wir überhaupt das Dasein des Irrtumes nicht zu begreifen. An der Hand dieser Wahrheiten vermögen wir dagegen die Schicksale, die der Gottesglaube unter den Menschen erfahren, leicht zu begreifen. Unter den heidnischen Völkern, die am wenigsten von dem Einflusse der übernatürlichen Offenbarung berührt waren, sehen wir die Lehre von Gott in ihrer größten Verzerrung. Aber so unnatürlich und unvernünftig ihre Gotteslehre war, so hielten sie dennoch an ihr fest, weil sie dadurch doch einigermaßen den Drang der eingeborenen Gottesidee befriedigten, und lieber wollten sie den Unsinn eines selbstgemachten Götzen annehmen, als dem noch weit größern Unsinn der Gottesleugnung huldigen. Indem aber die Heiden sich Götzen nach ihren Leidenschaften machten, zeigten sie uns, daß die eigentliche Quelle ihrer Verirrung und Empörung gegen den wahren Gottesbegriff eben in ihren Leidenschaften und in ihrem Widerstande gegen das Gesetz lag, das ihnen der reine Gottesgedanke auferlegte.

Doch diese hochwichtige Lehre, die zum wahren Verständnisse der Freiheit des Menschen so viel beiträgt, daß nämlich alle Entstellungen des wahren Gottesgedankens nicht zunächst aus der Spekulation, sondern aus der Praxis, nicht aus der Notwendigkeit des Denkens, sondern aus der Macht der Leidenschaften, aus der Empörung des Lebens gegen das Gesetz Gottes hervorgehen, zeigt uns in noch höherem Maße das Judentum. Den Juden war der wahre Gottesgedanke und das Gesetz, das aus demselben floß, offenbart worden, sie waren aber so ohnmächtig, das Gesetz zu halten, daß sie, um von ihm loszukommen, so häufig die Gotteslehre entstellten und in Abgötterei verfielen. Erst durch Christus, der durch seine Gnadenschätze ebenso den Willen stärkt, wie er den Verstand erleuchtet, sehen wir das Leben der Menschen wieder mit dem wahren Gottesgedanken versöhnt. Seit die Menschen sich wieder so stark fühlten, nach der in ihnen wohnenden Gottesidee zu leben, verschwand unter ihnen auch der Drang, die Idee ihres Geistes von Gott zu bekämpfen, und sie erkannten in vollem Maße die Wahrheit des Ausspruches: „Nur der Tor spricht in seinem Herzen, es ist kein Gott.“ Unter Menschen, die nach dem Gesetze Gottes leben, ist die Leugnung Gottes eine absolute Unmöglichkeit. Seit aber die Menschen sich wieder von Christus und seiner Gnade abgewendet, seit sie wieder der Gewalt ihrer Leidenschaften sich hingegeben, mußte auch notwendig der Kampf gegen das

Gesetz Gottes und deshalb gegen die Idee Gottes in ihrer Seele wieder entbrennen. Nur war dieser Kampf jetzt in ein ganz anderes Stadium getreten. Das Licht, das durch das Christentum in die Welt eingetreten, gestattete solche rohe Irrtümer, wie die der Vorzeit gewesen, nicht mehr. Der Irrtum wurde nun viel geistiger, innerlicher und boshafter, bis er endlich an der äußersten Grenze aller Möglichkeit angelangt ist. Unserer Zeit war es vorbehalten, das Verbrechen des Engels auf Erden zu wiederholen, der in voller klarer Erkenntnis seines Verhältnisses zu Gott dennoch es wagte, sich gegen Gott zu empören; wir haben nicht bloß einzelne Gottesleugner, sondern ein ganzes Geschlecht von Gottesleugnern in unserer Mitte. So alt die Steine sind, aus denen dieser Tempel gemauert ist, so lange die Sonne das Antlitz der Erde bescheint und die Glorie dessen verkündet, der sie erschaffen, so lange der Tau vom Himmel fällt, um die Blumen des Feldes zu erquicken, so lange der himmlische Tau der Gnade sich in die Seele des Menschen senkt, um in ihr ein göttliches Leben und eine göttliche Liebe zu entfalten, ist eine so eisigkalte teuflische Lehre aus dem Munde eines Menschen noch nicht hervorgegangen.

Nach dieser Darstellung wird es uns nun leicht, meine christlichen Brüder, die Lehre von der Freiheit des Menschen, wie sie sich nach dem Gottesglauben im Christentume und der katholischen Kirche und nach dem Unglauben gestaltet, aufzufassen.

Dem Gottesleugner bleibt selbstredend nichts übrig, als der Mensch selbst, und da er keine Unterordnung des einen Menschen unter den andern nach einer höhern Ordnung, die außer dem einzelnen Menschen liegt, anerkennen kann, so muß er auch die volle und unbegrenzte Selbstherrlichkeit für jeden einzelnen Menschen in Anspruch nehmen. Jedes Gesetz, das Gott oder ein anderer dem Menschen gibt, überhaupt jedes Gesetz, das ihm von außen zukommt, ist für ihn kein Gesetz, sondern nur ein Zwang, ein unberechtigter Befehl. Gesetz ist ihm nur das, was er sich selbst gegeben, was er aus eigenem freien Entschlusse sich gesetzt hat, und frei sein heißt ihm jener Zustand, wo jeder nur verpflichtet ist, nach seinem eigenen Willen zu handeln, wo jeder so lange mit allem, was die Menschheit als wahr, gut und recht erkannt hat, in Widerspruch treten darf, bis er selbst es bestätigt hat.

Auch diese Auffassung der Freiheit hat noch einen Schein des Wahren an sich, den wir entfernen müssen, um sie in ihrer ganzen Lügenhaftigkeit zu erfassen. Auch das Christentum will nämlich den Menschen bis in sein tiefstes Innere hinein frei machen und legt nur jener Handlung moralischen Wert bei, die aus freier Selbstbestimmung hervorgegangen ist. Es erkennt aber außer dem Menschen noch ein objektiv Wahres, Gutes und Schönes an, das er sich aneignen muß, wenn er seine Bestimmung erreichen will. So aber versteht der Unglaube unserer Tage die Selbstbestimmung nicht. Ein objektiv Wahres, Gutes und Schönes gibt es für den einzelnen Menschen nach ihm nicht, und jeder einzelne ist vollkommen berechtigt, alles zu bekämpfen, was alle für gut halten, so lange er selbst es nicht anerkannt hat.

Wie mit dieser Lehre von der Freiheit des Menschen noch ein soziales Leben unter den Menschen möglich sein soll, ist schwer einzusehen. Dieses Recht der Freiheit kann natürlich an kein bestimmtes Alter, an kein Geschlecht, an keine geistige Bildungsstufe gebunden sein. Selbst die Geistesverrücktheit sind wir hiernach nicht mehr berechtigt als solche zu erklären. Jedes Kind, jedes Weib, jeder geistig Verwahrloste hat dasselbe Recht, jeder Mensch kann die ganze gesellschaftliche Ordnung in Familie, Gemeinde, Staat in Frage stellen; sie ist für ihn nicht einmal da, bis er sie selbst erkannt hat, und nur so lange, als er sie anerkennen will. Selbst ein Vertrag unter den Menschen wäre unmöglich, denn der Vertrag wäre für den einzelnen von da an, wo sein innerer Wille sich ihm widersetzte, ein äußerer Zwang und somit eine Verletzung seiner wesentlichen Menschenrechte.

Im vollen Gegensatze zu dieser, alle sozialen Verhältnisse, alle gesellschaftlichen Beziehungen von Grund aus zerstörenden wahnsinnigen Lehre steht die Lehre des Christentums und der Kirche von der Freiheit des Menschen. Sie glaubt an einen persönlichen überweltlichen Gott, dem alle Wahrheit, alle Schönheit, alles Gute persönlich einwohnt. Er hat von Ewigkeit her den Gedanken von der Welt in sich getragen, und nach diesem Gedanken hat er die Welt in der Zeit erschaffen. Er allein hat das absolute Recht der Selbstbestimmung, die absolute Souveränität und Herrschaft. Er hat aber den Menschen nach seinem Ebenbilde erschaffen und daher auch ein Bild seiner Freiheit und Selbstbestimmung der menschlichen Seele eingeschaffen. Aber die Natur der menschlichen Freiheit kann immer nur darin bestehen, daß der Mensch die Fähigkeit hat, das an sich und in Gott Wahre, Gute und Schöne nach den ihm zugeteilten Kräften in sich aufzunehmen, oder sich ihm zu widersetzen; daß er also die Fähigkeit hat, sich nach dem ewigen Gedanken Gottes zu entwickeln, oder demselben auf die Gefahr der Selbstzerstörung hin entgegenzuhandeln.

Durch den Sündenfall war diese volle Freiheit im Menschen geschwächt, da er zum Widerstande gegen Gott geneigter war; durch die Erlösung in Christus ist er wieder zu ihrem vollen Besitze gelangt. Auch das Christentum legt daher dem Menschen ein wahres Recht der

Selbstbestimmung bei und erkennt in diesem Rechte die größte Würde und das innerlichste Heiligtum des Menschen. Das Christentum anerkennt in seiner Lehre von der ewigen Höllenstrafe sogar die äußerste Konsequenz dieses Rechtes, da es lehrt, daß selbst Gott dieses Heiligtum des Menschen nicht antasten und ihn in dem ewigen Widerspruche gegen sich beharren lassen will; denn der letzte Grund der ewigen Verdammung ist eben der ewige Mißbrauch des freien Willens, der ewige Widerspruch gegen Gott. Das Christentum erkennt aber in dieser Richtung des Willens gegen das Gesetz Gottes nicht ein Recht der Freiheit, sondern nur einen strafwürdigen Mißbrauch der Freiheit, ein schweres Unrecht gegen Gott und seine Freiheit, die höher steht als die unsere.

Nach dieser Auffassung wird also der Mensch ein wahrhaft freier Gehilfe Gottes beim Ausbau seines Werkes. Wie der Baumeister den Bau in Gedanken entwirft und ihn von seinen Gehilfen ausführen läßt, so hat Gott in seinem Gedanken die Entwicklung des Lebens des gesamten Menschengeschlechtes entworfen und uns die Ausführung unter seiner Beihilfe anheimgegeben. Von der Wahrheit, Schönheit und Güte dieser uns offenbarten Gedanken ergriffen, sollen wir sie mit freiem Willen als Söhne Gottes aufnehmen und in das Leben einführen. So will Gott sein Werk zu dem unsrigen machen und es in uns belohnen.

Wir haben nun die beiden Lehren von der Freiheit des Menschen kurz einander gegenübergestellt und gesehen, wie innig sie mit der Lehre von Gott und seinem Gesetze zusammenhängen. Es bleibt uns nun noch übrig, die Ohnmacht und augenscheinliche Unwahrheit jener Lehre, wonach der Mensch kein Gesetz außer sich anerkennen soll, um frei zu sein, in einigen Zügen hervorzuheben.

Der Mensch soll der einzige und höchste Gesetzgeber sein und nur seinem eigenen Gesetze folgen dürfen — und er sieht sich von einer Natur eng eingeschlossen, die unabhängig von seinem Willen ist, und deren Gesetz er sich ohne Unterlaß unterwerfen muß. Was vermag der Geist des Menschen über die Natur und die ewigen Gesetze und die Ordnung, die in ihr waltet? Nach einem unabänderlichen Gesetze bewegen sich die Gestirne am Himmel und die Erde, die wir bewohnen; nach einem unabänderlichen Gesetze sehen wir die Bäume und Pflanzen wachsen, sprossen, blühen und vergehen. Der Geist kann doch nur die Massen zusammenhalten und bewegen, die wir sehen. Wer ist aber der Geist, der den Felsen, der der ganzen Natur ihren Halt, ihre Ordnung gibt? Ist unser Geist ein Teil dieses höhern Geistes, warum sind wir denn so ohnmächtig, warum vermögen wir nicht die Gesetze der Natur abzuändern?

Doch noch enger, noch fester sind wir von einem Gesetze außer uns eingeschlossen: denen zum Trotze, die es wagen wollen, jedes Gesetz außer ihnen zu verwerfen. Der Mensch trägt einen Teil der Natur in seinem Körper an sich, dessen armseliger Knecht er ist, dessen Gesetz er ohne Unterlaß anerkennen muß, dem er sich nicht entziehen kann, ohne sich selbst zu zerstören. Ja, meine christlichen Brüder, wie armselig und kläglich ist das Bild eines Menschen, der in wahnsinniger Selbstüberhebung behauptet, daß er keinen Gesetzgeber und kein Gesetz über sich anerkenne, und der nun gezwungen ist, sein ganzes Leben den Bedürfnissen seines Körpers bei Tag und Nacht zu dienen und sich ihnen zu unterwerfen. Was vermag der Mensch dem Gesetze seines Körpers gegenüber? Von zweien eins. Entweder er handelt ihnen gemäß, und dann gelangt er zum leiblichen Wohlsein, oder er handelt ihnen entgegen, und dann zerstört er sein leibliches Dasein. In der Tat, der höchste Gesetzgeber hätte den Hochmut des Menschen und seine Anmaßung, wie Gott und sein eigener Gesetzgeber zu sein, nicht augenscheinlicher Lügen strafen können, als indem er ihn mit unauflöslichen Ketten an seinen Leib schmiedete und ihn seinen niedrigsten Bedürfnissen unterwarf.

Doch auch der Geist des Menschen selbst ist von einem Gesetze, von einer Notwendigkeit beherrscht, der er sich nicht entziehen kann, die ihn ohne Unterlaß zwingt, einen Gesetzgeber außer ihm anzuerkennen. Der Gedanke, das Freieste im Menschen, muß sich dem Gesetze des Denkens unterwerfen. Was vermag der Mensch den Denkgesetzen gegenüber? Abermals von zweien eins. Entweder er handelt ihnen gemäß, und dann gelangt er zur Vernünftigkeit, oder er handelt ihnen zuwider, und dann zerstört er in sich die Vernunft, wird unvernünftig und unverständig. Mit jedem Gedanken ist der Mensch gezwungen, ein Gesetz, also einen Gesetzgeber, also einen höhern persönlichen Willen anzuerkennen, dem er sich nicht zu entziehen vermag.

Endlich sehen wir auch den Willen des Menschen und das Leben, das aus dem Willen hervorgeht, einem Gesetze, dem Sittengesetze, unterworfen, das sich nicht minder gebieterisch und unabhängig von dem Willen des Menschen seinem Leben gegenüber geltend macht, als das Denkgesetz seinem Gedanken gegenüber. Auch dem Sittengesetze gegenüber vermag der Mensch von zweien nur eins. Er vermag es ebensowenig abzuändern wie das Natur- und Denkgesetz; er vermag nur ihm entweder gemäß zu handeln, und dann gelangt er zu seiner vollen Menschenwürde, oder er handelt ihm entgegen, und dann zerstört er an sich die Menschenwürde. Auf dem Gebiete der Sitte ist es zwar, wo man jenen falschen Freiheitsgriff vor allem geltend machen, wo man das Joch eines fremden Gesetzgebers abschütteln möchte, um nach den eigenen Gesetzen der bösen Lust das Leben einzurichten, aber in Ewigkeit wird es nicht gelingen. Der allgemeine Menschensinn wird das Unternehmen, die objektive Geltung des Sittengesetzes, wie es sich in der Lehre von den christlichen Tugenden ausspricht, zu leugnen, immer verdammen, und die Anhänger dieser Freiheitslehre mögen noch so oft behaupten, daß sie nach ihrem innern Gesetze Raub, Diebstahl, Unzucht, Trägheit usw. für gut halten, ein Schrei des sittlichen Entsetzens aller Völker wird über sie richten und sie lehren, daß es ein Sittengesetz und also einen höchsten Gesetzgeber über der Willkür des einzelnen Menschen gibt, dem sich jeder im Leben unterwerfen muß, wenn er nicht als entmenscht angesehen werden will.

So hat Gott dem Wesen des Menschen selbst ein Ziel gesetzt in dem Gesetze, womit er ihn umgeben, und in den Folgen, die er mit dem Mißbrauche der Freiheit verknüpfte. Um dem Menschen sein Ebenbild einzupflanzen, mußte er ihm die Freiheit geben, und damit war dem Menschen die Möglichkeit eröffnet, bis zu seiner höchsten Würde sich zu erheben, aber auch durch den Mißbrauch bis zur tiefsten Erniedrigung herabzusinken. An der äußersten Grenze dieser Verirrung sind die Menschen nunmehr angekommen mit der Lehre, daß der Mensch keinen Gesetzgeber über sich dulden und nur seinem eigenen Gesetze folgen dürfe.

Hier hat aber Gott den Grenzstein aufgestellt und dem Wahne ein: Bis hierher und nicht weiter! zugerufen. Er hat es *zugelassen*, *daß der Mensch diesen Wahnsinn behaupte*; *er wird es* nicht zulassen, daß er ihn im Leben zur Ausführung bringe.

Gott zwingt den Menschen erstens, daß er im Leben seine Behauptung selbst Lügen strafe, indem er sich ohne Unterlaß einer Notwendigkeit, einem Gesetze in der Natur und im Denken und Leben unterwerfen muß, über die er nichts vermag, der er ohnmächtig gegenübersteht, so ohnmächtig wie der ärmste Wurm, der im Boden kriecht.

Gott hat zweitens der Empörung gegen seine Gesetze in Natur, Geist und Leben das Zeichen des Todes, der Zerstörung und Vernichtung aufgedrückt. Der Mensch mag behaupten, daß er nun seinem innern Gesetze folge; wagt er es aber, sich gegen das Natur-, Denk- und Sittengesetz aufzulehnen, das Gott ihm gesetzt hat; wagt er es, sich gegen die soziale Ordnung zu empören, die Gott will, so beginnt er ein Leben des Todes und der Zerstörung wie gegen den Leib, so gegen den Geist, gegen die Sitte, gegen das gesellschaftliche Leben. Die eiserne Notwendigkeit im Gesetze Gottes fällt auf ihn und vernichtet ihn ohne Unterlaß in seinem Unternehmen. Im Kampfe gegen das Naturgesetz soll der Wahnsinnige den Tod des Leibes, im Kampfe gegen das Denkgesetz den Tod und Irrwahn des Geistes, im Kampfe gegen das Sittengesetz die Entstellung und Niedertracht des äußern Lebens, im Kampfe gegen die soziale Ordnung die Zerstörung aller geselligen Beziehungen der Menschen untereinander sich selber bereiten.

Endlich drittens hat Gott mit dieser Lehre von der Freiheit das gerade Gegenteil, die vollendete, entwürdigendste Knechtschaft verbunden. Der Mensch, der Gott nicht dienen und das ewige Gesetz Gottes, das die wahre Freiheit des Menschen achtet, nicht anerkennen will, der gelangt nicht zur Freiheit, sondern zu ihrem

Gegenteile, zur vollendeten Knechtschaft; er verfällt einer Herrschaft, welche die Freiheit des Menschen nicht anerkennt, sondern sie vernichtet.

Der Gegensatz, den der Apostel mit den Worten ausspricht: „Ich habe Lust am Gesetze Gottes dem innern Menschen nach; ich sehe aber ein anderes Gesetz in meinen Gliedern, welches dem Gesetze meines Geistes widerstreitet[1])," findet sich in jedem Menschen. Die dem Gesetze des Geistes folgen, haben also Lust am Gesetze Gottes, und sie gelangen zur wahren Freiheit, denn nur die Wahrheit macht frei. Wie aber „die geistige Gesinnung Leben und Frieden" ist, so ist „die fleischliche Gesinnung Tod"; „denn die fleischliche Gesinnung ist Feindschaft wider Gott, weil sie sich dem Gesetze Gottes nicht unterwirft"[2]), wie derselbe Apostel sagt. Wer daher nicht durch das Gesetz Gottes frei werden will, der wird durch das Gesetz des Fleisches ein Sklave des Fleisches, ein Sklave seiner Lüste. Das Schicksal des Nabuchodonosor ist das Bild des Lebens dieser Menschen. Sie sind zu stolz, unter dem Gesetze Gottes frei zu sein, aber nicht zu stolz, um unter dem Gesetze ihrer niedrigsten Lüste Sklaven zu sein, und ihnen geschieht im wahren geistigen Sinne, was die Heilige Schrift vom Nabuchodonosor sagt: „Man wird dich von den Menschen verstoßen, und bei den wilden Tieren wird deine Wohnung sein; Gras wirst du fressen wie ein Stier, und sieben Zeiten werden über dir ablaufen, bis du erkennst, daß der Allerhöchste im Reiche der Menschen herrscht[3])."

Möchten wir, meine christlichen Brüder, ohne solche entsetzliche Erfahrung zu der Erkenntnis gelangen, „daß

1) Röm. 7, 22. 23. — 2) Röm. 8, 6. 7.
3) Daniel 4, 29.

der Allerhöchste im Reiche der Menschen herrscht", und unsere Freiheit nur darin suchen, daß wir mit freiem Willen uns seinem Gesetze unterwerfen. Wir können uns aber nicht verhehlen, daß auch dieser Pfeiler des sozialen Lebens tief erschüttert, daß jenes Freiheitsstreben, das kein äußeres Gesetz, keine äußere Ordnung anerkennen will, weit verbreitet ist. Mit einer solchen Lehre aber ist der Fortbestand jeder gesellschaftlichen Beziehung unter den Menschen in Familie, Gemeinde usw. unmöglich. Sollte sie zur Herrschaft gelangen, so würde der Menschheit geschehen, was dem Nabuchodonosor geschah, sie würde zu einem tierischen Leben unter der Herrschaft der Leidenschaften erniedrigt werden, und die sieben Zeiten dieser Erniedrigung, Zerstörung, Verwilderung und Barbarei würden so lange dauern, bis sie in tiefem Elende wieder erkennt, „daß der Allerhöchste im Reiche der Menschen herrscht". Amen.

Vierte Predigt.

(18. Dezember 1848.)

> Siehe, Herr, du kennst die Gegenwart und die Vergangenheit; du hast mich erschaffen und deine Hand auf mich gelegt. Ps. 138, 5.

Wir haben, meine christlichen Brüder, am gestrigen Tage die Lehre von der Freiheit des Menschen und ihrem Verhältnisse zum Gesetze Gottes, worin wir eine der wesentlichen Grundlagen des sozialen Lebens erkannten, einer näheren Prüfung unterworfen. Der unermeßliche Einfluß dieser Lehren auf die sozialen Zustände liegt zutage. Verstehen wir mit dem Verfasser „der sozialen Politik" und seinem Anhange, also mit allen denen, die das Dasein eines persönlichen überweltlichen Gottes leugnen, unter Freiheit das Recht jedes einzelnen Menschen, nur das als bindendes Gesetz anzuerkennen, was er sich vermöge seiner Selbstbestimmung gegeben, und jedes andere äußere Gesetz zu verwerfen, so ist ein gesellschaftliches Leben unter den Menschen unmöglich. Wie die Gestirne, wenn sie dem Gesetze, das jedem seine Bahn anweist, entbunden wären, sich in ihrem Laufe begegnen und sich zertrümmern würden, so würde es dann mit den Menschen geschehen. Spuren dieser Freiheitstheorie zeigen sich schon überall. Ob wir das schreckliche Schauspiel einer so von jedem höheren Gesetze der Ordnung entfesselten Menschheit erleben werden, steht zu erwarten. Gewiß ist es aber, daß, wenn diese Zeit über uns ergeht, sie an Schrecken alles übertreffen wird, was die Erde je erlebt hat, seit Menschen sie bewohnen; gewiß ist auch, daß diese Zeit kommen wird und kommen muß, wenn wir nicht zur Erkenntnis Gottes zurückkehren. Verstehen wir dagegen unter der Freiheit das Recht des Menschen, sich mit freiem Willen nach der Ordnung Gottes zu entwickeln und auszubilden, so besitzen wir in dem höchsten Gedanken Gottes, der alles umfaßt, das Allgemeine und das Einzelne, wie das Leben jedes Menschen, die Ordnung, in welcher jeder seine Bahn findet und zur Verwirklichung des göttlichen Planes mitwirken kann.

Wir gehen nun heute zu der anderen Grundlage des sozialen Lebens, zu der Ansicht der Menschen von ihrer Bestimmung hier auf Erden über und wollen sie zum Gegenstande unserer heutigen Betrachtung machen. Wir werden bald zur Einsicht gelangen, welchen Einfluß diese ganz in das Leben eingreifende Lehre auf die sozialen Zustände der Gegenwart ausübt. Es ist in der Tat zum Erstaunen, wie es Menschen geben kann, die ein ganzes langes Leben auf Erden zubringen, ohne sich ernstlich die Frage gestellt zu haben, wozu sie denn eigentlich auf Erden sind? Das ist doch die erste Frage, die wir uns stellen sollten, sobald wir zur Selbsterkenntnis gelangt sind; denn von ihrer Beantwortung hängt es ja eben ab, auf welches Ziel hin wir die Kräfte unseres Leibes, unserer Seele, unseres Vermögens richten müssen. Wie der heilige Bernhard sich im Kloster oft die Frage stellte: „Bernhard, wozu bist du hierher gekommen?" so sollten auch wir uns diese Frage fort und fort wiederholen. Es könnte uns ja sonst begegnen, daß wir am Ende unserer Lebensreise, auf dem harten Todesbette, plötzlich die Entdeckung machten, daß wir das ganze Ziel unseres Daseins verfehlt hätten.

Es gibt nur zwei denkbare Endbestimmungen unseres Lebens, die wieder von dem Glauben an einen außerweltlichen persönlichen Gott oder von dem Unglauben ihre Richtung erhalten: entweder liegt unsere Endbestimmung außer der Welt in Gott, so daß unser Leben auf Erden nur eine Vorbereitung zu diesem Endziele ist, oder es ist unsere einzige Bestimmung hier, das Erdenleben zu genießen und dann mit den Tieren zu vergehen. Jenes behauptet der Gottesgläubige, dieses der Gottesleugner. Wir wollen beiden Bestimmungen unsere Betrachtung zuwenden und bei beiden ihren großen Einfluß auf das soziale Leben nachweisen.

Wir beginnen mit der Lehre des Unglaubens.

Wer den Glauben an einen überweltlichen persönlichen Gott über Bord geworfen, der muß folgerecht auch den Glauben an die persönliche Unsterblichkeit der Seele, an ein ewiges persönliches Dasein des Menschen nach dem Tode des Leibes, also an eine Bestimmung des Menschen, die über das irdische Leben und den Tod hinausliegt, verwerfen. Dies ist denn auch in unseren

Tagen mit derselben Frechheit geschehen, mit der man das Dasein Gottes geleugnet hat, und wir können daher nicht allen den Vorwurf machen, daß sie sich nicht gefragt haben, wozu sie hier auf Erden sind. Ein Wortführer dieser Gottesleugner sagt ausdrücklich, daß ebenso verderblich wie der Glaube an Gott auch der Glaube von der Bestimmung des Menschen, d. h. der Glaube an die Unsterblichkeit, wirke. Des Menschen Ziel dürfe nur sein jetziges Leben sein, denn von einem andern wisse er nichts. Eine weit größere Schar aber, als diese konsequenten Gottesleugner, bildet die Zahl jener, die nur praktisch dieser Lehre von der Bestimmung des Menschen anhängen, obwohl sie wähnen, dem Glauben an Gott und an die Unsterblichkeit nach anzuhängen. Zu diesen gehört die unermeßliche Mehrzahl der Menschen der jetzigen Zeit; sie leben, als wenn sie nicht an Gott und eine jenseitige Bestimmung des Menschen glaubten, als wenn das jetzige Leben ihr einziges Ziel wäre; sie huldigen dem Unglauben des Fleisches, der notwendig zum Unglauben des Geistes führt, und wir müssen sie daher den offenen Gottesleugnern zurechnen, da ihr praktischer Unglaube denselben Einfluß auf unsere sozialen Zustände äußert.

Die Folgen dieser Auffassung der Bestimmung des Menschen für das soziale Leben sind nun wahrhaft unheilsschwer, und es scheinen mir insbesondere die vier folgenden zu sein. Erstens muß die Anschauung, daß der Mensch nur dazu auf Erden sei, um die Freuden des irdischen Lebens zu genießen, notwendig eine allgemeine Arbeitsscheu hervorrufen. Jede Arbeit ist etwas Schweres, Mühsames und steht dem unmittelbaren Genusse des Lebens durchaus entgegen. Höchstens mag der Mensch mit dieser Auffassung sich noch eine Arbeit gefallen lassen, wie der Reiche die Bewegung, damit er das Essen sinnlicher genieße: aber diese mühevolle, tagtägliche Arbeit im Schweiße des Angesichtes, bei der die Erholung und der Genuß des Lebens nur die sparsame Ausnahme ist; jene Arbeit, die bis jetzt die große Mehrzahl aller Menschen sich noch gefallen läßt, in der der ganze Reichtum aller Völker besteht[1]), die wir nicht einen Tag entbehren können, ohne die allgemeinste Zerstörung und Verarmung; jene Arbeit, die uns notwendig ist, um das tägliche Brot zu erhalten, und die auf Grund des Wortes notwendig ist, das eben jener überweltliche persönliche Gott gesprochen: „Du sollst im Schweiße deines Angesichtes dir dein Brot verdienen" — diese Arbeit wird zerstört mit jener Ansicht von der Bestimmung des Menschen. Auch hiervon sehen wir schon drohende Vorzeichen, und sollte sie erst in die Massen dringen, so würde der Greuel der Zerstörung, der mit dieser Arbeitsscheu verbunden wäre, unermeßlich sein.

In demselben Maße aber, wie diese Ansicht die Arbeitsscheu, als dem Lebensgenusse entgegengesetzt, hervorrufen muß, muß sie auf der anderen Seite das Streben nach dem sinnlichen Genusse der Welt und nach den Mitteln, dieses Verlangen zu stillen, ins Unendliche steigern. Wenn es in der Tat unser einziges Ziel ist, die Welt zu genießen, so wird, bei der Ungewißheit der Dauer des Lebens, ein allgemeiner Wettkampf entstehen, und jeder bemüht sein, einen möglichst großen Anteil des Lebensgenusses und der Mittel, die dazu dienen, an sich zu reißen.

Aus diesem Streben wird dann drittens mit Notwendigkeit folgen, daß jene, welche die Güter der Welt

---

1) Dies ist natürlich nicht im Sinne von Adam Smith und Karl Marx zu verstehen, sondern cum grano salis zu nehmen. D. H.

besitzen, dahin trachten, sie auf jede Weise zu vermehren und zum eigenen Lebensgenusse anzuwenden. Geiz, Hartherzigkeit und Selbstsucht der scheußlichsten Art wird sich unter den Reichen mehr und mehr verbreiten. Keine Lehre ist mehr geeignet, das Herz der Reichen dem Armen eisenfest zu verschließen, als diese. Die wahre Nächstenliebe, Wohltätigkeit, entsteht nicht aus dem natürlichen Mitgefühle, das lehrt uns die Erfahrung alle Tage, sondern insbesondere aus der höheren Ansicht über die Bestimmung des Menschen. Wer an eine Ewigkeit glaubt, der trachtet darnach, sein Kapital auf Zinsen zu legen, die im Himmel ausbezahlt werden. Jene Ansicht kann nur Geiz und Hartherzigkeit erzeugen.

Und was muß endlich der Glaube, daß er nur für den Genuß des Lebens bestimmt sei, bei dem Armen erzeugen, dem alle Mittel fehlen, um sein einziges Ziel zu erreichen. Die erste Wirkung wird Haß, Neid und Mißgunst gegen den Reichen sein, den er im Besitze jener Mittel sieht, und vom Standpunkte des Unglaubens ist ihm diese Gesinnung nicht zu verargen. Die andere Wirkung wird die sein, daß er zu jedem Mittel, außer zur Arbeit, greifen wird, um zu seinem Lebensziele zu gelangen. Betrug, Raub, Diebstahl und Mord entwickeln sich naturgemäß aus dieser Theorie, wie wir leider schon jetzt an vielen Erscheinungen wahrnehmen.

Das sind, meine christlichen Brüder, die notwendigen Folgen, die aus der Lehre des Unglaubens über die Bestimmung des Menschen in bezug auf das soziale Leben hervorgehen müssen. Arbeitsscheu, verbunden mit unersättlicher Hab- und Genußsucht, wird der Anteil aller Menschen sein. Unter den Reichen wird zudem Geiz und Hartherzigkeit gegen die Armen, unter den Armen Diebstahl und Raub, Neid und Haß gegen die Reichen zur Herrschaft gelangen, und so würde dieselbe Lehre, welche die Bestimmung des Menschen in den Genuß des irdischen Lebens setzt, vermöge des Kreislaufes, den die Lüge immer durchmachen muß, zur Vernichtung aller sozialen Verhältnisse und jedes wahren Lebensgenusses führen.

Doch nicht nur gottlos ist diese Lehre, die uns die Unsterblichkeit leugnen will, nicht nur zerstörend für die ganze gesellschaftliche Ordnung, sondern auch unvernünftig ist sie; sie wurzelt nicht in der Vernunft, sondern in der Unvernunft, nicht im Geiste, sondern im Fleische mit seinen sinnlichen Trieben, das überall der Feind des Geistes ist. Wenn wir unseren Geist befragen, so ruft er uns mit tausend Stimmen entgegen, daß wir unsterblich, daß wir für die Ewigkeit bestimmt sind.

Wenn der Glaube an die Unsterblichkeit, an ein jenseitiges Leben ein Wahn ist, wie konnte er dann je entstehen und geglaubt werden? Wie kommt es, daß wir dann nicht wie das Vieh hier auf Erden vergnüglich grasen, und daß sich unter allem irdischen Treiben fort und fort ein Sehnen in dem Herzen des Menschen regt, wie das Sehnen nach einer geliebten Heimat? Wie mochte es dann geschehen, daß gerade die größten und tiefsten Geister diesem Glauben zu allen Zeiten anhingen, daß gerade edle Naturen, reine Seelen ihn mit Begeisterung bekennen? Was bedeutet es denn, daß, wenn wir im Herbste und Frühjahre die Scharen der Vögel über unseren Häuptern dahinziehen sehen, es auch uns nach einem anderen Lande zieht; daß, wenn wir am Abende unsere Augen zu den funkelnden Sternen am Himmel erheben, der so weit, so hoch über uns steht, auch unser Herz sich dehnt und sehnt, als wollte es sich vom Körper trennen, um jenseits der Meere die tränenlose Heimat aufzusuchen? Das ist das Zeugnis der Seele, daß wir hier in der Verbannung weilen, daß wir für ein anderes besseres Vaterland bestimmt sind.

Wenn der Glaube an die Unsterblichkeit, an ein jenseitiges Leben ein Wahn ist, wenn es dem Menschen natürlich ist, zu sterben und tot zu bleiben, wie es der Blume natürlich ist, zu verwelken, dem Baume, gefällt zu werden, dem Tiere, zu vermodern, woher dann der so tiefe Abscheu vor dem Tode im Herzen des Menschen, der nie anders überwunden wird als durch den Glauben an die Unsterblichkeit? An nichts klammert sich der Mensch mit solcher Gewalt wie an den Faden seines Lebens. Von dem Säuglinge an der Mutterbrust bis zu dem Greise, der seine Kräfte wehklagend schwinden sieht, bekennen alle Menschen, daß ihnen der Tod nicht natürlich, daß sie für ein ewiges Leben bestimmt sind.

Wenn der Glaube an die Unsterblichkeit, an ein ewiges Leben ein Wahn ist, woher kommt dann die Wehmut im Herzen der Weltkinder, wenn sie das Irdische so täglich kommen, gehen und verschwinden sehen; woher kommt es, daß eben das Vergängliche an ihren Freuden sie so erschreckt, daß der Gedanke, wie schnell ihre Freuden vorübereilen, sie ihnen verbittert? Warum quält es den Reichen, wenn er mit Wollust seine Häuser, seine Güter, seine Gelder betrachtet, und er die Worte zu hören glaubt: „Du Tor, noch diese Nacht wird man deine Seele von dir fordern, und was du gesammelt, wessen wird es sein?" Warum quält es den Mann, der die Welt genießt, wenn er fühlt, daß die Sinne sich abstumpfen, mit denen er genießen will? Warum quält es das eitle Weib, wenn es sieht, daß es mit aller Kunst die Reize nicht festzuhalten vermag, womit es die Welt an sich gefesselt? Warum ist die Vergänglichkeit, die ja allem rein Irdischen natürlich ist, dem Menschen ein solcher Wurm, der alle seine Freuden annagt? Das ist das innerste Bekenntnis der Seele, daß sie für eine ewige, unvergängliche Freude bestimmt ist, daß eine vergängliche Freude ihre Bestimmung nicht sein kann.

Wenn der Glaube an die Unsterblichkeit, an ein ewiges Leben ein Wahn ist, wenn es unsere einzige Bestimmung ist, die Freuden des irdischen Lebens zu genießen, wie kann es dann geschehen, daß die große Mehrzahl der Menschen diese ihre einzige Bestimmung nicht erreichen kann? Welche Bestimmung haben denn die Armen auf Erden, die unter unzähligen Leiden kaum eine spärliche Freude hier genießen? Ich höre antworten, daß ja eben die Armut jetzt abgeschafft und alle in den Stand gesetzt werden sollen, die Freuden des Lebens zu genießen. Ich will es hier ganz dahingestellt sein lassen, ob dies möglich sein wird. Aber selbst dieses Unmögliche angenommen, ist denn die Armut das einzige Leiden, das den Genuß des irdischen Lebens verhindert? Die unermeßliche Zahl derer, die an schweren Seelen- und Körperleiden darniederliegen, die Jahre oder gar ein ganzes Leben lang an das Krankenbett gefesselt sind, welche Bestimmung haben denn sie, welchen Trost können wir ihnen noch spenden?

Unsere sogenannten Volksfreunde auf dem offenen Markte dringen nicht bis zum Bette der armen Kranken vor; das ist unsere Aufgabe. Welchen Trost geben sie uns dorthin mit? Ich habe stets die Kraft angestaunt, die bei furchtbaren, anhaltenden Leiden die Lehre des Christentums dem Kranken einzuflößen vermag. Kein Beweis schien mir handgreiflicher für die Wahrheit und göttliche Kraft im Christentume als die Freudigkeit, die sie in die Seele des Leidenden einzugießen vermag. Ich habe oft gestaunt und angebetet, wenn ich solch stille Dulder in Armut, Elend und entsetzlichen Schmerzen angetroffen, bei denen ich jahrelang kein Wort der Klage hörte, vielmehr eine innere Freudigkeit wahrnahm, wie ich sie nie bei den Weltleuten mitten unter allen ihren Freuden gesehen. Wie viele solcher Dulder mit großem äußeren Leiden und ungetrübtem inneren Frieden habe ich selbst schon gekannt und geliebt. Alles, was ich in der Welt von Mut, Kraft und Entschlossenheit gesehen und gehört hatte, schien mir nur ein schwaches Schattenbild gegen den Mut und die Kraft, mit der ich christliche Seelen im Hinblicke auf die Ewigkeit ihre Leiden ertragen sah. Und ein Glaube, der diese höchste geistige Kraft einzuflößen vermag, soll nun nichts sein als ein eitler Wahn? Wir sollen zu diesen starken Seelen hintreten und ihnen sagen, daß sie keine andere Bestimmung haben, als hier die Weltfreuden zu genießen, und da sie es nicht können, daß ihnen nur der verzweifelte Gedanke als Gefährte ihres Leidens übrig bleibe, daß sie ohne Bestimmung auf Erden, daß sie das einzige Ziel des Menschen zu erreichen nicht imstande seien? Nach dieser Lehre bleibt einem großen Teile der Menschheit nichts übrig als der Selbstmord, um einem Leben ein Ende zu machen, das seinen einzigen Zweck, den Genuß des irdischen Lebens, nicht erreichen kann — und eine solche Lehre soll Wahrheit sein? Nein, nimmermehr! So unnatürlich kann die Natur nicht sein, daß sie Menschen das Leben gäbe, die ihr Endziel nicht erreichen können. Solange es noch einen Kranken und Leidenden auf Erden gibt, der es in seinem Herzen fühlt, daß er zu einer Glückseligkeit bestimmt sei, muß unsere Seele anerkennen, daß sie für ein anderes höheres Dasein bestimmt ist.

Und versetzen wir uns einmal an das Sterbebett eines Menschen, der uns lieb und teuer ist. Wir leben zwar in einer liebelosen Zeit, aber so vereinsamt ist doch wohl kein Mensch, daß er nicht eine Seele hätte, einen

Sohn, einen Bruder, einen Freund, an die er durch die Bande der Liebe gekettet wäre. Stelle dich in Gedanken an das Bett, in dem die sterbliche Hülle der Seele liegt, die dir das Teuerste auf Erden ist. Betrachte den Zustand dieses Menschen in dem Augenblicke, wo das Leben schwindet, das dir so teuer ist; wo ihm der Atem ausgeht, so daß er dein Lebewohl nicht mehr zu erwidern vermag; wo ihm das Auge bricht, in das du so oft mit Freuden geblickt, und das nun deinen Gruß nicht mehr beantworten kann; wo ihm die Hand erlahmt und abstirbt, so daß sie deinen Druck unentgegnet läßt. Kannst du da den Gedanken ertragen, daß du diese Seele nimmermehr wiedersehen sollst; kannst du in dem Gedanken Trost und Ruhe finden, daß der sterbende Freund seine natürliche Bestimmung erreicht hat, um ihn mit der Ruhe den Würmern zur Speise zu übergeben, wie du den Baum in das Feuer wirfst, den du gefällt hast; oder kannst du den Schmerz lindern in dem Glauben, daß diese Seele vernichtet oder in einen allgemeinen Weltgeist übergegangen ist, wo du sie nicht wiederzufinden vermagst? Woher kannst du dir das starke, gebieterische, unüberwindliche Verlangen erklären, gerade diese Persönlichkeit, in ihrer individuellen Ganzheit, wiederzusehen, zu lieben, zu besitzen und von ihr geliebt zu werden; woher den Trost, den der wahre Christ am Sterbebette in der Hoffnung des Wiedersehens findet? O, das ist das Zeugnis deiner Seele, daß in dem Menschen, den du liebst, ein unsterblicher Geist wohnt, mit dem du bestimmt bist, in ungetrennter Vereinigung ewig zu leben.

Wenn der Glaube an die Unsterblichkeit, an eine persönliche Fortdauer nach dem Tode ein Wahn ist, wie sieht es dann aus mit der Forderung unseres Geistes, daß Gerechtigkeit geübt werde unter den Menschen, daß jeder genau nach seinen Taten empfange ohne

Ansehen der Person? Das Verlangen nach endlicher Gerechtigkeit ist unzertrennlich von dem Geiste des Menschen. Selbst jene Menschen, die in den öffentlichen Strafanstalten ihre Verbrechen büßen, und die oft alle menschlichen Gefühle von sich abgestreift haben, fordern noch Gerechtigkeit und wollen gerecht behandelt werden. Aus dieser Forderung entsteht auch die Pflege der Gerechtigkeit in der menschlichen Gesellschaft. Der Rechtsstaat ist das Ideal, das den Menschen vorschwebt. In ihm soll jeder nach seinen Taten, guten und bösen, Lohn oder Strafe, Ehre oder Schmach, Liebe oder Haß empfangen. Kann aber diese Idee auf Erden je erfüllt werden? Wer übt die Gerechtigkeit in bezug auf die Gedanken der Menschen? Die Gedanken machen ja doch den Menschen aus, und von ihnen empfangen unsere Taten erst ihren eigentlichen Wert, und dieses ganze Gebiet des geistigen Lebens bleibt ohne Gericht auf Erden. Selbst aber auch die Taten und Handlungen können weitaus nicht nach der Idee der Gerechtigkeit auf Erden gerichtet werden. Hier gilt wahrhaft der Spruch: Die kleinen Diebe hängt man an, die großen läßt man laufen. Es geschieht das nicht mit Absicht, ich will es nicht tadeln, aber so ist es. Je klüger, je durchtriebener, je verschmitzter, desto besser wissen sich die Menschen der Gerechtigkeit auf Erden zu entziehen. Während der schlaue Betrüger im Handel Hunderttausende erwirbt, Witwen und Waisen betrügt und in Ansehen und Freuden der Welt dahinlebt, muß vielleicht die von ihm betrogene Witwe, die ihren hungernden Kindern ein Stück Brot gestohlen, ihr Verbrechen im Zuchthause büßen. Wer übt ferner die Gerechtigkeit zwischen dem Bösen, der reich, und dem Guten, der arm ist, zwischen dem einen, der in der Fülle seiner Gesundheit dahin lebt, und dem andern, der sein Leben in Siechtum zubringt, zwischen dem einen, der durch Lug, Betrug und Heuchelei Ehre und Ansehen genießt, und dem andern, der ungerecht verfolgt, verachtet und entehrt wird?

O, meine christlichen Brüder, wenn es keinen ewigen allwissenden Richter gibt, der die Geheimnisse des Herzens und der Nieren erforscht, wenn es kein allgemeines Gericht gibt, in dem alle Gedanken, Worte und Werke, alle Leiden und Freuden im Angesichte der ganzen Menschheit auf einer gerechten Wagschale gegeneinander abgewogen werden, wenn es kein jenseitiges Leben gibt, wo jeder nach seinen Taten empfängt, so laßt uns auch die Übung der armseligen Gerechtigkeit hier auf Erden nur über Bord werfen, dann ist Ungerechtigkeit die Beherrscherin der Welt, und der Gedanke an Gerechtigkeit unter den Menschen eine Torheit. Doch so ist es nicht. So wahrhaft wie der Ruf der Menschenseele nach Gerechtigkeit ist, so wahrhaft gibt es einen Herrn Himmels und der Erde, der die Wage der Gerechtigkeit in Händen hält; ein Gericht, in dem Recht gesprochen werden wird; eine Ewigkeit, in der jeder Mensch persönlich empfängt, was er hier persönlich ausgesäet, Lohn der Gerechte, Strafe der Ungerechte.

Endlich, meine christlichen Brüder, wenn das irdische Leben und der Genuß desselben unsere wahre und einzige Bestimmung ist, wie kann es dann geschehen, daß alles, was die Welt besitzt, nicht imstande ist, das Herz eines einzigen Menschen zu sättigen und zu befriedigen? Dem Verlangen des Herzens nach Glückseligkeit muß doch mit Notwendigkeit ein Gegenstand entsprechen, der imstande ist, dieses Verlangen gänzlich zu befriedigen, und wenn die zeitlichen Dinge unser einziges Ziel sind, so muß es Freuden auf Erden geben, die jedem zugänglich sind, und die das Verlangen nach Glück so befriedigen, daß das Herz vollständig gesättigt ist. Wie die Speisen den Hunger des Leibes sättigen, weil sie das natürliche Ziel sind, auf das der Hunger gerichtet ist, so müßten die Weltfreuden auch den Hunger der Seele stillen, wenn sie in Wahrheit der alleinige Gegenstand wären, auf den sich der Hunger der Seele nach Glückseligkeit bezieht.

Aber auch hier ist wieder die Grenze, die Gott unserem Wahne gesetzt hat. Wir mögen behaupten, daß das irdische Leben unser einziges Ziel ist, wir vermögen aber auf der ganzen Erde keinen Gegenstand aufzufinden, von dem wir sagen könnten, daß er imstande sei, unseren Durst nach Glückseligkeit zu befriedigen. Gott hat der Seele eine Sehnsucht eingepflanzt, die in Ewigkeit nicht befriedigt wird, als in dem Besitze Gottes selbst. Das verkündigt uns eben die hohe Würde, die erhabene Bestimmung des Menschen, daß alle Wissenschaft und Schönheit auf Erden noch nicht imstande gewesen ist, die Sehnsucht des Menschen zu stillen. Ja, was noch mehr ist, statt Sättigung hat Gott mit dem Genusse der Erdenfreuden einen Ekel und Widerwillen verbunden, und wer möchte die Qualen des Menschen ermessen, der in den Genuß der zeitlichen Dinge seine Bestimmung gesetzt, und der endlich, nachdem er sie durch- und ausgenossen, nichts als Leere, Überdruß und Ekel in sich empfindet. Was der heilige Augustinus an sich erfahren, ist zugleich die Erfahrung jedes einzelnen Menschen. Er war ausgestattet mit allem, was die Natur einem Menschen gewähren kann. Mit Feuereifer hatte er sich in die Welt gestürzt, um Befriedigung zu finden für den Durst seines Geistes nach Wahrheit, seines Herzens nach Glück, und nachdem er alle Wissenschaft und alle Freude der Welt erschöpft hatte, legte er das große Bekenntnis ab: „Herr, du hast uns erschaffen für dich, und unser Herz ist ohne Ruhe, bis es ruht in dir.“ Von da an hatte er die Ruhe, die Glückseligkeit gefunden, der er früher vergeblich nachgerannt, und es war jetzt nur seine einzige Klage, daß er die ewige Schönheit so spät erkannt, so spät geliebt habe. O, möchten auch wir mit Augustinus endlich aufhören zu suchen, was wir nicht finden können, ein wahres Glück außer Gott! Auch unser Herz wird ohne Ruhe und Rast nach innerer Befriedigung haschen und sie nicht finden, als in der Erkenntnis und Liebe Gottes.

Mit diesem Bekenntnisse unserer Seele, daß sie für die Unsterblichkeit, für ein ewiges Leben bestimmt sei, stimmt denn nun die Lehre des Christentums, die Lehre des Glaubens vollständig überein. Nach der Kirchenlehre hat Gott den Menschen erschaffen, um Gott zu erkennen, zu lieben, zu besitzen und dadurch zu einer Glückseligkeit zu gelangen, die noch kein Ohr gehört, kein Auge gesehen und die noch in keines Menschen Herz gedrungen ist. Auf Erden hat der Mensch aber kein anderes Ziel, als daß er, nachdem er durch die Sünde von Gott abgefallen, durch Betätigung seines freien Willens sich auf dem Wege zu der ewigen Glückseligkeit, zum Besitze Gottes vorbereite, den Christus uns auf Erden gezeigt hat. Deshalb nennt die Kirche mit vollem Rechte das Leben auf Erden eine Pilgerfahrt, ein Leben in der Verbannung. Denn in der Tat, wir sind hier nur in der Fremde, während Gott selbst und sein Besitz unsere Heimat ist; wir sind verbannt, solange wir nicht bei Gott sind, solange wir ihn und sein unendliches Wesen nicht schauen, lieben und besitzen können. Wir wissen also, meine christlichen Brüder, woher wir sind. Niemand außer uns kann eine Antwort geben auf diese erste, entscheidende Frage. Wir sind von Gott, der uns aus dem Nichts in das Dasein gerufen. Wir wissen, wer uns über dem Abgrunde des Nichts im Dasein erhält: es ist Gott, der seine Hand auf uns gelegt. Wir wissen, wozu uns Gott erschaffen: um ihn zu besitzen und zu lieben. Wir wissen, wozu wir hier auf Erden weilen: um uns auf den Besitz Gottes vorzubereiten. Wir wissen endlich, was der Hunger und Durst unseres Herzens bedeutet: es ist der Hunger und Durst nach dem Genusse eines unendlichen Gutes.

Aus dieser Lehre der Vernunft und des Glaubens über die Bestimmung des Menschen ergeben sich uns die wichtigsten Folgen für das gesellschaftliche Leben, die den vorher angedeuteten Folgen des Unglaubens gerade entgegenstehen und ebenso geeignet sind, das gesellschaftliche Leben zu befestigen, wie jene es notwendig untergraben und zerstören müssen.

Erstens ist nur bei dieser Auffassung der Bestimmung des Menschen wahre Arbeitsamkeit und freudige Ertragung der mit der Arbeit verbundenen Mühe möglich. Es gibt zwar eine Arbeit, die sich der Mensch auch aus anderen Motiven gefallen läßt, z. B. die Arbeit eines großen Kaufmannes, der rastlos die Vermehrung seines Vermögens erstrebt. Jene mühevolle, täglich wiederkehrende Arbeit des Taglöhners aber, der nur geringen Lohn für seine Arbeit erlangt und nur selten die Freuden des Lebens genießen kann, wird sich der Mensch nicht gefallen lassen, wenn er im irdischen Lebensgenusse seine einzige Bestimmung erkennt. Eben diese Art Arbeit können wir auf Erden am wenigsten entbehren, in ihr ruht der wahre Reichtum eines Volkes. Wir müssen entweder ein Volk haben, das diese Arbeit mit Freuden erfüllt, oder wir werden, wie einst die

Völker des Altertums, es erleben, daß der eine Teil der Menschen mit Gewalt den anderen unterwirft, um diese mühevolle Arbeit von ihnen als unterworfenen Sklaven verrichten zu lassen. Das ist eben eines der Geheimnisse des Christentums, daß es versteht, dem Menschen jene Gesinnung einzuflößen, die ihn antreibt, mit Freude und Lust jene mühevolle Arbeit zu tragen, die sich nun einmal nicht abschaffen läßt, und auf diese Gesinnung hat das Christentum das gesellschaftliche Gebäude errichtet, das sich zwar niederreißen, aber nimmermehr außer dem Christentume aufbauen läßt.

Wie das Christentum aber in seiner Lehre von der Bestimmung des Menschen die wahre Arbeitsamkeit hervorruft und dadurch den wahren Wohlstand begründet, so vermindert es durch dieselbe Lehre das ungemessene Streben der Menschen nach den zeitlichen Gütern und Freuden. Dem Unglauben sind die zeitlichen Güter und Freuden das einzige Ziel, das der Mensch zu erstreben hat; dem Glauben sind sie nur Mittel, die ihm zur Erreichung seines ewigen Zieles dienen sollen. Der Reiche, der seine Endbestimmung in dem jenseitigen Leben sucht, wird also seine Reichtümer nicht als Mittel betrachten, um seine irdischen Lüste zu befriedigen, sondern als ein Mittel, um durch ihre gute Verwendung den Besitz Gottes zu erlangen. Er wird bei der Verwendung auf den Willen Gottes sehen, seinen armen Mitbrüdern in wahrer Liebe von seinen Gütern mitteilen und jede ungeordnete Anhänglichkeit an die zeitlichen Güter aus seinem Herzen verbannen. Auch der Arme, der auf einen ewigen Lohn für seine Arbeit hofft, wird nicht mit unersättlicher Begierde auf die irdischen Güter, nicht mit Haß und Neid auf seine wohlhabenden Mitbrüder hinblicken. Wie groß und erhaben ist die Gesinnung eines wahrhaft christlichen Arbeiters, der mit Verachtung nicht auf die Reichen, sondern auf den Reichtum und äußeren Glanz hinblickt; der im Gefühle, daß seine Menschenwürde nicht im Reichtume, sondern in wahrer Tugend besteht, gern den ganzen äußeren Tand den Reichen überläßt, da er selbst nur nach der Tugend ringt; der selbst mit Mitleid auf dieses armselige Haschen nach irdischen Gütern hinblickt, über das er sich in seinem Streben nach den ewigen Gütern erhaben fühlt, und der endlich in der Ruhe und Freudigkeit seines Gewissens, in dem Glücke seines einfachen Hausstandes einen übergroßen Ersatz findet für alle Mühen und Arbeiten seines Lebens. Mit einer solchen Gesinnung hat der einfache Arbeiter eine menschliche Würde erreicht, die in einem anderen Stande kaum erreicht werden kann. Die Quelle dieser Gesinnung ist aber die christliche Lehre von der Bestimmung des Menschen. Auf dem Boden einer solchen Gesinnung lassen sich gesellschaftliche Ordnungen gründen, die aller Vergänglichkeit Trotz bieten.

So haben wir denn die Lehre von der Bestimmung des Menschen in ihrem Einflusse auf das soziale Leben vor unseren Augen entfaltet. Auch dieser Pfeiler des sozialen Lebens ist bis in seine Grundlagen erschüttert. Die Anschauung, welche die Bestimmung des Menschen in den Genuß des irdischen Lebens setzt, ist weit durch alle Schichten der Gesellschaft verbreitet. Zu denen, die das Dasein Gottes leugnen, gesellen sich die Vielen, die im Leben ihre Bestimmung so auffassen, als sei der Genuß des Lebens ihr einziges Ziel. Dieser praktische Atheismus ist schon seit langer Zeit der Anteil der Reichen gewesen. Er steht jetzt als die vorherrschende Richtung in allen Ständen vor uns. Ob er das Werk der Zerstörung aller sozialen Verhältnisse vollbringen wird, steht dahin. Im Vereine mit der

Lehre des Unglaubens über Freiheit und Eigentum würde die entfesselte Richtung auf den Genuß des Irdischen furchtbare Erscheinungen zutage bringen. Gott kann zwar seinen Geist senden und das Antlitz der Erde erneuern. Wenn ich aber der Worte des heiligen Apostelfürsten Petrus gedenke: daß „Gott der Engel, die sich versündigten, nicht geschont, sondern sie mit Ketten der Hölle in den Abgrund gezogen und der Pein übergeben, um sie zum Gerichte aufzubewahren"; daß Gott „der alten Welt nicht geschont, sondern nur Noe, den Prediger der Gerechtigkeit erhalten, da er die Sündflut über die Welt der Gottlosen kommen ließ"; daß er „die Städte Sodoma und Gomorrha in Asche verwandelt und zur Zerstörung verdammt, zum Beispiel für die, so gottlos handeln"[1]): so fürchte ich, daß wir, die wir in Gottlosigkeit Sodoma und Gomorrha übertroffen, auch der Strafe nicht entgehen werden. Gott aber braucht nicht die Wasserflut über die Erde zu senden, oder Feuer und Schwefel vom Himmel regnen zu lassen zu unserer Strafe; er braucht nur den Leidenschaften, die in den Lehren des Unglaubens sich zu entfesseln drohen, ihren[2]) Lauf zu verstatten, und wir werden dann den Becher des Zornes Gottes bis auf die Hefe ausleeren. Amen.

1) 2 Petr. 2, 4—6.
2) Hier hat das Original versehentlich „seinen". D. H.

Fünfte Predigt.

(19. Dezember 1848.)

Männer, liebet eure Weiber, wie auch Christus die Kirche geliebt und sich selbst für sie dahin gegeben hat.
Eph. 5, 25.

Der Aufgabe, die wir uns gestellt haben, gemäß fahren wir fort in der Betrachtung der Grundlagen, auf denen das ganze gesellschaftliche Gebäude der Menschheit beruht, und des Einflusses, den der Glaube und der Unglaube auf die Befestigung oder Vernichtung dieser Grundlagen äußert.

Im ganzen habe ich vier solcher Grundlagen aufgestellt: die Lehre von der Freiheit des Menschen, von der Bestimmung des Menschen, von dem Rechte des Eigentums und endlich von der Familie.

Die drei ersten Grundlagen haben wir bisher untersucht und gesehen, wohin es mit ihnen durch die Gottlosigkeit der Zeit gekommen ist. Sie sind angefressen von dem Unglauben, sie sind untergraben, sie drohen einzustürzen, um die Gesellschaft und die Gesittung miteinander unter ihren Trümmern zu begraben.

Es bleibt uns noch die letzte Grundlage des gesellschaftlichen Lebens, die Familie, übrig. Wir wollen sehen, wie es mit dieser letzten Stütze des ganzen Gebäudes steht. Die Familie ist von unermeßlicher Bedeutung. Finden wir in ihr noch die Elemente zum sozialen Leben unangetastet und gesund, so kann dieser Pfeiler allein noch das Ganze tragen. O, möchte uns die Betrachtung dieses Verhältnisses einen besseren Trost gewähren, möchten wir doch in der Familie einen Boden finden, der fest und unerschüttert dasteht!

Wenn ich das Glück hätte, meine christlichen Brüder, heute nur vor solchen Zuhörern zu sprechen, die in einer wahrhaft christlichen Familie aufgewachsen, die beseligende Kraft des Christentums in der Familie selbst erfahren, wie leicht würde es mir dann werden, euch mit Begeisterung für Christus und seine Kirche, die Quellen dieses Glückes, zu erfüllen und mit Abscheu gegen jene Lehren, die uns auch diese Segensquelle rauben wollen. Aber wie schwer ist es, einem, dem die Sonne noch nicht in die Augen geleuchtet, den Glanz der Sonne begreiflich zu machen; wie schwer, dem, der die Schönheit und das Glück des christlichen Familienlebens nicht aus Erfahrung kennt, den Wert desselben ans Herz zu legen! Mehr wie je bedarf ich heute des Gnadenbeistandes des Herrn: verleihe ihn mir, o göttlicher Erlöser, auf die Fürbitte deiner heiligen Mutter Maria!

Das christliche Familienleben empfängt seinen höheren Charakter lediglich und allein von der Ehe, wie sie in der Stiftung Jesu Christi verstanden und durch sie geheiligt ist. Wir müssen daher zunächst der Ehe und dem Einflusse des Christentums und des Unglaubens auf sie unsere Betrachtung zuwenden.

Schon in dem ersten Menschenpaare finden wir den göttlichen Gedanken von der Ehe und ihrer Bestimmung auf Erden vollständig ausgesprochen. Als Gott der Herr, wie uns die heilige Urkunde erzählt, das Weib zu Adam führte, da sprach der Stammvater des Menschengeschlechtes den göttlichen Gedanken von der Ehe und ihre Bestimmung in den Worten aus: „Der Mensch wird seinen Vater und seine Mutter verlassen und seinem Weibe anhangen, und es werden zwei in einem Fleische sein[1])." In diesem Ausspruche finden wir schon vollständig die drei Momente, die das Wesen der christlichen Ehe ausmachen: die Liebe, denn der Mann wird um des Weibes willen Vater und Mutter verlassen; die Einheit, denn auf beiden Seiten ist nur einer, der in die Ehe eintritt; die Unauflöslichkeit, denn sie sind verbunden wie in einem Fleische.

Mit dem Stande der Unschuld verschwand aber dieser erhabene Gedanke von der Ehe auf Erden. Der durch die Erbsünde verdunkelte Verstand ahnte kaum mehr die wahre Idee von der Ehe, und der durch dieselbe Sünde der bösen Lust zugewendete Wille vermochte nicht ein so reines Leben zu verwirklichen. Von Adam bis auf Christus war das Ideal der Ehe von der Erde verschwunden. Vielmehr herrschte auf keinem anderen Gebiete des irdischen Lebens der Menschheit das Verderben so greuelhaft, so entsetzlich, wie auf diesem. Es ist dem christlichen Prediger nicht erlaubt, auch nur im entferntesten anzudeuten, welche Greuel der Verwüstung das Heidentum im sittlichen Leben der Völker zutage gebracht. Im Heidentume finden wir keine Ahnung von der Würde der christlichen Ehe, des christlichen Familienlebens. Sie würden eher geglaubt haben, daß man die Bahnen verlegen könne, in denen die Gestirne sich bewegen, als daß man auf Erden das Ideal der christlichen Ehe zu verwirklichen imstande sei. Mit der Entwürdigung der Ehe war aber zugleich die Entwürdigung des Weibes notwendig verbunden. Das Weib galt nicht mehr als eine Person, sondern nur noch als eine Sache, die für sich kein Recht, keine Selbständigkeit und nur den Beruf habe, dem Willen und der

1) 1 Mos. 2, 24.

Lust des Mannes zu dienen. Aber noch merkwürdiger ist es, daß selbst die Offenbarung im Judentum nicht den vollen Gedanken Gottes von der Ehe den Menschen mitteilte. „Moses," so sprach der Herr zu seinen Jüngern, „hat euch eurer Herzenshärtigkeit wegen erlaubt, eure Weiber zu entlassen, im Anfange aber war es nicht so[1])." In solchem Maße waren die durch die Erbsünde geschwächten Kräfte der Seele unfähig, den hohen Beruf der Ehe zu erfassen, daß Gott ihn nicht einmal den Juden zu erkennen gab.

So ist es denn nun auch bis auf den heutigen Tag geblieben, meine christlichen Brüder. Die Ehe ist durchaus ein Heiligtum des Christentums, und zwar, um mich genauer auszudrücken, sie ist ein Heiligtum des wahren, vollen, lebendigen Christentums, also der katholischen Kirche. Nur das Christentum, wo es mit seiner ganzen Heilkraft der Lehre und der Sakramente auf die Seele des Menschen niederdringt, vermag das hohe Ideal der christlichen Ehe zu verwirklichen. Es ergeht hier dem Menschen wie dem Boden, auf dem er seine Frucht erzielen will. Je edler die Frucht, desto besser muß auch der Boden bereitet sein. So auch mit den christlichen Tugenden; je höher und reiner sie sind, desto mehr bedürfen sie zum Gedeihen der Vorbereitung der Seele durch die in Christo dem Menschen verdiente Gnade Gottes. Nach dem engelgleichen Leben der christlichen Jungfräulichkeit vermag aber das Christentum kaum eine schönere Tugend zu erzeugen, als das Leben im Geiste der christlichen Ehe. In der Heilighaltung der Ehe zeigt sich daher vor allem der Höhepunkt, auf dem das christliche Leben eines Volkes steht, und in demselben Maße, wie es sich von Christus

1) Matth. 19, 8.

und seiner Kirche trennt, wird auch aus seiner Mitte die christliche Ehe mehr und mehr verschwinden.

Dies sehen wir zunächst an allen christlichen Konfessionen, die sich von dem wahren Lebensbaume des Christentums, der katholischen Kirche, abgetrennt haben. Der Zweig, der an dem getrennten Äste zuerst dürre wird, ist die Ehe. Während die von der Kirche getrennten Konfessionen an der alten Hinterlage, die sie aus der Kirche mitgenommen, noch Jahrhunderte zehren können, zeigt sich an der Ehe sofort, daß der Born verschlossen, aus dem das Leben geschöpft wird. Selbst dort aber, wo der Zweig noch nicht vollständig von dem Boden der Kirche getrennt ist und dem Scheine nach mit ihm zusammenhängt, sehen wir sofort das Dahinwelken der christlichen Ehe. Die tägliche Erfahrung bestätigt diese Behauptung. Wir leben in der Zeit des Scheinchristentums. So viele Menschen hängen noch äußerlich mit der Kirche zusammen, die sich im Glauben von ihr getrennt haben. Die Folge ist das Verderbnis in der Ehe, in dem Familienleben, die Zerstörung des Familiengeistes, die wir zu beklagen haben. Wir können uns daher nicht wundern, daß der Unglaube, wo er bis zu seiner äußersten Grenze angelangt ist, es auch wagt, seinen Kampf gegen dieses menschenbeglückende Institut des Christentums zu beginnen; daß er es wagt, mit seiner Lehre von Gott, der Freiheit, der Bestimmung des Menschen, dem Eigentume, auch gegen die Ehe aufzutreten und sie als eine verwerfliche Einrichtung darzustellen. Mit diesem schamlosen Unternehmen ist der Kampf gegen Gott zu seiner eigentlichen Quelle, zur Empörung des Fleisches gegen das Gesetz Gottes zurückgekehrt.

Wenden wir nun insbesondere dem Wesen der christlichen Ehe unsere Betrachtung zu, um uns von ihrer Erhabenheit und von ihrem unermeßlich wohltätigen Einflusse auf das gesellschaftliche Leben der Menschen einigermaßen einen Begriff zu bilden.

Wie ich vorher erwähnte, meine christlichen Brüder, so sind schon in den Worten des ersten Stammvaters die wesentlichen Momente enthalten, welche die Ehe nach Gottes Anordnung in sich begreifen soll: die Liebe, die Einheit, die Unauflöslichkeit. Die Aufgabe Jesu Christi war es nun, nicht die Ordnung, die Gott in die Natur gelegt, zu zerstören, sondern er wollte sie von der Sünde und deren Verderben reinigen und sie nach ihrer ursprünglichen Bestimmung wiederherstellen. Im Christentume finden wir daher dieselben wesentlichen Bestandteile der Ehe, wie sie der Ausspruch des ersten Stammvaters enthält. Aber mit dem Apostel müssen wir auch hier bekennen: „Nicht wie mit der Sünde, verhält es sich auch mit der Gnade. Als die Sünde überschwänglich war, wurde die Gnade noch überschwänglicher[1]."

Christus hat nicht nur die Liebe, die Einheit, die Unauflöslichkeit in der Ehe wiederhergestellt, sondern er hat sie auch nach dem Vorbilde seiner Verbindung mit der Kirche zu einem Sakramente erhoben und sie dadurch überschwänglich geläutert, geheiligt und verklärt. Ein Sakrament ist ein äußeres, sinnlich wahrnehmbares Zeichen der inneren Heiligung, und insbesondere teilt jedes Sakrament jene Gnaden mit, die der Natur des Verhältnisses angemessen sind, bei dem es gespendet wird. Auch jene drei Bestandteile der Ehe erhalten daher durch das Sakrament eine höhere Weihe und Heiligung.

Das Sakrament [der Ehe] heiligt erstens die

1) Röm. 5, 15. 20.

Liebe der christlichen Eheleute, so daß der Apostel zu den Männern sagen konnte: „Männer, liebet eure Weiber, wie auch Christus die Kirche geliebt und sich selbst für sie hingegeben hat," und zu den Weibern: „die Weiber seien ihren Männern untertänig wie dem Herrn;" und beiden: „Seid einander unterworfen in der Furcht Christi[1])." Wie weit ist diese Liebe der christlichen Ehe entfernt von jenem armseligen niederen Verhältnisse, von jener nur auf Laune, Selbstsucht, Sinnlichkeit oder Habsucht beruhenden Verbindung, die man mit demselben Namen zu bezeichnen pflegt. Die durch Christus und sein Sakrament geheiligte Liebe ist nicht nach Launen wandelbar, sondern wie die Liebe Christi wahr, stark, selbstaufopfernd bis in den Tod.

Das Sakrament heiligt zweitens die Einheit, so daß Christus von der Ehe, die er stiften wollte, sagen konnte: „Ihr habet gehört, daß zu den Alten gesagt worden: Du sollst nicht ehebrechen. Ich aber sage euch, daß ein jeder, der ein Weib mit Begierde nach ihr ansieht, schon die Ehe mit ihr gebrochen hat in seinem Herzen[2])." Wie erhaben ist auch dieser Ausspruch, wie geheiligt ein Verhältnis, das einer solchen Anforderung entspricht! Christus hat nicht eine Religion des äußeren Anstandes, sondern der vollendeten inneren Wahrheit gestiftet. Daher konnte ihm der bloß äußere Anstand, die äußere Züchtigkeit und Ehrbarkeit nie und nimmer genügen. Er gründete eine Verbindung, in der er das so weit dem Auge der Menschen entrückte Herz unterfaßte und es in seiner geheimsten Heimlichkeit vor jeder Untreue bewahrte.

Endlich drittens begründet Christus durch das Sakrament die Unauflöslichkeit der Ehe, ohne welche

1) Eph. 5, 25. 22. 21. — 2) Matth. 5, 27.

weder eine Liebe, noch eine Treue, wie Christus sie will, in der Ehe denkbar, und überhaupt der wahre Zweck der Ehe unerreichbar ist. In dieser Beziehung sagt Christus, nachdem er die Worte des ersten Stammvaters angeführt, auf das bestimmteste: „So sind sie also nicht mehr zwei, sondern ein Fleisch. Was nun Gott verbunden hat, das soll der Mensch nicht trennen[1]."

Das also ist die Ehe nach dem Gedanken Gottes, wie ihn Christus in seiner heiligen Kirche wiederhergestellt und zum vollendeten Ausdruck gebracht hat. Sie ist ein großes Sakrament, aber nur in Christus und seiner Kirche[2]). Sie ist eine Verbindung zwischen Mann und Weib, durchdrungen von einer Liebe, so wahr, so rein, so geistig, so selbstaufopfernd, wie die Liebe Christi zu seiner Kirche, gehegt von einer Treue, die bis in das Herz vordringt und Mann und Frau vor dem geheimsten untreuen Gedanken bewahrt, umschlungen von einem Bande, das so stark ist wie diese Liebe und diese Treue, und bis zum Grabe dauert.

Bevor ich nun weiter gehe, meine christlichen Brüder, kann ich es nicht unterlassen, euch zu fragen, ob nicht euere eigene Seele euch Zeugnis gibt, daß nur eine solche Verbindung zwischen Mann und Frau, wie sie die Kirche Christi will, der höheren Würde des Menschen entsprechend ist. So tief versunken in Welt, Sinnlichkeit und Verderben kann es keinen Menschen geben, der nicht bekennen müßte, daß nur diese Ehe das Ideal erreicht, das er in seiner Brust trägt. Selbst der verworfenste Wüstling und der erbittertste Feind der katholischen Kirche muß wünschen, aus einer Ehe abzustammen, die der Idee der katholischen Kirche entspricht. Aber nur eine göttliche Anstalt, wie die Kirche

1) Matth. 19, 6. — 2) Eph. 5, 32.

Christi ist, vermag bei unserer großen sittlichen Schwäche solche Ideale zu erreichen, und daß eine solche Verbindung in der katholischen Kirche kein bloßes Ideal, sondern auch jetzt noch eine Wirklichkeit ist, das beweist, Gott sei gedankt, die Erfahrung.

Wenn aber Christus eine reine, feste und aufopfernde Liebe und Treue in der Ehe fordert, so mußte er auch die Seele der Menschen mit solcher Schönheit, Hoheit und Liebenswürdigkeit ausstatten, daß sie dieser Liebe wert wurde. Insbesondere mußte das Christentum das weibliche Geschlecht wieder aus der Versunkenheit erheben, worin wir es im Heidentume erblicken. Sollte der Mann das Gebot des Apostels erfüllen: „Männer, liebet eure Weiber, wie Christus die Kirche", so mußte das weibliche Geschlecht gänzlich umgestaltet werden. Die Liebe soll eben keine Lüge, sondern eine Wahrheit sein, und muß daher auch eine Wahrheit zum Gegenstande haben. Dies hat nun das Christentum nicht nur in der Lehre geleistet, daß jeder Mensch das Ebenbild Gottes in sich trage, sondern auch dadurch, daß es dem weiblichen Geschlechte eine geistige Schönheit, Reinheit und Hoheit verlieh, wie sie dem Heidentume ganz unbekannt war. Die Würde der Frau ist ganz und gar im Christentume beschlossen; je christlicher sie ist, desto höher steigt sie an wahrer Würde, je unchristlicher, desto tiefer sinkt sie. Das Heidentum vermochte Männer hervorzubringen, in denen wir hohe männliche Eigenschaften achten müssen, große Staatsmänner, Gelehrte, Krieger; aber ein Weib, das mit der Würde eines christlichen Weibes umstrahlt gewesen wäre, hat es nie und nimmer hervorgebracht. Man schreibt so oft die Behandlung, die das Weib außer dem Christentume erfahren, einer Unsitte zu, die mit der fortgeschrittenen Bildung von selbst habe verschwinden müssen. So ist es aber nicht, meine christlichen Brüder; der allein wahre und tiefe natürliche Grund dieser Behandlung liegt eben in der Versunkenheit des Weibes außer dem Christentume. Mit der strengsten Folgerichtigkeit folgte die Stellung des Weibes bei den nichtchristlichen Völkern, die Verachtung, die ihm widerfuhr, aus der Entartung des Weibes selbst. Der Mann konnte das entartete Weib nicht mehr achten. So war es bis auf Christus.

Beim Eingange in das Christentum begegnen wir dagegen sofort jenem Weibe, auf das die Kirche die Worte des Hohenliedes anwendet: „Du bist ganz schön, und an dir ist kein Makel[1]);“ zu dem der Engel gesprochen: „Gegrüßet seist du, voll der Gnaden, der Herr ist mit dir, du bist gebenedeit unter den Weibern[2]).“ Die heilige Jungfrau Maria schließt alle Schönheit, alle Würde des weiblichen Geschlechtes in sich, und so rein ist der Glanz, den sie über das weibliche Geschlecht verbreitet, daß selbst das Laster, wo es einem Strahle dieses Glanzes begegnet, scheu zurückbebt und sich seiner eigenen Niederträchtigkeit schämt. Maria ist die christlichen Jahrhunderte hindurch das wahre Vorbild aller christlichen Frauen geworden. Von Maria, der reinen und unbefleckten Jungfrau, hat sich jener Geist der zartesten Reinheit und Keuschheit ergossen, der die Stirne der christlichen Jungfrau mehr ziert als alles Gold und Perlengeschmeide; von Maria, der demütigen Jungfrau, hat sich der christlichen Frau jener Geist der Demut mitgeteilt, der ihre Augen von dem äußeren Treiben der Welt der inneren Häuslichkeit zuwendet, der sie dort stärkt, ein Wunderleben der aufopfernden Liebe, der Selbstverleugnung in der größten Verborgen-

1) Hoheslied 4, 7. — 2) Luk. 1, 28.

heit zu führen, der sie zu einem wahren Boten des Friedens, der Freude und des Segens im häuslichen Kreise macht.

Von dem Tage an, wo das Weib sich von diesen beiden Grundlagen entfernt, verfällt es wieder mehr oder weniger der Entwürdigung, der Niedrigkeit, die dem Weibe des Heidentumes eigen war. So wesentlich hängt die Würde des Weibes mit diesen Tugenden zusammen, daß ich nicht glaube, daß es einen Mann gibt, der ohne sie ein Weib wahrhaft achten kann. Auch hier müssen die Feinde der Kirche und des Christentumes wieder Zeugnis geben. Fragen wir den sittenlosesten Mann, wie er will, daß seine Mutter, seine Schwester beschaffen sei: er wird sich ein Weib mit christlichen Tugenden zur Mutter, eine Jungfrau mit christlichen Tugenden zur Schwester wählen. O, möchten doch alle Frauen, alle Jungfrauen diese Wahrheit erkennen und nicht den Schein der Achtung und Liebe, den der Wüstling annimmt, für wahre Achtung halten! Noch einmal: nur das christliche Weib mit christlichen Tugenden kann der Mann wahrhaft hochachten und lieben, das eitle und sittenlose Weib muß er in der tiefsten Seele verachten.

Das, meine christliche Brüder, ist die christliche Frau, die christliche Ehe. Dies sind die Elemente der christlichen Familie, des christlichen Familienlebens, jener erhabenen Erziehungsanstalt der Menschheit, jenes heiligen Bandes, das uns das Leben hindurch umschlingt und so viel Segen, Trost und Freude im Herzen der Menschen verbreitet. Wie schwer hält es, die Segnungen der christlichen Familie dem verständlich zu machen, der sie nicht an sich erfahren hat!

Die christliche Familie ist zunächst eine Erzieherin der Menschen, und bei diesem heiligen Geschäfte nimmt wieder die Mutter die erste Stelle ein. Die größte Wohltat, die Gott einem Menschen in der Natur zuwenden kann, ist ohne Zweifel das Geschenk einer wahrhaft christlichen Mutter. Ich sage mit Absicht nicht einer zärtlichen, liebevollen Mutter, denn wenn die Mutter selbst vom Geiste der Welt erfüllt ist, so ist ihre Liebe dem Kinde nicht nützlich, sondern verderblich. Aber eine christliche Mutter ist unter allen Gottesgaben die größte. O, wenn ich so oft in der Welt das Glück der Kinder nach dem Reichtume der Eltern schätzen höre, wie empört sich da mein ganzes Innere! Unermeßlich unglücklich ist das Kind, das eine unchristliche, glaubens- und tugendlose Mutter hat, und wenn es auch in Purpur und Seide gebettet ist; unermeßlich glücklich das Kind, das eine wahrhaft christliche Mutter hat, und wenn es in Lumpen aufwächst und in Lumpen dem Grabe zuwankt.

Mit einem großen christlichen Denker sage ich: die Erziehung des Menschen wird größtenteils in den ersten sechs Jahren auf dem Schoße der Mutter vollendet. Was sich in späteren Jahren im Kinde entwickelt, hat die Mutter vielfach in den ersten Lebenstagen dem Herzen des Kindes eingepflanzt. Die Eindrücke, die in der frühesten Jugend der so weichen, biegsamen, für jeden Einfluß empfänglichen Seele des Kindes gegeben werden, werden so sehr zur anderen Natur des Kindes, daß sie sich später nicht mehr verwischen lassen. Schon hier sehen wir die wurzelhafte Abgeschmacktheit jenes Erziehungssystems, das behauptet, der Mensch könne und müsse nur aus sich selbst entwickelt werden. Dann müsset ihr die Muttermilch vom Munde des Kindes abhalten, dann müsset ihr die Wärme des Mutterherzens vom Herzen des Kindes entfernen, dann müsset ihr das Kind zwischen vier nackten weißen Wänden aufwachsen lassen; sonst wird es nimmermehr gelingen. Ja, meine christlichen Brüder, Menschen, die später die Würgengel und die Beglücker des menschlichen Geschlechtes geworden sind, haben oft am Herzen der Mutter den Keim zu diesen Taten eingesogen. Deshalb gilt auch vor allen der Mutter der Ausspruch des Herrn: „Wer aber eines aus diesen Kleinen, die an mich glauben, ärgert, dem wäre es besser, daß ein Mühlstein an seinen Hals gehängt und er in die Tiefe des Meeres versenkt würde[1].“ Kein Ärgernis kann in seinen Folgen dem Ärgernisse gleichkommen, das die Mutter dem Kinde durch die ersten schlechten Eindrücke gibt. Sie sind wie Zweige der Sünde und des Verderbens, die dem zarten Stamme eingepfropft worden und dem ganzen Stamme die Richtung geben. Wer die Erziehung aus der Erfahrung und nicht aus der Studierstube beurteilt, wird es bestätigen können. Solange ich den Beruf habe, als Seelsorger Kinder zu beaufsichtigen, habe ich solchen Kindern, die an dem Herzen einer schlechten Mutter gelegen, die sorgfältigste Pflege angedeihen lassen, aber noch bei keinem konnte ich mir den sicheren Trost geben, daß es von dem Verderben der Erziehung gänzlich befreit worden sei. Ja, wehe der Welt, der schlechten unchristlichen Mütter wegen; das ist das größte Verderben, an dem wir leiden! Sie legen recht eigentlich die Axt an die Wurzel des Baumes. Sie hauchen der zarten Seele des Kindes den Geist der Welt, des Unglaubens, der Selbstsucht, der Unkeuschheit ein, an dem einst diese Blume, die Gott gepflanzt, die Christus mit seinem Blute getränkt, ersticken und verwelken wird.

---

1) Matth. 18, 6.

Aber so verpestend wie der Hauch der unchristlichen Mutter, wenn sie auch den Namen einer Christin trägt, auf das Kind wirkt, so segenbringend wirkt auch der Keim, den die fromme Mutter in die Seele des Kindes legt. Wenn die Mutter schon lange im Grabe ruht, der Sohn aber von den Stürmen des Lebens ergriffen hin- und hergeworfen wird und nahe daran ist, Glauben und Sitte einzubüßen, dem ewigen Verderben anheimzufallen, so wird die fromme edle Gestalt seiner christlichen Mutter ihm noch erscheinen und ihn mit wunderbarer Gewalt auf die Bahn des Glaubens und der Tugend zurückführen. Wer das Christentum und seine Tugenden, seine innere Wahrheit, seine Reinheit, seine bis zum äußersten selbstvergessende Liebe in dem Leben einer christlichen Mutter oder ihres Nachbildes, einer christlichen Schwester, kennen gelernt, wer in einer solchen Familie den Frieden genossen, den Christus *seinen* Frieden nennt, den reißt diese Erinnerung aus jedem Pfuhle des Verderbens, in welchen das Leben ihn schleudert. Wer die Tugend einmal in so verklärten Bildern geschaut, der kann ohne Widerwillen und Verachtung selbst dann das Laster nicht betrachten, wenn er selbst davon ergriffen ist.

Wie die christliche Mutter eine Erzieherin des Kindes ist, so ist sie und die Tochter auch eine Erzieherin des Mannes, des Vaters. Wenn das Herz des Mannes durch seine unausgesetzte Berührung mit der Welt vom Geiste der Welt, ihrem Unglauben, ihren Lastern angefressen ist, dann wohl ihm, wenn ihm Gott eine fromme Frau, eine fromme Tochter zur Seite gestellt hat. Endlich kommt die Zeit, wo die Welt sich von dem Manne trennt, der sich von der Welt nicht trennen wollte. Vielleicht gehen jahrelange Leiden dieser gewaltsamen Trennung vorher. Wenn da nun eine Frau, eine Tochter ihm zur Seite steht, die das Siegel eines höheren Lebens an der Stirne trägt, die in unermüdlicher Liebe und Aufopferung ihm das lebendige Beispiel einer göttlichen Kraft vor Augen stellt, dann wird auch er endlich zu Christus zurückkehren, den er im Leben verloren hatte.

Aus dem bisher Gesagten erhellt nun von selbst, teils wie wesentlich die höhere Auffassung der Ehe mit Christus und seiner Kirche zusammenhängt, teils welchen Einfluß die Ehe auf das ganze gesellschaftliche Leben eines Volkes äußern muß. Wie die Familie die Erzieherin des einzelnen Menschen ist, so ist sie auch insbesondere die erste und wichtigste Stufe im ganzen gesellschaftlichen Organismus der Menschheit. In der Familie lernt der Mensch seine Freiheit gebrauchen und den Mißbrauch derselben überwinden, in der Familie wird er angeleitet, sich als ein Glied der Familiengesellschaft zu erkennen, um dann später auch in der größeren Gesellschaft ein nützliches Glied sein zu können. Wie die Ordnung des Staatshaushaltes sich im Grunde wiederfindet in dem Rechnungswesen des größten und kleinsten Geschäftsmannes, und wie sie alle gewisser gemeinsamen Grundsätze nicht entbehren können, so ist auch die sittliche Grundlage, auf der das Leben der Familie beruht, dieselbe, wie jene, auf welcher der Staat beruht. Wie daher das Christentum es versteht, die Familie nach ihrem höchsten Ideale in das Leben einzuführen, so ist auch das Christentum die Anstalt, welche die höchste gesellschaftliche Ordnung zu begründen vermag.

Es bliebe mir nun noch übrig nachzuweisen, in welchem Maße der Unglaube auch diese letzte und sicherste Stütze der gesellschaftlichen Ordnung, oder vielmehr, wie er das erste Glied dieser Ordnung selbst schon erschüttert und vielfach zerstört hat. Doch diese Aufgabe mag ich nicht erfüllen von einer christlichen Kanzel herab, in einem Gotteshause. Die Achtung, die ich der heiligen Stätte schuldig bin, verbietet es mir zu zeigen, welche Verwüstung der ganze und halbe Unglaube in der Ehe und in dem Familienleben angerichtet, wie er dieses hohe Ideal des Christentumes zu zerstören begonnen hat, wie die Liebe und Treue der Ehegatten nach christlicher Anschauung schon geschwunden sind, wie das weibliche Geschlecht schon angefangen, den Schmuck des Christentumes, die Reinheit und Demut des Herzens, wieder abzulegen, wie das Familienleben zerrüttet und der Christenfriede aus ihm geschwunden. Von diesem Bilde muß ich meine Augen abwenden. Es genügt, wenn ich wiederhole, daß der Unglaube schon die Ehe selbst als einen Mißbrauch zu bezeichnen gewagt und damit begonnen hat, die ganze Flut des sittlichen Verderbens über die Gesellschaft herein zu leiten, die in diesem Worte enthalten ist. Haben erst die Lehren des Unglaubens von der Freiheit und der Bestimmung des Menschen dieses erste Glied des gesellschaftlichen Lebens zersprengt, so sind sie in der Tat bis in das innerste Leben des gesellschaftlichen Gebäudes vorgedrungen, und mit diesem innersten Keime wird das ganze Gebäude in die Luft fliegen und mit Stücken und Trümmern den ganzen Erdboden bedecken.

So habe ich denn meine Aufgabe erfüllt, meine christlichen Brüder, so weit meine Kräfte es verstatteten. Alle Grundlagen der gesellschaftlichen Ordnung sind erschüttert und drohen einzustürzen. Kein äußeres Mittel, keine Form, keine Verfassung der Erde ist imstande, das Gebäude zu befestigen, die Fundamente zu stützen. Wenn Gott das Haus nicht bauet, dann bauen die Bauleute umsonst. Wenn Christus der Herr die Fundamente nicht zimmert, dann ist alles vergeblich. Nur in Christus ist noch Hilfe zu finden, nur wenn wir zum lebendigen Glauben an Christus und seine Kirche zurückkehren, können wir dem Einsturze des gesellschaftlichen Gebäudes noch wehren. Es war nicht meine Absicht, euch Schreckbilder vorzuführen. Nach meinem besten Wissen und Erkennen habe ich die Wahrheit in allen Teilen gesprochen. Der Zweck unserer Betrachtungen war, den gesellschaftlichen Zustand, in dem wir uns befinden, in seinem letzten Grunde kennen zu lernen. Der Unglaube erscheint mir als die einzige Quelle des ganzen Verderbens, der Glaube an Christus in der katholischen Kirche als das einzige Mittel der Heilung. Von Christus und seiner Kirche wird daher meine letzte Predigt am morgigen Tage handeln, und so hat diese, wie alle bisher gehaltenen, das eine letzte Ziel, euch inniger und fester mit Christus und seiner Kirche zu verbinden. Amen.

Sechste Predigt.

(20. Dezember 1848.)

Selig die Armen im Geiste, denn ihrer ist das Himmelreich. Matth. 5, 3.

Die innere Kraft, die uns belebt, läßt sich unmittelbar nicht wahrnehmen, sie wird uns offenbar in den Werken, die sie schafft. So sind zwei Eichen sich dem Äußeren nach gleich, und dennoch erfüllt die eine vielleicht eine Lebenskraft, in der sie noch Jahrhunderte grünt, in der anderen sitzt der Todeskeim, an dem sie bald verwelkt; so sind zwei Menschen im Äußeren kaum verschieden, und dennoch bewegt der eine mit der Kraft seines Geistes die Welt, während der andere sein eigenes Haus zu ordnen nicht imstande ist.

Von diesem Gedanken ausgehend habe ich euch, meine christlichen Brüder, die innere erbauende Kraft des Christentumes und somit der Kirche, und die zerstörende Kraft des Unglaubens an dem Gebäude der gesellschaftlichen Ordnung nachgewiesen. Überall fanden wir das Christentum erfüllt vom Geiste des Lebens, denn wohin es dringt, da teilt es Leben, Ordnung, Gestaltung mit; überall dagegen den Unglauben erfüllt vom Geiste des Todes, denn wohin er seinen Hauch verbreitet, da sehen wir Tod, Verwirrung, Zerstörung. Darin aber zeigt sich uns vor allem die innere Wahrheit und Göttlichkeit des Christentums, die innere Lügenhaftigkeit des Unglaubens.

Es sind in den Lehrbüchern so viele Beweise von der Gottheit Jesu Christi aufgezeichnet, und die Welt hat dennoch den Glauben versagt; jetzt wird die Beweisführung aus den Lehrbüchern auf die Tatsachen übergehen, die sich vor unseren Augen entwickeln werden. Gott selbst hat nunmehr den Beweis in die Hand genommen, daß der auf Erden in Menschengestalt erschienene Christus der Sohn des lebendigen Gottes, daß die von ihm gestiftete Kirche eine göttliche Anstalt zur Erlösung und Beseligung der Menschheit ist, und er wird diesen Beweis mit Riesenbuchstaben in die Weltgeschichte einschreiben. Er wird gestatten, so hat es den Anschein, daß der Unglaube sich in seiner wahren Gestalt zeige, daß er seine Zerstörungskraft uns offenbare. Hat der Unglaube erst dieses Werk der Zerstörung vollendet; hat er den erhabenen Gedanken der christlichen Freiheit durch sein Zerrbild von Freiheit verdrängt und unter dem Namen der Freiheit die vom Gesetze Gottes und der Ordnung entbundenen, der Sklaverei der Leidenschaft dagegen verfallenen Menschen in Haß und Neid aneinander gehetzt; hat er erst die beseligende Hoffnung auf ein anderes Leben den Menschen geraubt und sie mit Heißhunger nach dem Genusse der sinnlichen Güter erfüllt; hat er erst das Eigentum zerstört und die notwendig damit verknüpfte allgemeine Verarmung, Verwirrung und Zwietracht uns zugebracht; hat er endlich auch das Weib wieder in den Kot getreten, in dem es im Heidentume schmachtete; hat er uns den Segen und den Trost einer christlichen Mutter und Schwester geraubt und uns statt dessen sittenlose, weltsüchtige Weiber zu Müttern und Schwestern gegeben; hat er so das Heiligtum der christlichen Familie vernichtet: dann werden endlich jene, die unter den Trümmern noch übrig sind, ihre Hände wieder nach dem Leben und der Kraft sehnsüchtig ausstrecken, die sie jetzt frevelnd von sich stoßen, nach Christus und seiner Kirche.

Wer aber, meine christlichen Brüder, dieses Schreckensbeweises nicht erst bedarf, um an Christus und seine Kirche zu glauben, wer an sich selbst die beseligende und belebende göttliche Kraft des Christentums, ebenso wie die tötende des Unglaubens erfahren, den muß eine übergroße Sehnsucht erfassen, den einen oder den anderen seiner irrenden Mitbrüder auf dem jähen Wege des Verderbens aufzuhalten und zurückzuführen. Das ist der letzte Zweck, weshalb ich das Wort vor euch ergriffen habe und heute noch einmal vor euch hintrete. Ich habe nur ein Verlangen: meinen Mitbrüdern mitzuteilen, was ich selbst in Christus und seiner Kirche gefunden und erfahren habe.

Wie wir nun bisher die Wirkungen des Glaubens und des Unglaubens bezüglich der gesellschaftlichen Ordnung der Menschheit betrachtet und diese Untersuchung beschlossen haben, so wollen wir heute uns dem innersten Prinzip selbst zuwenden, auf dem der Glaube und der Unglaube ruht, und die Wahrheit dieses Prinzips in Untersuchung ziehen. Das innerste Prinzip beider Lehren und ihre wesentliche Verschiedenheit finde ich aber in deren Lehre von der Autorität, welcher der Mensch im Erkennen und Wollen folgen soll. Mit der Entscheidung dieser Frage müssen wir beginnen, bevor wir uns bestimmen können, ob wir bei den bevorstehenden Kämpfen uns zur Fahne des Glaubens oder des Unglaubens halten wollen. Die Lehre von der Autorität bildet die tiefste, grundsätzliche Verschiedenheit zwischen dem Gläubigen und dem Ungläubigen. Ich bitte euch daher, meine christlichen Brüder, um große Aufmerksamkeit, und den Herrn Jesum Christum bitte ich bei der Liebe, in der er für jeden unter uns am Kreuze gehangen, er wolle uns auf die Fürbitte der Gnadenmutter Maria seinen Beistand gewähren.

Der Glaube in der katholischen Kirche ruht auf dem Grundsatze, daß der Mensch zu seiner vollen Vernünftigkeit nicht anders gelangen kann als an der Hand der von Gott auf Erden gestifteten Autorität. Der Glaube nimmt daher keinen Gegensatz an zwischen der Autorität und der Vernunft; er will nicht, daß wir durch die Autorität die Vernunft unterdrücken, sondern im Gegenteile, er will durch die Autorität den Menschen wahrhaft zum vollen und wahren Vernunftgebrauche bringen. Wie der Tau, der sich in die Pflanze einsenkt, nicht das eigene Leben der Pflanze unterdrückt, sondern vielmehr fördert und entfaltet, so soll die Autorität das eigene Leben der Seele nicht unterdrücken, sondern wahrhaft entwickeln und entfalten. Der Unglaube dagegen beruht auf dem Grundsatze, daß der Mensch sich keiner Autorität als der seiner eigenen Vernunft unterwerfen dürfe. Ob diese Annahme dem Zustande des Menschen entspricht, ob es dem Menschen natürlich und vernünftig ist, sich lediglich und allein selbst Führer zu sein, ob es ihm nicht vielmehr natürlich und vernünftig, ja ganz und gar notwendig ist, sich eines Führers auf dem Wege zur Erkenntnis zu bedienen, damit beschäftiget sich der Unglaube nicht. Er nimmt ohne weiteres und ganz willkürlich an, was ihm beliebt, daß es nämlich für den Menschen entwürdigend sei, eine Autorität außer sich anzuerkennen. Wie jedes Gesetz außer dem Menschen für den Willen, so verwirft er jede Autorität, jede Wahrheit außer ihm für die Vernunft. Der Mensch soll sich nur dem Gesetze unterwerfen, das er sich selbst gegeben, und ebenso nur das für wahr halten, was er selbst vollständig begriffen hat.

Diese Sätze lauten nun so schön und erhaben, sie stecken dem Menschen anscheinend ein so hohes Ziel und versprechen dasselbe, was auch der erste Verführer ihm schon versprochen hat: „An welchem Tage ihr davon esset, werden eure Augen sich auftun, und ihr werdet wie Götter sein[1].“ Sehen wir aber einmal genauer zu, wie es sich denn mit der inneren Wahrheit dieser Versprechungen verhält, und insbesondere, ob es auch der Natur des Menschen angemessen, ob es ihm daher möglich ist, sich ohne allen fremden Einfluß, nur aus sich zu bestimmen. Ich behaupte dagegen, daß dieses ganze Vorgeben des Unglaubens eben nichts als eine eitle Prahlerei, und daß es für den Menschen ganz unmöglich ist, sich nur aus sich selbst zu entwickeln und

1) 1 Mos. 3, 5.

zu bestimmen. Bedenklich für diese Behauptung des Unglaubens erscheint mir schon, daß wir unter jenen Menschen, die alle ihrer Vernunft zu folgen behaupten, so verschiedene Ansichten über denselben Gegenstand vernehmen. Das Wahre und Vernünftige muß doch immer dasselbe bleiben, und über denselben Gegenstand kann es doch nur ein Wahres und Vernünftiges geben. Dagegen finden wir aber die Bekenner des Unglaubens, eben jene Männer, die da behaupten, daß sie keiner Autorität und nur ihrer Vernunft folgen, in endloser Verschiedenheit der Ansichten. Legen wir ihnen Fragen vor, die ihnen zunächst liegen, und über die sie uns doch eine vernünftige Antwort erteilen müßten, über ihre eigene Seele, deren Ursprung, deren Verhältnis zum Körper, deren Schicksal nach dem Tode, so erhalten wir von tausend Jüngern des Unglaubens tausend verschiedene Antworten. Hier ist von zwei Dingen nur eines möglich: entweder es gibt eine Wahrheit, ein an sich Vernünftiges, und dann folgt von diesen allen nur einer seiner Vernunft, die übrigen aber nicht; oder es gibt überhaupt kein allgemein Wahres und Vernünftiges, und dann ist also ihr ganzes Denken unvernünftig, all ihr hochgepriesenes Erheben der Vernunft Torheit — die trostloseste Lehre von allen.

Doch wir wollen die Behauptung, daß es Menschen gebe, die nur ihrer Vernunft folgen, noch näher prüfen und insbesondere die Geschichte und Natur des Menschen in Betracht ziehen. Zunächst sehen wir das Kind während der ersten Kinderjahre im elterlichen Hause. Soll auch das Kind in diesen Jahren ohne äußere Autorität, nur aus sich und der eigenen Vernunft sich entwickeln? Diese Anforderung wäre unmöglich und deshalb töricht. Selbst wenn der Mensch nur seiner eigenen Autorität folgen darf, so kann er doch nur bei vollständig entwickelter Vernunft diese Aufgabe erfüllen. In den ersten Kinderjahren ist er dagegen das unselbständigste Geschöpf, das gedacht werden kann. Er ist in diesem Alter so sehr von einer Autorität außer ihm, nämlich von der Autorität seiner Eltern, insbesondere seiner Mutter, eingeschlossen, daß das Individuelle, Persönliche im Kinde gänzlich zurücktritt. Das Wollen und Denken des Kindes in den ersten Jahren erhält seine Bestimmung nicht aus dem eigenen Innern, sondern aus dem Wollen und Denken der Mutter. Bevor das Kind anfängt sich selbst zu bestimmen und zu denken, hat es von außen her schon lange Bestimmung und Gedanken empfangen, und so groß ist der Einfluß dieser von außen, also von einer Autorität empfangenen Richtung im Denken und Wollen des Kindes, daß er kaum im ganzen späteren Leben sich verwischen läßt. Insbesondere ist es eine bestimmte Liebe, eine Neigung des Willens, die das Kind hier in der zartesten Jugend an dem Mutterherzen in sich aufnimmt, und die vom entscheidendsten Einflusse auf sein ganzes späteres Denken ist. Auf dieser Stufe des Lebens ist also der Grundsatz des Unglaubens, daß der Mensch jede Autorität verwerfen müsse, die vollendetste Unwahrheit.

Begleiten wir nun das Kind in die Zeit des Schulbesuches. Der entscheidende Einfluß der Autorität der Eltern hat dem Persönlichen, Selbständigen im Kinde schon eine gewisse Richtung gegeben, wenn das Kind der Schule übergeben wird. Dieses Einflusses aus dem elterlichen Hause wegen, den der tägliche Umgang mit den Eltern verstärkt, wird das Kind es zu einer reinen Bildung aus sich selbst heraus nie mehr bringen. Wir begegnen aber nun einer neuen Autorität in der Person des Lehrers, die gleichfalls, von außen her bestimmend, auf Wollen und Denken des Kindes einwirkt. Man stellt zwar jetzt an den Lehrer die Forderung, daß er nur die Selbstentwickelung des Kindes unterstütze, ohne auf dessen Wollen und Denken als Autorität einzuwirken. Diese Anforderung des Unglaubens bleibt aber ebenso unmöglich wie das Grundprinzip, aus dem sie hervorgegangen, unwahr ist, und wird nimmermehr im Leben erfüllt werden. Zwar muß die Selbständigkeit des Kindes entwickelt werden, aber fortwährend unter dem entschiedenen Einflusse des Lehrers. So sehr bedarf die Natur des Kindes einer Vervollständigung und Nachhilfe von außen her, daß kein Lehrer imstande sein würde, das Kind zu entlassen, ohne daß es in seinem Wollen und Denken Eindrücke des Wollens und Denkens des Lehrers in sich aufgenommen hätte. Die Natur ist auch hier mächtiger als alle Theorien. Wenn der Lehrer auch alles Äußere vermeiden könnte, so kann er doch alle Liebe aus seinem Herzen nicht verbannen. Er liebt entweder die Welt oder er liebt Gott, und wie die Sonne die Pflanzen nicht bescheinen kann, ohne daß diese ihre belebende Wärme in sich aufnehmen, so kann auch der Lehrer die Wärme seiner Liebe von dem Gegenstande nicht entfernt halten, den er den Kindern vorträgt; er kann nicht verhindern, daß diese Wärme in das Herz eindringe und von dort auf das Wollen und Erkennen des Kindes bestimmend einwirke.

So wächst das Kind fortgesetzt unter dem Einflusse einer äußeren Autorität heran, bis es in die Welt eintritt. Nun aber, sagt man, sei endlich doch die Zeit da, wo der Mensch selbständig und zu dem vollen Gebrauche seiner Vernunft gelangt sei, jetzt müsse er jede Autorität abstreifen und nur der eigenen Vernunft folgen. Die Eindrücke, die das Kind aus dem Hause und der Schule mit in das Leben nimmt, wollen wir nicht weiter erwähnen und unsere Untersuchung fortsetzen. Angenommen, daß der Mensch seiner Würde und Bestimmung nach nur das als wahr annehmen darf, was er selbst begreift, so muß auch jeder Mensch in der Lage sein, sich die höchste geistige Ausbildung verschaffen zu können. Denn da er selbst an sich erfahren hat, daß er auf einer niederen Stufe seiner geistigen Ausbildung manches nicht begriffen, was ihm später begreiflich geworden ist, so kann er sich nimmermehr mit dem Umfange seiner Begriffe vernünftiger Weise befriedigen und sich berechtigt finden, sie für wahr zu halten, so lange er nicht gewiß ist, den höchstmöglichen Grad menschlicher geistiger Ausbildung erreicht zu haben. Um zu diesem Grade geistiger Ausbildung zu gelangen, müssen sich aber vier Dinge in einem Menschen zusammenfinden: erstens die höchsten natürlichen Anlagen, zweitens unermüdlicher Fleiß, drittens gehörige Zeit und viertens hinreichendes Vermögen, um sich die Mittel zur geistigen Ausbildung zu verschaffen. Wo das eine oder das andere dieser vier Dinge fehlt, ist die erforderliche Ausbildung nicht erreichbar. Könnte man es auch möglich machen, jedem Menschen die Zeit und die Geldmittel zu seiner geistigen Ausbildung zu gewähren, so wird man doch immer nur in einem kleinen Teile der Menschen die natürliche Anlage und den Fleiß zur Erreichung einer solchen Aufgabe antreffen. Was wird dann nun aus der großen Mehrzahl der Menschen, die nur einen minderen Grad geistiger Ausbildung erlangen können, werden? Wird man ihnen sagen, daß auch sie durchaus nur ihrer eigenen ungebildeten Vernunft folgen sollen und alles außer sich verwerfen müssen, was sie mit dem geringen Maße ihrer Begriffsfähigkeit nicht begreifen können? Ohne Zweifel wird man es ihnen sagen, aber so unvernünftig, so unnatürlich ist diese Zumutung, daß selbst jene, die ihr beistimmen, sie nicht befolgen. Die große Masse des Volkes fühlt es in sich, daß sie einer Autorität, einer Führung, eines äußeren Anhaltes bedarf. Ist sie daher der wahren Führung entzogen, so gerät sie in die Hände der Verführung.

Wie der Mensch, der nur seinem eigenen Gesetze folgen will, ein Sklave seiner Leidenschaften wird, so wird jener, der nur seiner eigenen Vernunft, mit Verwerfung jeder Autorität, folgen will, ein Sklave der Tagesmeinungen. Die Wahrheit dieser Behauptung zeigt sich uns alle Tage. Die Menschen sind zu stolz, um sich von der Hand einer höheren Autorität führen zu lassen, und statt sich nun selbst zu bestimmen, wie sie behaupten, verfallen sie der schlechtesten Autorität von allen. Sie behaupten, nur ihrer eigenen Vernunft zu folgen, und was sehen wir? Statt einer Autorität haben sie unzählige eingetauscht. Statt der Autorität der Heiligen Schrift folgen sie der Autorität der elendsten Lektüre jammervoller Zeitungen, schmutziger Romane; statt der Autorität der lehrenden Kirche folgen sie der Autorität dahergelaufener, verkommener Menschen; der Autorität, die Gott gestiftet, zu folgen, war ihrer Menschenwürde zuwider, aber der Autorität jedes Schandblattes und jedes Verführers demütig zu folgen, halten sie mit ihrer Menschenwürde vereinbar.

So blieben also nur einige wenige übrig, die den Schein für sich haben, als wären sie imstande, ohne alle Autorität sich zu bestimmen, jene nämlich, welche die geistigen Anlagen, den Fleiß, die Zeit und die Geldmittel haben, um die ganze geistige Errungenschaft der Menschheit zu erklimmen und von diesem Höhepunkte über sie zu richten. Aber auch bei ihnen ist diese gepriesene Selbständigkeit nur Schein. Wie das unwissende Kind, so bleibt auch der Gelehrte nicht frei von allem fremden Einflusse, von aller Autorität. Niemand kann mit voller Wahrheit sagen, daß sein Denken und Wollen nur aus dem eigenen Inneren hervorgegangen, ohne alle fremde Mitbestimmung geblieben sei, selbst nicht der größte Denker. Auch die Ergebnisse *seines* Denkens und Wollens stehen unter den Eindrücken seiner Jugendzeit, der Geschichte des Volkes, dem er angehört, der Zeitrichtung, in der er lebt, der Verbindungen, die er eingegangen, der Glaubensgenossenschaft, in der er aufgewachsen, und der Liebe oder Abneigung, die er von den Gesamtereignissen, die ihn umgeben, in sich aufgenommen. Warum treffen nicht alle tiefen Denker in den Ergebnissen ihrer Untersuchungen zusammen, obgleich sie alle behaupten, nur ihrer Vernunft zu folgen? Woher dieser schwindelnde Wechsel der wissenschaftlichen Systeme; woher kommt es, daß alle diese Männer noch auf keinem Gebiete der Wissenschaft es zu einer Einheit, einer Übereinstimmung gebracht haben? Weil es nicht wahr ist, was sie behaupten, weil unzählige äußere Einwirkungen und die von der Sünde herstammende Verdunkelung des Geistes ihren Blick getrübt haben.

So ist also nichts unwahrer, als die ganze Grundlage, auf welcher der Unglaube sich befestigt hat. Seine Behauptung, daß der Mensch, mit Verwerfung jeder Autorität, sich nur aus sich selbst entwickeln müsse, ist im Widerspruche mit der Natur und Geschichte des Menschen, ist eine eitle Prahlerei, die nie in Erfüllung gehen kann.

Es entsteht nun aber die weitere Frage: Wo findet der Mensch eine Autorität, der er einen Einfluß auf sich einräumen, deren Leitung er folgen darf, um zu seiner Ausbildung zu gelangen?

Zunächst liegt es hier zutage, daß der Mensch sich keiner *menschlichen Autorität* unterwerfen kann und darf. So weit geht in der Tat die Würde des Menschen, daß er sich kein Gesetz und keine Wahrheit von bloßer Menschenhand aufdringen lassen darf. Der vernünftige Mensch steht dem vernünftigen Menschen gleichberechtigt gegenüber, und es wäre unvernünftig und entwürdigend, sich dieses Rechtes begeben zu wollen. Gibt es nur menschliche Autoritäten auf Erden, dann ist die Lehre des Unglaubens in ihrem vollen Rechte, obgleich sie Unmögliches fordert; dann ist wahrhaftig das Los des Menschen ein unseliges. Er muß seinem höchsten Streben, dem Streben nach Wahrheit entsagen, und er wird nie über die Frage hinauskommen: Was ist Wahrheit? Er sieht sich von Jugend auf im Wollen und Erkennen von äußerem Einflusse bestimmt, er hat Neigung und Abneigung, Liebe und Haß in sich aufgenommen, und er weiß nicht, ob jener Einfluß, ob diese Liebe im Guten oder Bösen wurzelt, da sie ihm von menschlicher Autorität zugekommen sind. Nur sein eigenes Innere bleibt ihm dann als Maßstab, und dort findet er eine Verdunkelung, ein Schwanken, einen Wechsel, der ihn ohne volle Gewißheit, ohne wahre Entscheidung läßt. So bieten sich hier zwei Wahrheiten die Hand. Der Mensch kann seiner Natur nach in seiner Entwickelung einer Autorität nicht entbehren, diese Autorität kann aber *keine menschliche*, sie muß *eine höhere, unfehlbare* sein. Ihr allein kann, ihr muß der Mensch sich unterwerfen, ohne sie muß er an der Wahrheitserkenntnis verzweifeln, oder sich unvernünftig den Menschenmeinungen hingeben. Fragen wir nun aber, wo denn diese höhere, unfehlbare Autorität zu finden ist, so tritt uns die große und bemerkenswerte Tatsache entgegen, daß es in der ganzen Weltgeschichte und auf dem ganzen Erdenrunde nur *eine* Anstalt gibt, die diesem Bedürfnisse unserer Seele Befriedigung anbietet, die es wagt, zu behaupten, daß ihr die wesentlich göttliche Eigenschaft der Unfehlbarkeit verliehen worden sei, und diese Anstalt ist die römisch-katholische Kirche, unsere heilige Mutter. Die Lehre von der unfehlbaren Lehrautorität der Kirche bildet ihre wesentliche Grundlage, ihr unterscheidendes Merkmal von allen anderen Glaubenssystemen. Mit der Lehre von der Unfehlbarkeit ihrer Lehrautorität steht und fällt die katholische Kirche. Ihre ganze Anforderung, eine Lehrerin der Menschheit zu sein, gründet sie auf den höheren göttlichen Ursprung ihres Lehramtes. Sie ist noch nie in den Wahn ihrer Gegner verfallen, die als Lehrer der Menschheit sich aufwerfen, obwohl sie selbst eine höhere Autorität verwerfen. Ob die Kirche sich an das unmündige Kind wendet und von ihm Anerkennung ihrer Lehre fordert, oder an den vollendeten Weisen, sie tut es immer auf Grund derselben Annahme, daß sie von dem Sohne Gottes, also von einer übermenschlichen Autorität den Auftrag, die Menschen zu lehren, erhalten habe.

Und wie die Kirche auf diesem Grundsteine ruht, so auch unser eigenes Leben. Nur wenn wir diesen Grundsatz der Kirche annehmen, sind wir selbst auch lebendige Glieder der katholischen Kirche.

Es würde mich nun weit über meine Aufgabe hinausführen, wenn ich die Lehre von der Unfehlbarkeit hier behandeln und euch alle Beweise aufführen wollte, wodurch die Kirche es vor den Menschen beweist, daß ihr die unfehlbare Lehrautorität als eine Gottesgabe übergeben worden ist. Es lag nur in meiner Aufgabe, die Notwendigkeit einer Autorität für den Menschen nachzuweisen, und damit die innere Lüge des ganzen Gebäudes des Unglaubens offen zu legen. Nur auf ein Kennzeichen des höheren Ursprunges der Lehrautorität in der katholischen Kirche will ich heute hinweisen, das heller leuchtet als die Sonne, die uns am Mittage in die Augen scheint, nämlich die Katholizität, die Allgemeinheit ihrer Lehre. Kein Lehrgebäude von Menschenhand hat je vermocht, katholisch, allgemein zu werden, es ist kaum über die Grenze des Landes hinweggeschritten, in dem es entstanden. Die Lehrgebäude der Philosophen sind nicht einmal im eigenen Lande, wo sie entstanden, Gemeingut geworden, sie blieben Eigentum der Gelehrten. Und in welcher Folge haben sich diese stolzen Lehrgebäude verdrängt! Ihnen kann man in der Tat zurufen: „Lasset die Toten ihre Toten begraben!"

Die heidnischen Religionen waren mit der Nationalität verwachsen und konnten eine größere Allgemeinheit nicht erlangen. Ebenso sind alle von der katholischen Kirche abgefallenen Sekten entweder schon lange untergegangen, oder wir sehen sie in einer steten Umbildung oder Auflösung begriffen. Von zehn zu zehn Jahren nehmen sie eine andere Gestalt an, wechseln sie ihren Lehrgeist. Was ihnen heute wahr ist, verwerfen sie morgen; was sie heute bis zum Himmel erheben, wird morgen in den Kot getreten. Wie kann der Anhänger einer nichtkatholischen philosophischen Schule oder einer nichtkatholischen christlichen Sekte sich noch für seine Meinung begeistern, wenn er aus der Erfahrung in der Geschichte mit aller Gewißheit die Überzeugung haben muß, daß auch seine Ansicht nur eine Tagesmeinung ist, die, wie das Wetter, bald wechseln und schwinden wird; wie kann er ohne Wahnsinn hoffen, daß seine Überzeugung diesem allgemeinen Laufe entgehen werde! Mit demselben Rechte könnte er hoffen, daß er vom allgemeinen Tode des Leibes befreit sei.

Nur allein die katholische Kirche ist von diesem Gesetze der Beschränkung und Wandelbarkeit entbunden. Sie hat ihre Behauptung, daß ihre Lehre die Wahrheit an sich, daß ihre Lehrautorität eine göttliche, der menschlichen Willkür entrückte sei, durch eine weltgeschichtliche Tatsache bewahrheitet. Es läßt sich das Menschliche und das Göttliche in einer Tatsache nicht handgreiflicher und augenfälliger erfassen als in der Allgemeinheit der Lehre der Kirche und in der Hinfälligkeit aller anderen Lehrmeinungen. Die Lehrautorität der katholischen Kirche ist nicht gebunden an kurze Zeiträume, an Jahrzehnte oder Jahrhunderte, nicht gebunden an die Eigentümlichkeit eines Landes oder eines Volkes, sie zeigt sich in der Tat als das, was sie zu sein behauptet, als eine Tochter der Ewigkeit. Weil ihre Lehre zugleich göttlich und wahrhaft vernünftig, wahrhaft menschlich ist, kennt sie keine anderen Grenzen in Zeit und Ort, als die der Menschheit selbst. So weit die Menschheit sich ausdehnt in Raum und Zeit, so weit dehnt auch sie ihre Lehre aus. Sie allein ist und bleibt unveränderlich. Wie könnte sie bei dieser Einheit und Allgemeinheit Irrtum und Unwahrheit sein! Ihre Allgemeinheit beweist ihre Göttlichkeit, ihre Unfehlbarkeit. Wie erhebend ist das Bewußtsein eines Katholiken, der mit seinem Glauben in der unfehlbaren Lehrautorität der Kirche wurzelt. Während jeder andere Mensch nur ein kleines Häufchen Gleichgesinnter um sich sieht und gewiß sein kann, daß auch das, was er für wahr hält, bald als Irrtum verworfen werden wird, steht der Katholik im Vereine mit jener Schar heiliger Blutzeugen, welche die Tiefe und Festigkeit ihrer Überzeugung mit ihrem Tode bewiesen haben, im Verein mit jener Schar heiliger Bischöfe und Bekenner, welche die Wissenschaft ihres Landes, ihrer Zeit erforscht und ergründet und ihren Verstand dem *einen* Glauben gefangen gegeben, im Vereine mit jener Schar heiliger Mönche und Einsiedler, die in dem Ernste und der Abtötung des Lebens die Kraft ihrer Glaubensüberzeugung an den Tag gelegt, im Vereine mit jener unermeßlichen Schar frommer gläubiger Männer aus allen Zeiten, aus allen Gegenden, aus allen Ständen und Lebensrichtungen, die den einen Glauben in allen denkbaren Lebensverhältnissen geprüft und wahr befunden haben.

Somit hätten wir, meine christlichen Brüder, unsere Aufgabe gelöst und den Ausgangspunkt, den letzten Grundsatz, auf dem die katholische Kirche und der Unglaube beruht, einer Prüfung unterworfen. In den Wirkungen, die wir früher betrachteten, ist der Unglaube die Kraft des Todes, der Zerstörung, der Verwirrung, der Glaube die Kraft des Lebens, der Gestaltung, der Ordnung; im Prinzip, das wir heute betrachteten, ist der Unglaube, der jede Autorität außer dem Menschen verwirft, eine eitle Prahlerei, eine offene Lüge, eine Überhebung des Menschen über sich selbst, der Glaube, der die Selbständigkeit des Menschen mit einer höheren Autorität versöhnt, der wahre Ausdruck der Natur des Menschen.

Ich kann diesen Gegenstand nicht verlassen, meine christlichen Brüder, ohne noch einige Bemerkungen anzuknüpfen, die sich als Folgen aus dem Gesagten ergeben.

In der Empörung des Unglaubens gegen jedes Gesetz und jede Wahrheit, die dem Menschen von außen her zukommt, ist die tiefe, in dem heiligsten Rechte des Menschen, in seiner Persönlichkeit begründete Wahrheit enthalten, daß er durchaus keine Autorität anerkennen kann, die von einem Menschen herkommt. Im Laufe der Weltgeschichte ist es ohne Unterlaß geschehen, daß der eine Teil der Menschen dem anderen die Gesetze seines Denkens und Wollens vorschreiben wollte, und so geschieht es auch heute noch selbst von den Anhängern des Unglaubens. Mit demselben Atemzuge verwerfen sie jede Autorität und werfen sich selbst wieder als Autorität auf. Dieser Menschendienst war und ist eine Entwürdigung der Menschheit. Er ist seit dem großen Abfalle von der höheren Autorität, seit der sogenannten Reformation, fast allgemein geworden, man hat ihn insbesondere im Staatsleben auf seinen Höhepunkt getrieben, und so mußte er endlich zu einer allgemeinen Empörung führen.

Zugleich ist aber in der Empörung des Unglaubens gegen jedes Gesetz und jede Wahrheit, die dem Menschen von außen zukommt, die große Gottlosigkeit und Unwahrheit enthalten, daß er sich auch dem höheren Gesetze und der höheren Wahrheit in und aus Gott nicht unterwerfen, daß er auch eine göttliche Autorität nicht anerkennen und wahrhaft wie Gott werden will.

Jener Teil der Wahrheit gibt dem Unglauben seine Kraft, dieser Teil der Lüge wird ihm den Tod geben, weil Christus die Lüge überwunden hat. Was den Menschen gegenüber wahr ist, ist Gott gegenüber unwahr. *Alle Lehrautoritäten ist der Unglaube berechtigt zu verwerfen, mit alleiniger Ausnahme der Lehrautorität der katholischen Kirche.* Nur sie behauptet, mit einer göttlichen unfehlbaren Autorität ausgestattet zu sein, und nur sie kann daher das Recht beanspruchen, auf den Menschen bestimmend einzuwirken. *Der Unglaube muß allen Systemen gegenüber siegen, er wird aber an dem Felsen der Kirche sein Haupt zerschellen.*

Die katholische Kirche verbindet dagegen in sich

das Wahre in dem Grundprinzip des Unglaubens und vermeidet das Unwahre. Sie erkennt die tiefe Wahrheit, daß der Mensch nicht dem Menschen gehorchen, nicht dem Menschen glauben soll, sie verwirft daher jede rein menschliche Autorität. Sie erkennt ferner, daß jede Autorität, sie mag herkommen, woher sie will, sich vor dem Gewissen, vor dem Geiste des Menschen rechtfertigen muß, wenn er ihr folgen soll. Sie befriedigt aber zugleich das natürliche Bedürfnis des Menschen nach einer höheren Autorität. Sie glaubt Trägerin einer göttlichen Autorität zu sein, und nur deshalb hält sie sich berechtigt, Unterwerfung unter ihre Autorität zu fordern. Wie sie den Dienst der niedrigsten Dienstmagd von der Entwürdigung eines bloßen Menschendienstes befreit und ihn zur Würde eines Gottesdienstes erhebt, so befreit sie den Geist des Menschen, der seiner Natur nach sich nicht ohne fremden Einfluß entwickeln kann, von der Sklaverei unter wechselnden Menschenmeinungen und erhebt die Unterwerfung des Geistes unter eine Autorität zur Würde der Anerkennung einer von Gott den Menschen geoffenbarten Wahrheit.

So also, meine christlichen Brüder, stehen in Wahrheit die Grundsätze des Unglaubens und der Kirche uns gegenüber und fordern uns zur Entscheidung auf. Was der Unglaube verspricht, kann er nicht halten, so wenig wie die erste Schlange ihr Versprechen, die Menschen wie Gott zu machen, halten konnte.

Er verspricht, uns von jeder äußeren Autorität zu befreien, und kann es nicht, weil er die Menschennatur nicht erschaffen hat und daher auch nicht umschaffen kann. Unsere Wahl ist nicht, ob wir uns einer Autorität unterwerfen wollen oder nicht, sondern nur, w e l c h e r Autorität wir uns unterwerfen wollen: ob wir in den Fragen des Heiles, von deren Entscheidung unsere Ewigkeit abhängt, den wechselnden Menschen und Tagesmeinungen folgen wollen, oder der Autorität der Kirche, die in der Unwandelbarkeit ihrer Lehre uns ihren Ursprung aus dem Lande der Ewigkeit bekundet. Auch an unsere Vorfahren erging ein ähnlicher Ruf in der Zeit der Reformation, auch sie forderte man auf, die Lehrautorität der Kirche zu verwerfen und die Fesseln der Vernunft zu zerbrechen. Und was hat man jenen, die auf den Ruf hörten, von diesem Versprechen gehalten? Statt des milden Joches und der sanften Bürde Jesu Christi hat man ihnen das eiserne Joch menschlicher Autoritäten aufgeladen. Unsere Vorfahren sind dagegen treu geblieben, und ihnen verdanken wir es, daß wir nicht auch unter die Herrschaft wechselnder Tagesmeinungen geraten sind, wie die Kinder der Reformation. Möchten auch wir so handeln, meine christlichen Brüder, möchten auch wir zu stolz sein, jedem daherlaufenden Verführer zu folgen, aber nicht so gottlos, auch die Führung Gottes durch die Autorität der Kirche zu verwerfen. Von unser Entscheidung hängt es ab, ob die spätesten Geschlechter, ob Gott im Gerichte Segen oder Fluch über uns aussprechen werde. Amen.